Keine Angst vorm nächsten Crash

Bernd Niquet, Dr. rer. pol., lebt als freiberuflicher Autor und Publizist in Berlin. Zuletzt erschien vom ihm 1998 im Börsenbuchverlag *Die Generation X am Neuen Markt.* Die aktuelle Börsenentwicklung kommentiert er in regelmäßigen Kolumnen in der Fachzeitschrift *Der Aktionär,* in *Euro am Sonntag* sowie im Internet unter www.wallstreet-online.de.

Bernd Niquet

Keine Angst vorm nächsten Crash

Warum Aktien als Langfristanlage unschlagbar sind

Campus Verlag
Frankfurt/New York

Die Deutsche Bibliothek – CIP-Einheitsaufnahme

Niquet, Bernd:
Keine Angst vorm nächsten Crash : warum Aktien als Langfristanlage unschlagbar sind / Bernd Niquet. – Frankfurt/Main ; New York :
Campus Verlag, 1999
ISBN 3-593-36293-7

Umschlaggestaltung: Guido Klütsch, Köln
Umschlagmotiv: © photonica, Hamburg
Satz: Fotosatz L. Huhn, Maintal-Bischofsheim
Druck und Bindung: Druckhaus Beltz, Hemsbach
Gedruckt auf säurefreiem und chlorfrei gebleichtem Papier.
Printed in Germany

Inhalt

III.
Der Blick in die Zukunft:
Können die Aktienkurse weiterhin steigen?

Vorwort

Es gibt wirklich paradoxe Situationen im Leben: Wir haben gerade Anfang Oktober 1998, die Aktienmärkte bewegen sich derzeit weltweit nahezu im freien Fall auf ständig neue Tiefstpunkte, und ausgerechnet jetzt soll ich mit meinem neuen Buch mit dem schönen Titel *Keine Angst vorm nächsten Crash* beginnen.

Hier sitze ich nun mit der Angst im Nacken, dass alles noch viel schlimmer kommt, und will begründen, dass die Angst davor letztlich unbegründet ist. Die Vernunft habe ich hierbei auf jeden Fall auf meiner Seite. Denn alle Erfahrungen der Vergangenheit zeigen, dass es sich bei Krisen am Aktienmarkt stets um kurzfristige Ereignisse gehandelt hat, da die Märkte nach einer gewissen Zeit immer wieder zur Tagesordnung übergegangen sind.

Und »Tagesordnung« heißt: Die Aktienmärkte nehmen ihren langfristigen Aufwärtstrend wieder auf, in dessen Verlauf neue Höchststände erreicht und die dazwischenliegenden Crashs rückblickend zur Bedeutunglosigkeit verdammt werden. Aktien sind daher auf lange Sicht die ertragreichste und sicherste aller Anlageformen. Sie waren es in der Vergangenheit und nichts spricht dagegen, dass dies in Zukunft anders aussehen sollte. Ganz im Gegenteil sogar.

Wenn da nur nicht dieses dumme Gefühl wäre, dass es diesmal vielleicht doch anders kommen wird. Haben die Crash-Propheten, die sich bisher immer geirrt haben, jetzt eventuell doch einmal Recht?

Während Sie, liebe Leser, wenn Sie dieses Buch in den Händen halten, bereits wissen, wie die Herbstkrise 1998 ausgegangen ist, weiß ich das derzeit noch nicht. Ich bin jedoch zutiefst davon überzeugt, dass es auch diesmal richtig ist, die Aktien nicht nur in derartigen Situationen *nicht* zu verkaufen, sondern umgekehrt gerade in der gegenwärtigen Untergangsstimmung dagegenzuhalten und erst recht noch *zuzukaufen.*

Wer diese Strategie in den letzten Jahrzehnten durchgehalten hat und sich weder von Crash-Gurus noch von Markttechnikern, Chartisten, Marktstimmungen, Wirtschaftswissenschaftlern, Anlagestrategen oder sonstigen Scharlatanen hat *verrückt* machen lassen, der konnte nicht nur, nein, der *muss* sogar zwangsläufig extrem gute Erträge mit seiner Aktienanlage erwirtschaftet haben.

Vertrauen in die eigene Strategie ist also gut, eigenes Nachdenken im Einzelfall jedoch noch besser. Deswegen frage ich: Was ist dran an der These, dass die Welt, die so lange erfolglos gegen die Inflation gekämpft hat, nun aber endlich fast am Ziel ist, gerade jetzt in einer großen Deflation versinken soll? Werden wir also demnächst, wie es die Pessimisten an den Börsen derzeit verbreiten, sowohl wirtschaftlich als auch im Hinblick auf unsere Zins- und Aktienmärkte »japanische Verhältnisse« bekommen?

»Japanische Verhältnisse« bedeuten die Verbindung dramatisch sinkender beziehungsweise niedriger Zinsen mit einer trotzdem deutlich schrumpfenden Wirtschaft – eine fallende Währung und trotzdem sinkende Preise im Inland –, und zu guter Letzt heißt dies: einen Aktienmarkt, der sich im Verlauf von zehn Jahren in einer kontinuierlichen Abwärtsbewegung mittlerweile gedrittelt hat.

Das Entscheidende hieran ist nun: Die »japanischen Verhältnisse« sind derzeit zwar nur ein lokales Phänomen, es hat sie jedoch schon einmal weltweit gegeben – in allerdings noch viel schlimmerer Ausprägung. Das war zur Zeit der großen Weltwirtschaftskrise in den Jahren um 1930. Genau diese Jahre, vom Aktiencrash 1929 bis weit in die dreißiger Jahre hinein, stellen nun auch die einzige Ausnahme der neueren Zeit von dem eben erwähnten ehernen Gesetz dar, nach welchem ein Crash schnell wieder aufgeholt und ein langfristiger Investor am Aktienmarkt infolgedessen stets nur gewinnen kann.

Denn damals hat es 30 Jahre gedauert, bis die Aktienkurse wieder ihr Vorkrisenniveau erreicht hatten. Genau dieses Bild wird derzeit erneut an die Wand gemalt, deswegen verhalten sich die Märkte so depressiv. Aber ich weigere mich schlichtweg, die These von der Ausbreitung der »japanischen Verhältnisse« zu akzeptieren, geschweige denn, sie zu glauben. Deswegen bin ich auch der Überzeugung, dass aus dem Blickwinkel der Leser dieses Buches die heutige Krise sich nur als eine von vielen Kursdellen innerhalb einer jahrzehntelangen Aufwärtsbewegung erweisen wird.

Ich werde daher in diesem Buch unter anderem versuchen aufzuzeigen, dass die heutigen Bedingungen der größten Welthandelsländer in Europa und Nordamerika völlig anders sind als damals, weshalb eine Wiederholung der Verwerfungen der dreißiger Jahre und damit die Wiederholung einer ähnlich großen Weltwirtschaftskrise nahezu ausgeschlossen werden können.

Erweist sich diese Argumentation nun als richtig, dann ist das vorliegende Buch sicherlich gerade aufgrund seiner Entstehungsgeschichte ideal dazu geeignet, deutlich zu machen, wie man langfristig mit Aktien einen sehr guten Ertrag erzielen kann. Denn neben vielen Dingen, die in diesem Buch ausführlich behandelt werden, ist dazu vor allem eine Eigenschaft notwendig, die man – gerade in derart schwierigen Zeiten – gar nicht oft genug ansprechen kann: *Selbstdisziplin üben, sich nicht verrückt machen und sich vor allem nicht von Pessimismus und Panik anstecken lassen.* Denn wer dies nicht berücksichtigt, realisiert vielleicht im Einzelfall einmal kleinere Gewinne, ihm werden jedoch die wirklichen Erträge stets verschlossen bleiben.

Es ist jedoch nicht leicht, diesen Weg zu beschreiten. Ein Grund mehr, denke ich, deshalb – gegen die Angst anpfeifend – jetzt ein Liedchen davon zu singen.

Berlin, im Oktober 1998
Bernd Niquet

Einleitung

So, jetzt ist es geschafft. Das Buch ist fertig, und die Pessimisten sind besiegt. Denn auch dieses Mal haben die Optimisten wieder die Oberhand erlangt, die Weltwirtschaft ist nicht in die Knie gegangen und der Titel dieses Buches behält seine Gültigkeit: Der nächste Crash wird durchaus irgendwann kommen, aber wenn die Weltwirtschaft nicht völlig aus dem Ruder läuft, brauchen wir davor auch keine Angst zu haben. Um diese These zu stützen, werde ich in diesem Buch zwei Tatbestände aufzeigen:

1. Auf der einen Seite werde ich darlegen, dass die Aktie sowohl in der Vergangenheit als auch in der Gegenwart und mit an Sicherheit grenzender Wahrscheinlichkeit auch in der Zukunft die beste aller Vermögensanlageformen dargestellt hat, darstellt und auch darstellen wird.

Dazu werde ich zunächst in Teil I ausführlich die Vergangenheit referieren. Anschließend sollen dann in Teil II sowohl theoretische Überlegungen angestellt als auch Ratschläge zur Anlagepraxis gegeben werden, um zum Schluß in Teil III einen Blick in die Zukunft zu werfen. Hier wird es hauptsächlich darum gehen, mögliche Zukunftsszenarien aufzuzeigen und zu diskutieren, welche Auswirkungen diese auf die zukünftigen Erträge der Aktien haben könnten.

2. Parallel dazu möchte ich jedoch mit der gleichen Deutlichkeit auch die Risikofaktoren der Börse aus meiner Sicht darlegen. In

dieser Hinsicht wird sich dieses Buch jedoch sehr deutlich von den meisten anderen Börsenbüchern unterscheiden. Denn ich bin der Meinung, dass die Darstellung von Börse und Wirtschaft, wie wir sie täglich in den Medien erleben, stets in einem Spektrum zwischen »äußerst unzureichend« und »direkt falsch« liegt. Natürlich bin ich mir im Klaren darüber, dass jemand, der behauptet, viele Dinge wären in Wirklichkeit anders, als wir sie gemeinhin verstehen, sich auf dünnes Eis begibt. Denn die Wahrscheinlichkeit, hierbei richtig zu liegen, erscheint auf den ersten Blick ungleich geringer als die Chance, mit Recht geschmäht zu werden.

Deshalb sei hier bereits erwähnt, dass das Alltagsbild, welches uns von Wirtschaft und Börse vermittelt wird, sicherlich in der gleichen Weise zur Orientierung an den Finanzmärkten tauglich ist, wie die Feststellung »Die Sonne geht auf« auch zum normalen Leben vollständig ausreicht. Setzt man sich jedoch etwas näher mit diesem Thema auseinander, dann merkt man natürlich schnell, dass hier die Dinge gleichsam »verdreht« dargestellt sind und folglich wichtige Aspekte ausgeblendet bleiben.

Ich werde daher das Thema »Wirtschaft und Börse« mit einer peniblen Gedankenstrenge beleuchten und alle diesbezüglichen gängigen Weisheiten auf ihre logische Stimmigkeit hinterfragen. Ganz so, wie ich es in den Büchern derjenigen wiedergefunden habe, die aus meiner Sicht gedanklich am tiefsten in das Reich der Börse eingedrungen sind, nämlich John Maynard Keynes und André Kostolany.

Kurzum: Widerspricht etwas sehr offensichtlich den fundamentalen Regeln der Logik, dann leuchtet bei mir gleichsam ein Warnlicht auf, was an einem normalen Tag der Börsenbeobachtung des Öfteren der Fall ist. Und Warnlichter, das sagt uns schon die einfachste Unfallprophylaxe, soll man keinesfalls ignorieren, selbst wenn andere sie nicht sehen.

Konkret lauten meine Kritikpunkte folgendermaßen:

1. Wie im Leben, so hat auch an der Börse und in der Wirtschaft jede Medaille ihre zwei Seiten. Keine Transaktion ist ohne ihren Ge-

genpart denkbar. Jedem Kauf muss ebenso stets ein Verkauf gegenüberstehen wie jeder Forderung eine Verbindlichkeit. Aber auch alle sonstigen Veränderungen benötigen stets ihr Spiegelbild auf der anderen Seite der Bilanz, weshalb beispielsweise eine Preissenkung auch nur dann für jemanden einen Gewinn darstellen kann, wenn sie andererseits einen anderen zum Verlierer stempelt.

2. Nun ist diese Tatsache streng genommen nicht mehr als eine Trivialität. Doch dies macht es nur umso schlimmer, dass in so vielen Fällen, in denen über Wirtschaft und Börse geredet oder geschrieben wird, diese »Rückseite« schlichtweg unterschlagen bleibt. Denn viel einfacher ist es doch, sich immer nur das herauszupicken, was die eigene Voreingenommenheit zu stützen in der Lage ist:

- Sinkende Preise für Konsumgüter? Na wunderbar, dann können die Konsumenten endlich mehr kaufen!
- Steigende Aktienkurse? Ist doch klar, weil mehr Käufe als Verkäufe stattgefunden haben!

Und die Verkäufer? Was ist mit den Verkäufern? Diese Frage drängt sich jedes Mal förmlich auf. Sind die Verkäufer so willenlos, dass ihre Motive keine Beachtung finden sollten? Warum haben sie denn überhaupt verkauft, wenn die Sache so vollkommen klar ist? Und wer werden im Endeffekt die Schlauen sein? Fragen über Fragen, die jedoch meistens nicht nur unbeantwortet, sondern vielmehr sogar ungestellt bleiben.

3. Die Ungenauigkeit eines Wirtschafts- und Börsenverständnisses, welches gemeinhin die »Rückseite« aller Transaktionen schlichtweg ausblendet, muss nun natürlich auch in eine Unschärfe der Argumentation münden. Dies ist im Normalfall zwar nicht tragisch, kann jedoch in Extremsituationen zum Desaster führen.

4. Konkret äußert sich dieses »einseitige« oder »abgeschnittene« Verständnis der Börse nun folgendermaßen:

- Preisveränderungen werden häufig nur eindimensional und damit nicht umfassend begriffen. Häufigstes Symptom ist hierbei: Bei allen Preisveränderungen an Märkten wird ständig über Zu- oder Abflüsse von Geld geredet, obwohl doch eigentlich jeder wissen müßte, dass diese in der Summe (netto) immer null sind.

- Daraus resultiert eine ständige Verwechslung von gesamtwirtschaftlicher mit einzelwirtschaftlicher Liquidität. Das heißt: Kassenbestände einzelner Wirtschaftssubjekte werden gedanklich nicht von den volkswirtschaftlichen Geldmengenaggregaten getrennt, weshalb man dazu kommt, wenig Geld für viel und viel Geld für wenig Geld zu halten.
- Damit kann sich nun auch kein Verständnis für die Tatsache bilden, dass es die Haupteigenschaft von Aktien ist, zu jedem Zeitpunkt von jemandem besessen beziehungsweise gehalten und in der Regel niemals zurückgezahlt zu werden.
- Aus der Verklärung dieser Tatsache folgt schließlich auch die Sichtweise, dass Aktien in der fundamentalen wirtschaftlichen Situation eines Unternehmens wie einer Volkswirtschaft stets einen »festen Anker« finden.
- Dieser »Anker« erweist sich jedoch bei genauerer Betrachtung als zwar funktionsfähig, aber dennoch als optische Täuschung, weil seine Funktion ausschließlich auf einer »konventionellen Übereinkunft« aller Marktteilnehmer beruht.
- Auch bei der Definition des Begriffes »Geld« herrscht gemeinhin ein vollständiges Chaos, welches sich auf zwei verschiedenen Ebenen abspielt: einerseits die mangelnde Unterscheidung des Geldes als reiner Wertmesser auf der einen Seite und als physisch anfassbares Zahlungsmittel auf der andern Seite. Sowie auf anderer Ebene der unnütze Versuch, mit einer Unzahl von »Geldmengenkonzepten« die Tatsache zu verschleiern, dass man letztlich kein Kriterium dafür hat, das, was Geld ist, von dem, was nicht Geld ist, zu unterscheiden.
- Des Weiteren folgt aus dieser Unschärfe des Denkens auch noch die fälschliche Gegenüberstellung unserer problembehafteten gesetzlichen Rentenversicherung mit der Alternative eines Kapitaldeckungsverfahrens, welches angeblich wie die »unbefleckte

Empfängnis« in der Lage sein soll, alle demographischen Klippen erfolgreich umschiffen zu können.

Im Endeffekt mutieren Wirtschaft und Börse in diesem unscharfen Bild gleichsam zu einem »mechanischen« Gebilde, welches sich zwar nicht präzise wie ein Uhrwerk berechnen lässt, dem jedoch durchaus verlässliche Funktionsweisen unterstellt werden. Nur schade allerdings, dass irgendwann stets von Neuem die »verdrängte Rückseite« sich erfolgreich ins Spiel bringt – und damit das Geschehen fürchterlich durcheinanderwirbelt.

Aber auch hier, denke ich, gilt die Maxime: Keine Angst vorm nächsten Crash. Denn nicht nur die Börse selbst, sondern auch unser Bild, welches wir uns davon gemacht haben, wird immer wieder einmal »crashen«. Umso besser also, sich auch darauf rechtzeitig vorzubereiten.

Berlin, im März 1999
Bernd Niquet

Teil I
Der Blick zurück: Aktienkursentwicklungen in der Vergangenheit

1.
Ein kurzer Abriss: die wichtigsten Regeln jeder Aktienanlage im historischen Kontext

Als die Krise um die Hedge-Fonds im Herbst 1998 ihren Höhepunkt erreichte, schnappte ich in einer Börsensendung des amerikanischen Senders CNBC einen wunderschönen Spruch des amerikanischen Journalisten Joe Kernen auf.

Zur Erinnerung: »Hedge« bedeutet eigentlich »Absicherung«, weshalb Hedge-Fonds eigentlich Fonds sein sollten, die den Anleger erfolgreich gegen übergroße Risiken absichern können. Doch in Wirklichkeit ist genau das Gegenteil davon wahr. Denn Hedge-Fonds bedeuten pure Arroganz. Ihre Manager versuchen nicht nur, die Welt der Börsen mit mathematischen Mitteln zu berechnen, sie geben sich sogar darin derart sicher, dass sie nicht nur mit dem von den Anlegern eingezahlten Geld, sondern mit einem Vielfachen davon als Kredit stur auf den Sieg ihrer Theorie setzen.

Nun stecken hinter den Hedge-Fonds nicht nur junge und theoretisch offenbar bestens ausgebildete Universitätsabgänger, sondern vielfach selbst Nobelpreisträger. Womit das klägliche Scheitern von Hedge-Fonds im Endeffekt natürlich auch das Scheitern der mathematischen Wirtschaftstheorie manifestiert, wie ich in meinem Buch *Der Crash der Theorien*[1] ausführlich dargelegt habe.

Nachdem nun die Nachricht bekannt war, dass das Eigenkapital zumindest des Hedge-Fonds Long-Term Capital Management weitgehend verloren war und weitere Fonds ebenfalls deutlich angeschlagen waren, kam nun der erwähnte schöne Stoßseufzer von Joe Kernen in CNBC: »Na, ein Glück, dass wir diese Leute wenigstens nicht unsere Straßen und Brücken haben bauen lassen. Denn dann wäre der Schaden sicherlich noch viel größer geworden.«

Wir können also fast zufrieden sein. Denn diejenigen, die von sich und ihren Auffassungen so fest überzeugt sind, haben wir erfolgreich von der Straße weggeholt, wo ihr Wirken tatsächlich Menschenleben hätte bedrohen können. Und wir haben sie sich dort austoben lassen, wo es nur Geld, aber keine Menschenleben kostet – an den Finanzmärkten.

Mein erster Rat an jeden, der sich mit dem Gedanken trägt, Teile seines Vermögens in Aktien anzulegen, ist folglich auch: Niemand kann heute wissen, wie die Aktien morgen stehen. Und wer dies dennoch behauptet, ist entweder ein Narr oder ein Schwindler – wenn nicht sogar beides.

Und das heißt: Eine Aktienanlage auf kurze Frist ist für jeden Anleger immer und in jedem Fall ein extremes Glücksspiel. Egal, ob er Nobelpreisträger, Universitätsabsolvent oder Bauarbeiter ist. Ein Glücksspiel, bei dem man sehr, sehr viel verlieren kann. Wenn man auf Kredit spekuliert, sogar alles. Wohingegen die langfristige Aktienanlage eine relativ solide und ertragsstarke Anlageform darstellt – solange sich ein wirtschaftliches Desaster, wie es sich in den dreißiger Jahren dieses Jahrhunderts abgespielt hat, nicht wiederholt. Denn Aktien sind, auch wenn das zunächst widersprüchlich klingt, nicht nur gewinnträchtig, sondern langfristig auch eine relativ *risikolose* Anlageform.

Nun zeigen jedoch alle Erfahrungen, dass kaum jemand diese Vorteile der Aktienanlage konsequent ausnutzt. Woran das liegt? Während die Aktienkurse *langfristig* annähernd parallel zum Wachstum der Wirtschaft und der Unternehmen ansteigen, wird dieser Anstieg *kurzfristig* des öfteren von heftigen Gewittern oder Crashs unterbrochen. Und nur wenige Anleger sind in der Lage, sich in einer langanhaltenden Aufwärtsbewegung dem Pessimismus auf Dauer zu widersetzen. Was letztlich jedoch eigentlich ein Segen ist, denn wären alle Anleger ausschließlich langfristig orientiert und optimistisch, dann könnte weder ein Handel in Aktien stattfinden noch sich damit ein Gewinn erzielen lassen.

Börsen und Aktienmärkte funktionieren nun einmal überhaupt

erst dadurch, dass es in ihrem Dunstkreis sowohl Optimisten als auch Pessimisten gibt. Folglich sind die Stimmen der Pessimisten auch ständig und zu jeder Zeit zu hören. Einmal mehr und ein anderes Mal weniger. Jeder Anleger ist daher zu jedem Zeitpunkt prinzipiell damit konfrontiert, sich Warnungen anhören zu müssen. Er wird dies stets eine Weile ertragen, zuerst nicht hinhören, dann die Warnungen in den Wind schlagen, schließlich jedoch, wenn er vielleicht bereits einige schöne Gewinne eingefahren hat, wird er irgendwann doch nachdenklich werden.

Und eigentlich tut er auch recht damit. Denn im Grunde genommen stimmt diese Strategie der Gewinnsicherung in vollem Maße mit unserem »biologischen Überlebensprogramm« überein. Denn wer wird, wenn wir uns noch einmal in unsere Anfangszeit als Sammler und Jäger zurückversetzen, weiterhin sein Leben bei der Jagd aufs Spiel setzen, wenn die Speisekammer bereits voll ist? Eigentlich niemand.

Doch für manche gilt diese Sichtweise weniger: für diejenigen, die wissen, dass sie bald zu alt zum Jagen sein werden und folglich für ihr Alter vorsorgen müssen. Sie müssen die Speisekammer im wahrsten Sinne des Wortes übervoll werden lassen, da sie nicht wissen, wie lange sie von ihr zu zehren haben.

Das aber heißt im übertragenen Sinne: Sie müssen sich über einige Alltagsweisheiten hinwegsetzen – und dürfen nicht verkaufen. Darum lautet meine wichtigste Regel für alle Aktivitäten am Aktienmarkt: *Lassen Sie sich nicht verrückt machen!*

Lassen Sie sich also nicht verrückt machen, wenn Fundamentalisten oder Chartisten, Markttechniker oder Börsenastrologen, Tippgeber oder Kurszielsetzer Ihnen immer wieder dazu raten, dass jetzt genau die richtige Zeit sei, um aus dem Markt auszusteigen!

Denken Sie selbst, wenn die Profis Ihnen aufzeigen wollen, dass es jetzt abwärts gehen müßte. Denn sie wissen es nicht besser, ja sie können es überhaupt nicht besser wissen als Sie!

Seien Sie unbeirrbar, wenn es darum geht, eine einmal gewählte langfristige Strategie auch durchzuhalten!

Widersetzen Sie sich, wenn Ihnen Ihre Bank rät, die guten Aktien zu verkaufen und die schlechten zu behalten!

Ziehen Sie ihm eine lange Nase, wenn der Chartdoktor im Fernsehen sinkende Kurse ankündigt!

Lachen Sie sich ins Fäustchen, wenn die Untergangspropheten wieder einmal eine Kehrtwendung machen!

Halten Sie sich die Ohren zu, wenn wieder einmal der Kübel mit Pessimismus über der Börse ausgekippt wird!

Seien Sie aufsässig, wenn Ihnen jemand ganz exakte Prognosen und Kursziele nennt!

Machen Sie es nicht nach, wenn manche Anleger, anstatt zu streuen, alles auf ein Pferd setzen!

Und bleiben Sie geduldig, wenn es einmal nicht so läuft, wie Sie es eigentlich gern hätten. Denn wer langfristig anlegt, hat immer die Zeit auf seiner Seite. Und mit diesem besten Alliierten sollte man es sich wirklich nicht verscherzen.

2.
Die Überlegenheit der Aktie im langfristigen Vergleich

Deutsche Aktien haben im Zeitraum zwischen 1948 und 1997 einen durchschnittlichen Ertrag von 14,5 Prozent pro Jahr erbracht (vgl. Abb. 2.1) und damit die Anlage in Rentenwerten wie Staatsanleihen und Pfandbriefen bei weitem hinter sich gelassen. Denn mit diesen Anlagen ließ sich nicht einmal die Hälfte der Gewinne wie bei Aktien erzielen – durchschnittlich nur 6,7 Prozent pro Jahr.[1]

Vergleichswerte für die Erträge aus Immobilienbesitz zeigen, dass in nichtinflationären Zeiten die Renditen deutlich niedriger gelegen haben – und nur in den Jahren extremer Inflation tatsächlich konkurrenzlose Spitzenrenditen erzielt wurden. Jüngere Untersuchungen für die Bundesrepublik haben andererseits zum Resultat, dass selbst in Zeiten hoher Inflation die Renditen von Immobilien noch unter denen der Aktien gelegen haben. So ergeben sich für den Zeitraum von 1972 bis 1995 bei Immobilien *reale*, also preisbereinigte Renditen von nur 0,81 Prozent jährlich, wohingegen internationale Aktien auf 1,28 und deutsche Aktien immerhin auf 3,18 Prozent kommen.[2]

Wird dabei jedoch beachtet, dass mit an Sicherheit grenzender Wahrscheinlichkeit die Jahre hoher Inflation, die ja stets die besten Zeiten für eine gute Steigerung der Immobilienpreise sind, weit hinter uns liegen, dann wird es zwar weiterhin schön sein, in den eigenen vier Wänden zu leben; als konkurrierende Kapitalanlageform hingegen werden Immobilien jedoch in der nächsten Zukunft ausscheiden.

Nun stellt sich natürlich die Frage, wie denn mit Aktien, die ja

Abbildung 2.1

Aktienrenditen in der Bundesrepublik Deutschland 1948 bis 1997

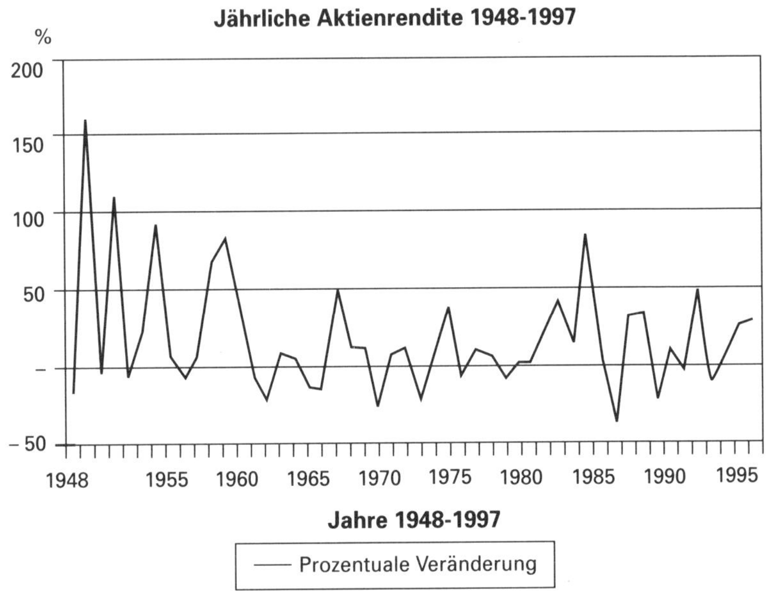

Quelle: Stehle, R., »Langfristig spricht alles für die Aktie«, Vortagsmanuskript 12.7.97, Tabelle 4

permanent starken Kursverlusten ausgesetzt sind, trotzdem über die *gesamte* Periode der Nachkriegszeit hinweg die besten Anlageerfolge zu erzielen waren. Die Antwort hierauf lautet, dass diese Aussage natürlich nicht für jedes *einzelne* Jahr gilt, sondern immer nur für die *Durchschnittsbetrachtung* gültig ist. Denn hierbei spielt die Zeit ihre große Trumpfkarte aus, indem sie die schlechten Jahre in den guten, die in diesem Zeitraum deutlich überwogen haben, gleichsam »verschwinden« lässt. Da die guten Jahre die schlechten also stets bei weitem überwiegen – und die guten Jahre vielfach wirklich *sehr* gute Jahre waren –, kommt der Langfristinvestor, aber auch *nur* der Langfristinvestor, in den Genuss derartig guter Vermögenszuwächse.

Und, so sei bereits hier angemerkt, es gibt keinerlei Anlass zu

Abbildung 2.2

Immobilienpreise in Großbritannien 1955 bis 1995 (jährliche prozentuale Veränderung)

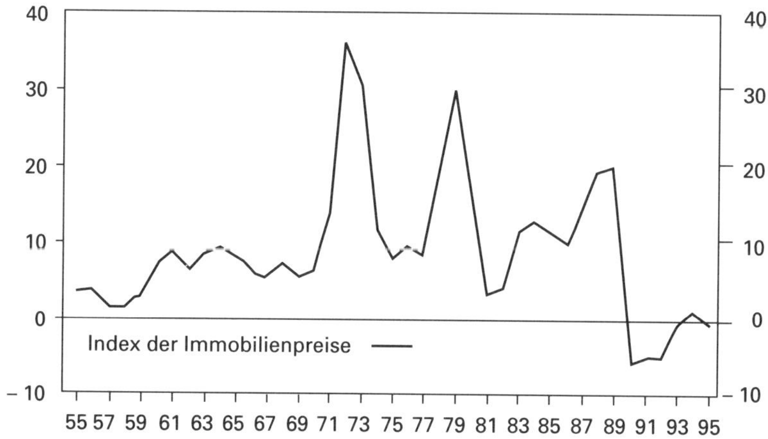

Quelle: Bootle, R., *Das Ende der Inflation,* Frankfurt/New York 1997, S. 89

glauben, dass dies in Zukunft grundlegend anders werden sollte. Deshalb kann man auch mit einigem Recht sagen, dass Aktien, die gerade auf kurze Sicht extrem risikobehaftet sind, in der Langfristbetrachtung äußerst *ertragreich* und relativ *risikolos* sind.

Dazu gleich ein Beispiel: Wer Anfang des sogenannten »Crashjahres« 1987 Aktien gekauft hat, der sah zum Jahresende mit einem Verlust von fast 37 Prozent alles andere als gut aus. Wer daraufhin jedoch verkauft hat, den muss man aus heutiger Sicht wirklich bemitleiden. Denn er hat es in der Tat geschafft, die schlechteste Anlageentscheidung der deutschen Börsengeschichte der Nachkriegszeit getroffen zu haben. Aber nicht aufgrund des fälschlichen Kaufes, sondern des frühzeitigen Verkaufes.

Wobei ich gestehen muss: Ich selbst habe auch einen Teil meiner Aktien, die ich allerdings schon länger besessen hatte, nach dem Crash von 1987 verkauft. Weil ich Angst hatte und den Prognosen Glauben schenkte, dass sich nun eine herbe Wirtschaftskrise anschließen und damit der Markt bald im Boden versinken würde. So hatte ich nur einen Gedanken: »Rette sich, wer kann! Selbst wenn ich jetzt mit Verlust verkaufe, so erhalte ich doch zumindest einen Teil meines Kapitals, während andere vielleicht bald alles verloren haben werden.« Dies war natürlich ein großer Fehler. Ich denke jedoch, einiges daraus gelernt zu haben, zum Beispiel: *Mich nicht verrückt machen zu lassen!* Und dies wird mir, wenn nicht alles täuscht, auch im Crash 1998 wieder den richtigen Weg weisen.

Doch zurück zu 1987: Wer sich damals nicht beirren und seine Aktien einfach weiter liegen ließ, konnte sich zehn Jahre später über einen durchschnittlichen Jahresertrag von 7,4 Prozent freuen. Und wer, bezogen auf die gesamte Nachkriegszeit, seine Aktien jeweils genau zehn Jahre hielt, konnte mit durchschnittlich 14,7 Prozent Jahresverzinsung fast das gleiche Ergebnis erzielen, als hätte er die Aktien den ganzen Zeitraum von 1948 bis heute über besessen.

Wobei es nur ein einziges Mal in der Nachkriegszeit vorkam, dass mit minus 1 Prozent eine negative durchschnittliche Aktienverzinsung bei einer Haltedauer von zehn Jahren erzielt wurde. Das war von 1961 bis 1971, also in der Anfangszeit der großen Inflation, die jedoch für die nächsten Jahrzehnte, wie noch zu zeigen sein wird, mit großer Wahrscheinlichkeit keine Relevanz mehr erlangen wird.

Kursverhalten in Zeiten extremer Wirtschaftsaufschwünge

Es gibt an der Börse einen Zusammenhang, der die Laien staunen lässt, jedoch auch die Profis nicht minder ins Boxhorn jagen kann. Und das ist die Tatsache, dass Aktien normalerweise dann, wenn es der Wirtschaft besonders gut geht, überhaupt nicht ihre größten Kursgewinne ausweisen. Sondern dass sie vielmehr gerade in den Zeiten, in denen die Wirtschaft sich überhaupt nicht in einer besonders rosigen Situation befindet, am deutlichsten zulegen.

Woran liegt das? Eine gängige Erklärung hierfür lautet, dass in einer konjunkturellen Flaute das in einer Volkswirtschaft vorhandene Geld nicht vollständig in der Wirtschaft benötigt wird und folglich in verstärktem Maße an die Börsen und Finanzmärkte fließt – weshalb die Kurse also zu steigen beginnen. Fängt dann jedoch die Wirtschaft an, dieses Geld vermehrt für Investitionen zu benötigen, fließt es wieder von der Börse ab und in die Wirtschaft zurück. Womit wir vermeintlich eine Erklärung dafür haben, war um die Kurse dann steigen, wenn es der Wirtschaft (noch) nicht sehr gut geht, jedoch gerade dann, wenn das eingetreten ist, worauf alle gehofft haben, nämlich der Wirtschaftsaufschwung, der Treibsatz für die Kurse merklich nachlässt.

Wer das Börsengeschehen auf diese Weise verstehen und erklären möchte, gerät jedoch gleich von Anfang an auf die schiefe Bahn. Denn, so muss man sich fragen, wie sollen überhaupt »Gelder« an den Aktienmarkt fließen beziehungsweise später wieder von ihm abfließen? Ich habe dieses Denken daher auch bereits an anderer Stelle als das »Flasche-voll-Flasche-leer-Modell« bezeichnet.[3] Denn es suggeriert, dass hier Liquidität von einem Markt an den anderen fließen – und somit in einem Markt fehlen und im anderen überreichlich vorhanden sein könnte.

Diese Vorstellung ist jedoch, so plausibel sie auf den ersten Blick auch klingen mag, vollkommen irrig. Denn da am Aktienmarkt nur Aktien notiert werden, wäre ein Zufluss von Geld in den Aktienmarkt ähnlich paradox, als wenn beim Hausbau das Geld des Bauherrn direkt in die Immobilie und *nicht* in die Tasche des Bauunternehmers beziehungsweise des Verkäufers fließen würde. Denn genauso wie beim Bau, bei dem das Geld nicht in die Immobilie fließt, sondern nur die Tasche wechselt, ist es auch am Aktienmarkt: Auch hier ist es vollkommen unmöglich, dass auch nur eine D-Mark jemals netto zufließen könnte, da alle Geldtransaktionen ausschließlich zwischen der Tasche des Käufers und der Tasche des Verkäufers stattfinden. Doch dazu später noch mehr.

Festzuhalten ist jedoch bereits: Man muss immer *beide* Seiten der Medaille betrachten, den Käufer und den Verkäufer – und darf nicht die Vorder- oder Rückseite einfach vernachlässigen. Und hier ergibt sich: Zuflüsse und Abflüsse von Geld müssen sich an den Aktienmärkten zu jedem Zeitpunkt entsprechen. Was wiederum heißt: Zu- oder Abflüsse von Mengen können niemals *Ursache* von Kursveränderungen sein, sondern sind vielmehr erst deren *Wirkung*.

Wäre hingegen die obige Erklärung mit den Zu- und Abflüssen richtig, dann ergäbe sich bei jedem Wirtschaftsaufschwung eine merkwürdige Situation am Aktienmarkt. Denn der Abfluss von Geld, dem kein entsprechender Zufluss entgegenstünde, würde bedeuten, dass es jetzt Aktien geben müsste, die verkauft wären, ohne dabei gleichzeitig gekauft worden zu sein – und folglich auf dem Parkett herumliegen müssten. Doch so etwas ist bis heute sicherlich eher selten beobachtet worden.

Zu- und Abflüsse von Geldern am Aktienmarkt sind daher auf der einen Seite immer Resultate der *Entscheidungen* der Anleger und Marktteilnehmer, Aktien zu kaufen oder zu verkaufen. Auf der anderen Seite stellen sie sich damit letztlich als eigentlich völlig belanglose Schatten der Entscheidungen von Menschen dar, die sich nicht nur im Resultat, also in ihrer Nettobewegung, stets und immer wieder ausgleichen müssen, sondern auch keinerlei eigene Aussagekraft beinhalten.

Neben diesen logischen Inkonsistenzen malt uns die herrschende Darstellungsweise mit ihrer ausgeblendeten Rückseite nun überdies ein Börsenbild auf, welches in seiner Trivialität mit der Wirklichkeit in keinster Weise übereinstimmt. Denn die Börse ist gemeinhin keine Flasche, in die manchmal Wasser hinein- und ein anderes Mal wieder herausläuft, sondern ein extrem komplexes Gebilde, welches sich jeder derartigen Trivialisierung ganz prinzipiell entzieht.

Die Börse ist auch kein Mühlrad, welches vom berechenbaren Strom der Liquidität in sehr berechenbarer Weise angetrieben wird, sondern sie lässt sich eher durch das Verhalten der in diesem Wasser schwimmenden Fische symbolisieren, die genauso gut, wie sie gerade mit dem Strom schwimmen, bereits in der nächsten Sekunde ihren Kopf gegen den Strom gerichtet haben können. Hinter dem Symbol der schwimmenden Fische stehen in Wirklichkeit die *Erwartungen* der Anleger hinsichtlich der Zukunft. Denn sie sind für jede einzelne Kauf- und Verkaufsentscheidung verantwortlich, lassen sich jedoch ebenso wie ein Schwarm Fische nicht einfach als eine Einheit betrachten, sondern sind, wie das Verhalten jedes Fisches in einem Schwarm von dem der anderen abhängt, in prinzipiell der gleichen Weise miteinander verflochten

Das beste Beispiel für diesen Tatbestand stammt wie so oft von John Maynard Keynes, der hierzu geschrieben hat, die Situation an der Börse könne

»... mit jenen Zeitungswettbewerben verglichen werden, bei denen die Teilnehmer die sechs hübschesten Gesichter von hundert Lichtbildern auszuwählen haben, wobei der Preis demjenigen Teilnehmer zugesprochen wird, dessen Wahl am nächsten mit der durchschnittlichen Vorliebe aller Teilnehmer übereinstimmt, so dass jeder Teilnehmer nicht diejenigen Gesichter auszuwählen hat, die er selbst am hübschesten findet, sondern jene, von denen er denkt, dass sie am ehesten die Vorliebe der anderen Teilnehmer gewinnen werden, welche alle das Problem vom gleichen Gesichtspunkt aus betrachten.

Es handelt sich nicht darum, jene auszuwählen, die nach dem eigenen Urteil wirklich die hübschesten sind, ja sogar nicht einmal jene, welche die durchschnittliche Meinung wirklich als die hübschesten betrachtet. Wir haben den dritten Grad erreicht, wo wir unsere Intelligenz der Vorwegnahme dessen widmen, was die durchschnittliche Meinung als das Ergebnis der durchschnittlichen Meinung erwartet. Und ich glaube, dass es sogar einige gibt, welche den vierten, fünften und noch höhere Grade ausüben.«[4]

Vor diesem Hintergrund ergibt sich nun eine plausible Erklärung des etwas paradoxen Zusammenlaufens von Wirtschaft und Börse: Erwartungen laufen in der Regel einerseits den aktuellen Geschehnissen voraus, orientieren sich andererseits jedoch an den Entwicklungen der Vergangenheit. Und hier lässt sich die zyklische Entwicklung der Wirtschaft, also der ständige Wechsel zwischen Auf- und Abschwung, über Hunderte von Jahren zurückverfolgen, weshalb jeder rationale Marktteilnehmer auch davon ausgehen wird, dass dies in Zukunft so bleiben wird.

Nehmen wir nun einmal an, dass alle potentiellen Aktionäre davon ausgehen, dass Aktienkurse sich stets an den Unternehmensergebnissen der Aktiengesellschaften ausrichten, dann werden sie nach einer gewissen Zeit des Rückschrittes oder der Stagnation stets wieder mit einem Aufschwung rechnen.

Im Resultat bekommen wir also steigende Kurse nicht aufgrund einer anziehenden Konjunktur, sondern aufgrund der *Erwartung* einer anziehenden Konjunktur. Doch wie kommt es dann zum Umschwung? Ein gutes Beispiel hierfür mag sein, sich einmal die Seelenlage eines Radfahrers in bergigem Terrain zu verinnerlichen. Bergab geht alles wunderbar und wie von alleine. Doch je länger die schöne Abfahrt dauert, umso näher rücken die Gedanken an den Aufstieg. Mein Gott, wird er dann denken, bald muss ich schon wieder klettern.

Und genauso geht es den Börsianern auch. Denn ist erst einmal ersichtlich, dass es den Unternehmen wirklich besser geht, dann hat dies bald auch der letzte Börseninteressierte begriffen. Das ist nun jedoch für einen relevanten Teil der Aktienbesitzer bereits schon ein gefährliches Stadium. Denn da sie wissen, dass sie ihre Aktien niemals an die Unternehmen zurückgeben können, existiert für sie nur die eine Möglichkeit, ihre Kursgewinne zu realisieren. Nämlich dadurch, dass sie andere Marktteilnehmer finden, die ihnen ihre Aktien abkaufen.

Doch die potentiellen Käufer werden ihrerseits natürlich nur dann kaufen, wenn sie an eine Fortsetzung der positiven Gewinnentwicklung glauben und mithin daran, ihre Aktien später an Dritte noch teurer weiterverkaufen zu können. Da nun jedoch die gute Konjunktur ebenso wie die schlechte stets endlich ist, wird jeder Kursaufschwung irgendwann ebenso ein Ende finden wie es umgekehrt auch für alle Kursabschwünge der Fall ist.

Und dies geschieht in der Regel dann, wenn sich im Aufschwung bereits die ersten Zeichen eines möglicherweise bald beginnenden Abschwunges zeigen. In den letzten Jahrzehnten ist dies insbesondere dann der Fall gewesen, wenn der Wirtschaftsaufschwung in einen inflationären Prozess mündete, der dann von der Notenbank mit hohen Zinsen bekämpft wurde. Bei allen Konjunkturabschwüngen der achtziger und neunziger Jahre handelte es sich stets um bewusst initiierte Krisen, mit dem einzigen Ziel, die Inflationserwartungen der Marktteilnehmer zu brechen. Und Aufschwünge trugen dementsprechend sehr oft den Charakter eines inszenierten Neustarts aufgrund einer jetzt spiegelbildlich eher zu leichten Geldpolitik.

Die Zyklik dieser Bewegungen wird also weitergehen – jedenfalls so lange, bis eine grundlegende Wandlung dieses Beziehungsgeflecht aufhebt. Mehr dazu wird im dritten Teil dieses Buches zu erfahren sein.

Viele Aufwärtsbewegungen der Gegenwart werden ärgerlicherweise als Liquiditätshaussen bezeichnet, obwohl sie überhaupt keine sind. Denn Liquiditätshaussen kann es nur dann geben, wenn die Notenbank sehr expansiv ist und die Geldmenge stärker erhöht, als die Wirtschaft dies eigentlich benötigt. Ein sehr gutes Beispiel für eine wirkliche Liquiditätshausse stellt der sogenannte »Gründerboom« im Anschluss an die Gründung des Deutschen Reiches im Jahre 1871 dar, der daher auch ein ideales Studienobjekt abgibt.

Das junge Deutsche Reich hatte zu diesem Zeitpunkt gerade den Krieg gegen Frankreich gewonnen und im Friedensvertrag durchgesetzt, dass Frankreich Reparationszahlungen in Höhe von insgesamt 5 Milliarden Goldfranc leisten musste. Diese Summe entsprach 4,5 Milliarden Mark, was in etwa das Anderthalbfache des damaligen Geldumlaufs in Deutschland ausmachte.[5]

Zur damaligen Zeit herrschte das System des »Goldstandards«, welches festlegte, dass der Geldumlauf in jeder Volkswirtschaft stets an den Goldbestand dieses Landes zu koppeln war. Sämtliches von Frankreich bezahltes Gold floss also über kurz oder lang der Notenbank zu, die hierfür eigene Banknoten emittierte. Diese unglaubliche Menge an neuem Gold bewirkte im Deutschen Reich nun eine Geldmengenerhöhung von 150 Prozent in relativ kurzer Zeit. Vor allem war dieses Gold, welches die Zentralbank bilanzierte und wofür sie eigene Noten ausgab, tatsächlich für die deutsche Volkswirtschaft »wie vom Himmel gefallen«. Denn niemand musste hierfür zinstragende Forderungen bei der Zentralbank hinterlegen, um in den Besitz neuer Banknoten zu gelangen. Alles wurde durch das neue Gold bewerkstelligt.

Wer also heutzutage das Wort »Liquiditätshausse« in den Mund nimmt, sollte zunächst einmal die gegenwärtigen monetären Bedingungen sehr genau betrachten. Denn ironischerweise gibt es zwischen den Geldmengenzuwachsraten und den Aufwärtsbewegungen am Aktienmarkt in der Bundesrepublik eher eine negative

Korrelation. Das heißt: Als die Geldmengenzuwächse in den siebziger Jahren relativ hoch waren, hätte es Liquiditätshaussen geben können. In dieser Zeit jedoch waren die Aktienmärkte sehr flau. Als dann jedoch die Zuwachsraten ab den frühen achtziger Jahren in den mittleren einstelligen Prozentbereich gedrückt wurden, da begann die große Hausse, die aus diesem Grunde freilich alles, nur keine Liquiditätshausse darstellt.

Damals jedoch kamen zwei Dinge zueinander und bildeten den richtigen Treibsatz für eine fulminante Aufwärtsbewegung am Aktienmarkt. Neben der enormen Geldmengenerhöhung, die bereits alleine einen wahren Kaufrausch am Aktienmarkt auszulösen in der Lage war, kam jetzt auch noch die Aufbruchsstimmung einer ganzen (neu entstandenen) Nation hinzu. So erwartete denn auch im Hinblick auf die gute Konjunktur niemand etwas anderes als einen langanhaltenden Kursaufschwung. Und die deutschen Aktien stiegen von Anfang 1871 bis November 1872 um 114 Prozent an.[6]

Doch wie immer, wenn derartige positive Rückkoppelungen ein System in die Höhe katapultieren, kommt über kurz oder lang die Gegenreaktion. Das heißt, ein heftiger Schwung nach unten, der alleine in der Lage ist, die spekulative Überhitzung temporär oder auch dauerhaft zu beseitigen.

Dies passierte nun in einem für jeden Aktienmarkt ganz typischen Rahmen: Steigende Aktienkurse bedeuten für Unternehmen stets, dass sich die Finanzierung mit Eigenkapital deutlich besser rechnet als die Finanzierung mit Fremdkapital. Denn hohe Aktienkurse erlauben es den Unternehmen, neues Kapital mit einem hohen »Aufgeld« auf den Nennwert der Aktien vom Markt gewährt zu bekommen. Aber nicht nur etablierte Unternehmen sehen in solchen Zeiten gute Möglichkeiten zur Kapitalbeschaffung, sondern gerade auch neue und junge Unternehmen. So ist denn auch der Begriff »Gründerwelle« durchaus zweideutig: Auf der einen Seite bezieht er sich auf die Gründung des Deutschen Reiches, auf der anderen Seite jedoch ebenso auf die vielen Unternehmensgründungen im Zuge des sich dabei vollziehenden Aufschwungs.

Diese »Gründerwelle« manifestierte sich in einer Vielzahl von Neugründungen von Aktiengesellschaften, die von 41 im Jahr 1870 auf 225 in 1871 bis auf 500 im Jahr 1872 anstieg. Das sind prozentuale Anstiege von 450 respektive 120 Prozent. Die absoluten Zahlen mögen aus heutiger Sicht zwar nicht besonders hoch erscheinen, doch muss man dabei berücksichtigen, dass es damals wesentlich schwerer war, Aktiengesellschaften zu gründen, es deshalb natürlich wesentlich weniger Aktiengesellschaften gab und davon auch nur eine viel geringere Zahl an der Börse notierte.

Dabei waren die ersten mit Unternehmensgründungen verbundenen Neuemissionen von Aktien noch, wie Kiehling schreibt, »betont solide und beinhalteten hinsichtlich des gegründeten Unternehmens wie des Emissionskurses keine besonderen Risiken.« Dies änderte sich im Laufe der Zeit jedoch grundlegend. Denn »... schließlich kamen Gesellschaften an den Markt, die kaum eine Überlebensschance hatten, deren Kurse jedoch auch verglichen mit dem allgemeinen Kursniveau völlig überhöht waren.«[7]

Das Neuemissionsgeschäft bewegte sich schließlich in einen regelrechten Zustand der »Fahnenstange« hinein, das heißt: senkrecht nach oben bis zum Ende – und dann freier Fall nach unten. Kiehling berichtet in diesem Zusammenhang sogar von »Haussesyndikaten«, die sich von Zeit zu Zeit zusammenfanden, um die Kurse einzelner Aktien bewusst nach oben zu treiben. Auch nicht zum Konsortium gehörenden Börsianern überließ man dabei Aktien zum Emissionskurs, wenn sie sich nur verpflichteten, beim Hochtreiben der Kurse kräftig mitzuhelfen. Und den gleichzeitig aktiven Baissiers, die bereits Aktien verkauft hatten, die sie noch gar nicht besaßen, nahm man gleichzeitig dadurch die Luft, dass man den Verkauf der neuen Aktien wegen Überzeichnung vorzeitig schloss.

Die Parallelen zur Börsensaison 1997 bis 1999 sind wirklich erschreckend. Hinzu kommt noch, dass auch bei unserem Beispiel aus dem letzten Jahrhundert ein ähnlicher »Lernprozess« des Privatpublikums zu beobachten war wie heutzutage. Auch hierüber berichtet Kiehling: »Zwar mokierten sich die professionellen Marktteilnehmer über die ›Dienstmädchenhausse‹, es war jedoch bereits ein gewisser Reifeprozess im Verhalten der privaten Anleger festzustellen. So kam es in den Börsenkrisen vor den Kriegsausbrüchen 1866 und 1870 nicht mehr wie noch 1859 zu massenhaften unlimitierten Verkaufsorders ... Das längerfristig orientierte Publikum zeigte also bereits damals seine seitdem typische Tendenz zu antizyklischem Verhalten.«[8]

Doch in der »Gründerkrise« war davon nicht mehr allzuviel zu verspüren. Man könnte daher nun befürchten, dass durch die Ereignisse am Neuen Markt von 1997 bis 1999 sich Derartiges durchaus wiederholen könnte: eine fulminante Hausse gerade in neu emittierten Aktien, die hinterher allerdings in einer bösen und zerstörerischen Krise endet. Da jedoch die Fundamente des gegenwärtigen Aufschwunges eben *nicht*, wie von vielen Seiten behauptet, auf den »tönernen Füßen der Liquiditätshausse« gebaut sind und wir uns zudem unzweifelhaft im Prozess einer technologischen Revolution befinden, die mit der damaligen Entwicklung überhaupt nicht zu vergleichen ist, bin ich zuversichtlich, dass uns das Schicksal der »Gründerkrise« diesmal erspart bleiben wird.

Der Optimismus nahm in der Aufwärtsbewegung also stets weiter zu, und viele Marktteilnehmer verloren das Gespür für das Risiko. Dies ist das berühmte »Die-Hausse-nährt-die-Hausse-Phänomen«, bei dem einerseits die gestiegenen Kurse den Optimismus beflügeln und andererseits eben der zunehmende Optimismus zu weiter anziehenden Kursen führt. Ein Regelkreis positiver Rückkoppelungen also, der uns noch öfter begegnen wird.

Konkret brach der Neuemissionsboom jedoch erst in dem Moment zusammen, als die Quistorp'sche Vereinsbank sage und schreibe 27 Neuemissionen auf einmal übernommen hatte und damit einen Platzierungsflop nach dem anderen landete, welches ihr dann auch zur Mitte des Jahres 1873 den Konkurs bescherte. Vorher hatte es zwar bereits in den Monaten März und April 1872 erste ernsthafte Kursrückschläge gegeben, die jedoch stets schnell überwunden werden konnten. Richtig schwierig wurde es dann erst ab April 1873, als der Markt endgültig drehte und bis zum Jahresende 25 Prozent an Wert verlor – und das, obwohl die Wirtschaft bis ins Jahr 1874 hinein noch wuchs.

Insgesamt bescherte diese Krise den Anlegern schließlich eine Abwärtsbewegung, die gut vier Jahre dauerte und mit Kursverlusten, vom Höchststand aus gerechnet, von durchschnittlich 60 Prozent verbunden war, die erst volle zehn Jahre später wieder aufgeholt werden konnten. Damit stellt sich nun erneut die Frage, ob man aus diesem so negativ scheinenden Beispiel nun nicht doch schließen muss, dass Aktien eine extrem risikoreiche Anlageform sind. Weil anscheinend besonders schöne Aufschwünge stets von besonders heftigen Zusammenbrüchen abgelöst werden, welche die vorangegangenen Gewinne immer wieder vollständig verzehren.

Ich denke, auch hier muss die Antwort »nein« lauten. Denn entscheidend für den Anlageerfolg ist, wie noch ausführlich in Kapitel 4 zu zeigen sein wird, nicht alleine die Kursentwicklung der Aktien, sondern in gleichem Maße auch das Verhalten und die Strategie des einzelnen Anlegers. Das lässt sich ebenfalls anhand der »Gründerkrise« zeigen: Die oben angeführten Kursverluste treffen nur denjenigen in voller Höhe, der mit seinem gesamten zu Anlagezwecken verfügbaren Betrag zu den absoluten Topständen des Aktienmarktes gekauft hat. Doch derlei verbietet jede wohlüberlegte Strategie. Wer hingegen im gesamten Aufschwung von Anfang bis Ende gekauft hat, erzielte einen »Mischkurs«, der es auch in diesem heftigen Abschwung verhindert haben sollte, hier deutlich ins Minus zu rutschen.

Rechnet man nämlich die Rendite einer Aktienanlage, also die effektiven Erträge, die sich aus Kursgewinnen und Dividendenzahlungen zusammensetzen, auf einen Haltezeitraum von zehn Jahren, so ergibt sich für die gesamte Periode von 1870 bis 1913 ein durchschnittlicher jährlicher Zuwachs von gut 1,6 Prozent.[9] Das ist für die damalige Zeit einer nicht kontinuierlich wachsenden Wirtschaft ein sehr ordentlicher Wert, der jedoch, wie wir schon gesehen haben, in der Zeit nach dem Zweiten Weltkrieg deutlich höher liegt.

Abgesehen davon ist eine derartig »ungesunde« Liquiditätshausse wie im Fall des »Gründerbooms« heutzutage überhaupt nicht mehr denkbar. Denn ein »Vom-Himmel-Fallen« des Geldes gibt es heute nur noch in den Gedankenwelten einiger Monetaristen, nicht mehr jedoch in einer zwischen den großen Industrienationen weitgehend befriedeten Welt. Heutzutage sind Geldmengenausdehnungen für eine Notenbank nur noch möglich durch den Ankauf von Forderungen und Devisen. Jedoch muss jede Notenbank andererseits den

Wert ihrer heimischen Währung gegenüber allen Konkurrenzwährungen verteidigen.

Überdies hat es eine derartig heftige Baisse am Aktienmarkt nach der »Gründerkrise« bis zum gegenwärtigen Zeitpunkt nur noch einmal gegeben: während der Weltwirtschaftskrise in den dreißiger Jahren dieses Jahrhunderts. Und alles, was ich hier über die mittel- bis langfristigen Chancen am Aktienmarkt ausführe, steht immer unter dem Vorbehalt, dass sich eine derartige *Wirtschafts*krise nicht noch einmal wiederholt – wie ich im nächsten Abschnitt ausführlich diskutieren möchte.

Die Aktienanlage ist also, so machen bereits diese ersten Überlegungen deutlich, immer ein Langfristgeschäft und sollte folglich in jedem Fall auch so konzipiert sein. Denn wer seine Aktien über einen längeren Zeitraum halten, also auch Krisen »durchhalten« kann, sich beim Investieren Zeit lässt und nicht alles zu einem Zeitpunkt anlegt, der wird in jedem Fall selbst die schwersten Kursverluste stets einigermaßen gut überstehen. Wobei natürlich niemals vergessen werden darf, dass andere Anlageformen in Krisen wie der eben behandelten selbstverständlich auch nicht »ungeschoren« davongekommen sind.

Allerdings ist die Versuchung für jeden Anleger immer wieder groß, die zyklischen Auf- und Abwärtsbewegungen des Marktes durch gezielte Käufe und kurzfristige Wiederverkäufe für sich auszunutzen. Dabei kann man natürlich Glück haben und gute Erträge erzielen. Alle Untersuchungen zeigen jedoch, dass die meisten Anleger, die dies versuchen, vielfach gerade die wirklich großen Aufwärtsbewegungen genau aus diesem Grund verpassen. Weil sie nämlich aus den Motiven der vermeintlichen »Gewinnsicherung« heraus stets viel zu früh wieder verkaufen.

Und nicht nur das. Denn vielfach sind es dieselben Anleger, welche die Hausse so gut wie nicht mitgemacht haben, die in der beginnenden Baisse schließlich dann auch noch die so lang erwarteten günstigen Einstiegschancen sehen. Was bedeutet: Sie *ver*kaufen nicht nur zu früh, sondern sie kaufen anschließend auch wieder zu zeitig. Und sind dann oft das, was man im Fachjargon »Bagholder« nennt, nämlich diejenigen, welche die Papiere durch die gesamte dunkle Phase der Baisse in ihren Portfolios halten müssen.

Die beste Beschreibung dieses Anlegerverhaltens stammt aus meiner Sicht von dem weltbekannten Fondsmanager Peter Lynch, der einmal gesagt hat: »Der Normalanleger verliert beim Crash nicht annähernd so viel wie bei der Vorbereitung auf den Crash.« Dies sollte jeder Anleger immer im Kopf behalten.

Aktien in Krisenzeiten

In dem auf die »Gründerwelle« folgenden »Gründerkrach« mussten die Anleger, die 1870 bis 1872 gekauft hatten, mehr als zehn Jahre warten, um ihre alten Einstandskurse wiederzusehen, wie in Abbildung 2.3 zu sehen ist.

Zehn Jahre sind nun in der Tat eine lange Zeit. Und zehn Jahre mit seiner Kapitalanlage im Minus zu sein, wird die meisten Menschen derart bedrücken, dass sie mit großer Wahrscheinlichkeit die-

Abbildung 2.3

Gründerwelle und Gründerkrach

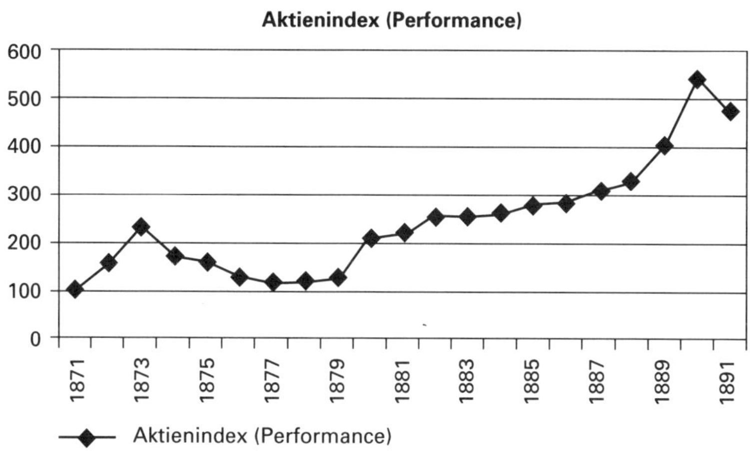

Quelle: Gielen, G., *Können Aktienkurse noch steigen?*, Wiesbaden 1994, tabellarischer Anhang

sen Zeitraum nicht durchhalten und zwischendrin mit Verlust verkaufen werden. Zumal sie natürlich in dieser Zeit die Hoffnung verlieren, ihre Einstandskurse überhaupt noch einmal wiederzusehen, da sie die Länge dieser »Durststrecke« natürlich nicht voraussehen können.

Doch es gibt ein Beispiel in der Börsengeschichte der letzten hundert Jahre, in dem die Anleger länger als zehn Jahre warten mussten, bis sie wieder aus der Verlusten heraus waren. Und dies war die große Weltwirtschaftskrise der dreißiger Jahre dieses Jahrhunderts, in deren Verlauf die US-Aktien 90 Prozent ihres Wertes einbüßten und bei der es schließlich fast 30 Jahre dauern sollte, bis die bei Beginn der Krise bestehenden Aktienkurse wieder erreicht waren.

Es ist daher auch kein Zufall, dass dieses Beispiel sich bei allen Crash-Propheten, Aktienmuffeln und sonstigen Warnern einer großen Beliebtheit erfreut. Ich bin jedoch bereit, als Optimist einer Diskussion dieses Beispiels nicht auszuweichen – und stelle diesen

Abbildung 2.4

Die Hausse der zwanziger und die Krise der dreißiger Jahre
(anhand des Dow Jones Industrial Index)

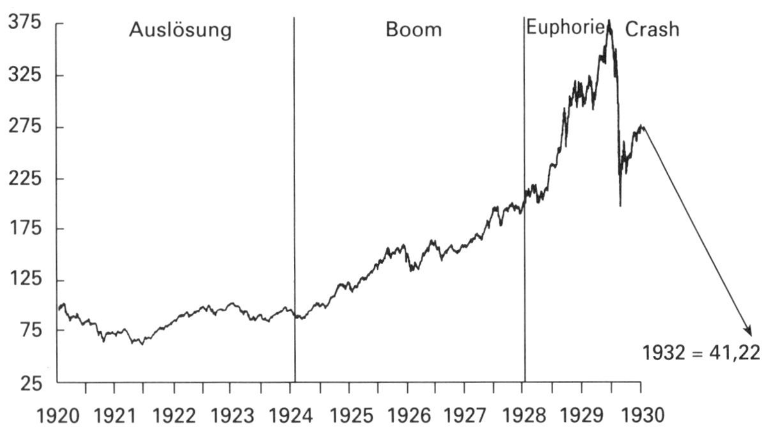

Quelle: Aschinger, G., *Börsenkrach und Spekulation,* München 1995, S. 95

Punkt deshalb unter folgende Maxime: Sollten deutliche Anzeichen erkennbar sein, die darauf hindeuten, dass sich eine derartige oder eine ähnlich signifikante Krise im *wirtschaftlichen* Bereich wiederholen könnte, dann bin ich sofort bereit, mein Plädoyer für die Aktie zu relativieren. Sollte sich hingegen keinerlei Evidenz hinsichtlich eines derartigen Szenarios ergeben, dann werde ich weiterhin die Argumente der Pessimisten missachten und eine langfristige Aktienanlage allen anderen Vermögensformen deutlich vorziehen.

Zwei Fragen sind in diesem Zusammenhang also vorrangig zu klären. Was waren die Bedingungen, aus denen die Weltwirtschaftskrise der dreißiger Jahre entstanden ist? Und welche Folgerungen lassen sich daraus hinsichtlich der heutigen Zeit ziehen?

Die Ursache für die extreme Talfahrt von Aktien und Wirtschaft in den dreißiger Jahren wird immer wieder im großen Crash von 1929 gesehen. Doch dies ist in doppelter Weise ein Irrglaube, der jedoch wie eine Sage immer weiter durch die meisten unserer Geschichtsbetrachtungen geistert. Denn auf der einen Seite begann, wie Abbildung 2.5 sehr gut zeigt, die wirkliche Talfahrt der Aktien erst zu einem Zeitpunkt, als der Aktienmarkt bis zum April 1930 die Verluste des Crashs von 1929 bereits zu 50 Prozent wieder aufgeholt hatte. Womit auf der anderen Seite auch deutlich wird, dass dieser Rückgang, der den Anlegern in der Summe Kursverluste von durchschnittlich fast 90 Prozent brachte, viel eher mit dem *wirtschaftlichen* Kollaps in Verbindung zu bringen ist, welcher 1930 begann, als mit dem Crash von 1929.

Hier gibt es im Übrigen eine interessante Parallele zu den Abwärtsbewegungen der Aktienmärkte 1987 und 1998, was das eben Gesagte noch durchaus zu stützen in der Lage ist. Denn sowohl 1987 als auch 1998 hatten wir es an der deutschen Börse mit Kursverlusten von exakt 39 Prozent im DAX zu tun – und damit haargenau demselben Prozentsatz, den der Dow Jones Index im Crash von 1929 zwischen dem 22. Oktober und 13. November 1929 verlor. Nur: 1987 und 1998 gab es keine heftige, ja nicht einmal eine kleine Wirtschaftskrise, weshalb die Kurse sich im Unterschied zu 1929 auch längerfristig wieder erholen konnten.

Abbildung 2.5

Der Crash von 1929 und die Erholung 1930

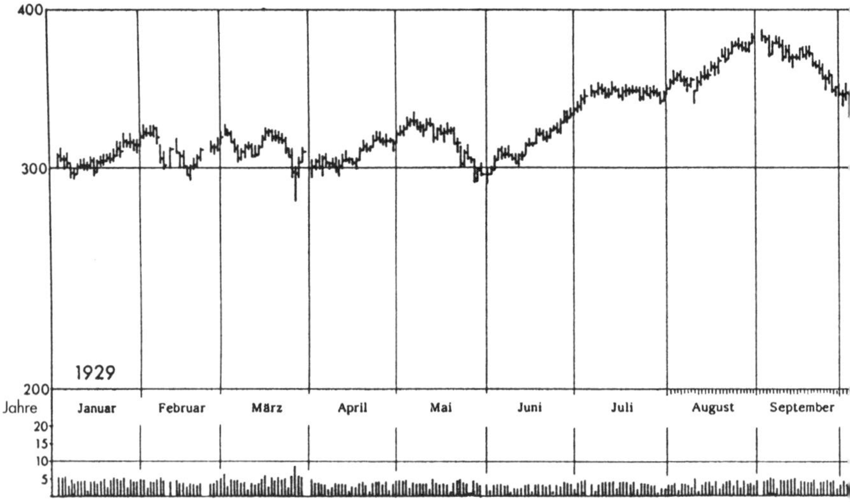

Im unteren Abschnitt der Längsachse ist der Umsatz in Millionen Aktien abgetragen, im oberen der Dow Jones Index.

Im Hinblick auf den Fall 1998 ist dies natürlich noch nicht ganz ausgestanden, denn wie aus Abbildung 2.5 ersichtlich ist, gab es auch 1930 bis in den April des nächsten Jahres hinein eine vehemente Markterholung. Aber wie ich im Anschluss ausführen werde, gibt es diesmal kaum Anzeichen, die auf eine größere Wirtschaftskrise hindeuten. Denn trotz aller Wachstumsabschwächung redet im Jahr 1999 niemand über einen Rückgang der Wirtschaftstätigkeit, sondern allenfalls über eine Abschwächung der Zuwachsraten.

Das, was die Baisse der dreißiger Jahre eine historisch einmalige Malaise in diesem Jahrhundert werden ließ, und was diese Abwärtsbewegung *von allen anderen unterscheidet*, setzte also streng genommen erst ab April 1930 *im Zuge der weltweiten wirtschaftlichen Depression* ein. Und es brachte dem Dow Jones Index, der am 3. September 1929 mit 381,17 Punkten sein Top erreicht hatte, einen Absturz bis auf einen nahezu unvorstellbaren Tiefpunkt von 41,22 Punkten am 8. Juli 1932. Wie konnte das geschehen?

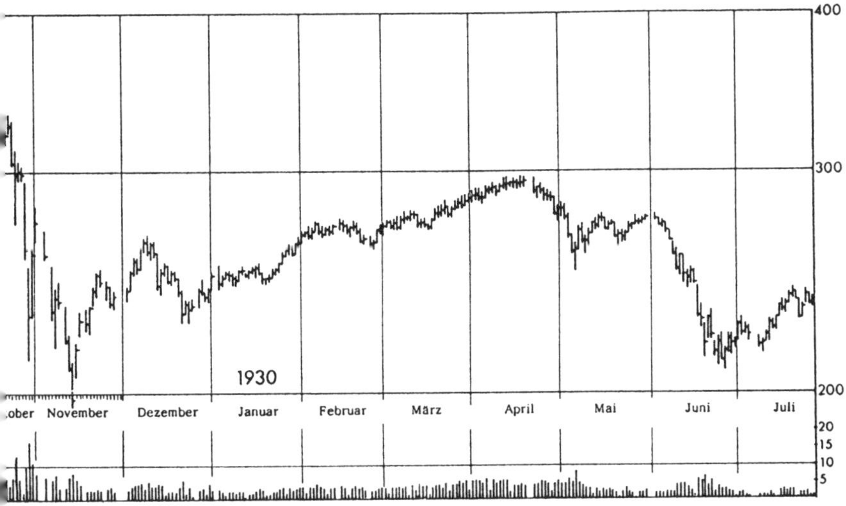

Quelle: Michael Ott (Hrsg.), *Aktientrend Sonderheft Geschichte und Analyse der Dow Jones Averages,* Bad Honnef 1998

Entscheidend für das Verständnis der Weltwirtschaftskrise ist es, sich die Funktionsweise des damals herrschenden Systems des Goldstandards, in welchem der sogenannte »Goldautomatismus« zu einem Ausgleich der Zahlungsbilanzen aller Welthandelsländer führen sollte, einmal genauer vor Augen zu führen.

Der Goldstandard legte fest, dass jedes Land seine umlaufenden Zahlungsmittel immer in einem bestimmten Verhältnis zum bei der Zentralbank vorhandenen Gold halten musste, seine Zahlungsbilanzungleichgewichte jedoch stets mit Gold auszugleichen hatte. Das bedeutete: Ländern mit Handelsbilanzüberschüssen floss Gold zu, welches nach der Theorie zu einer Inflationierung der Wirtschaft führen und damit über gestiegene Importe und gesunkene Exporte die Überschüsse wieder auf ein Gleichgewicht zurückbringen sollte.

Umgekehrt sahen sich nun die Defizitländer mit einem Abfluss von Gold konfrontiert und damit zu einer Deflationspolitik gezwungen, die durch sinkende Importe und steigende Exporte wieder zu einem Leistungsbilanzgleichgewicht hinführen sollte. Dies war jedoch äußerst problematisch. Denn, so musste man sich fragen, was würde passieren, wenn die Überschussländer sich einer Inflationierung einfach verweigerten und umgekehrt die Defizitländer schon aus politischen Gründen die Deflationspolitik nicht durchhalten würden? Genau das ist dann schließlich auch passiert. Und wie ein gezündeter Knallfrosch flog das gesamte System der damaligen Welt fürchterlich um die Ohren und führte im Hinblick auf die Weltwirtschaft eine ungeheure Implosion herbei.

Den Beginn dieser Krise muss man jedoch bereits in den unmittelbaren Folgen des Ersten Weltkrieges sehen, der damals gerade zehn Jahre zurücklag. Deutschland hatte gleich nach dem Krieg zum Beginn der zwanziger Jahre eine verheerende Inflation erlebt, die bleibende Spuren hinterlassen und nahezu alle Wirtschaftslenker unisono zu der Überzeugung gebracht hatte, in Zukunft wirklich alles zu riskieren, um eine derartige Inflation niemals wieder entstehen zu lassen. Darüber hinaus war Deutschland durch die Reparationsforderungen der Alliierten in einem Maße geschwächt, das es nahezu unmöglich machte, in wirtschaftlicher und finanzieller Hinsicht auf absehbare Zeit wieder gesunden zu können. Aber die Alliierten spielten letztlich bei der Lösung, die sie selbst ausgehandelt hatten, nicht mit.

Denn der einzige Weg für Deutschland, die Reparationen tatsächlich leisten zu können, bestand darin, sie aus Exporterlösen zu erwirtschaften. Doch dazu hätten Deutschlands Konkurrenten am Weltmarkt ihrerseits Marktanteile abgeben müssen, was natürlich nicht erwünscht war. Und so kreditierte man Deutschland einfach die Beträge, welche als Reparationen zu zahlen waren, sowie noch einiges darüber hinaus. Der Hauptteil dieser neuen Auslandsschulden der jungen deutschen Republik wurde zudem auch noch kurzfristig gewährt, womit eine extrem fragile Finanzarchitektur entstand, die in keinster Weise geeignet war, den anstehenden Stürmen standzuhalten.

Aber auch im Machtzentrum der Weltwirtschaft hatte sich eine große Veränderung ergeben. Stellten vor dem Krieg noch die Briten den größten Kreditgeber (Gläubiger) der Weltwirtschaft dar, so verloren sie durch die Kriegsereignisse diese Stellung an die USA, die nun zusammen mit Frankreich diese Rolle auszufüllen hatten. Aber welch ein Unterschied! Denn in London, dem Zentrum des British Empire, war man seit Jahrhunderten gewohnt, die Rolle des Weltfinanziers zu spielen, und besaß folglich auch entsprechende Erfahrung darin. Dies galt nun jedoch mitnichten für die plötzlich zum weltgrößten Gläubiger aufgestiegenen Vereinigten Staaten von Amerika. Hier war man mit dieser Rolle noch in keiner Weise vertraut – und versagte folglich auch gerade in dem Moment, als es wirklich darauf ankam. Auf die Franzosen war in dieser Hinsicht schon von vornherein nicht zu bauen, denn bei der »Grande Nation« galt damals das Eigeninteresse stets wesentlich mehr als die Pflichten gegenüber der Gemeinschaft.

Hiermit ist nun bereits der zentrale Punkt der Weltwirtschaftskrise angesprochen. Er lag in den internationalen Finanzbeziehungen und damit im Goldstandard. Auf den Punkt gebracht, könnte man den Vergleich der damaligen Krise zu den heutigen Krisen folgendermaßen formulieren: *In den dreißiger Jahren hat der weltweite Finanzausgleich nicht funktioniert. Heute jedoch tut er es mehr oder weniger.*

Hinzu kommen noch zwei weitere Punkte: Damals führten die starren Bestimmungen des Goldstandards dazu, dass sich die in den Defizitländern erzwungene Deflation sowohl weltweit ausbreiten als auch dauerhaft »einnisten« konnte. Heute hingegen gibt es glücklicherweise keinen Goldstandard mehr und damit genügend Möglichkeiten, deflationären Strömungen auf internationaler wie auch auf rein nationaler Ebene erfolgreich entgegen zu wirken. Und, was ebenfalls nicht zu vernachlässigen ist, von den Crash-Propheten jedoch geflissentlich übersehen wird: Heute haben wir keine unmittelbaren Auswirkungen eines Weltkrieges mehr zu bewältigen.

Um den Mechanismus der Krise der dreißiger Jahre, der letztlich der Weltwirtschaft wie ein Strick den Hals zuzog, noch etwas detaillierter erläutern zu können, seien hier zunächst noch drei Vorbemerkungen zu den internationalen Finanzbeziehungen angefügt:

1. Die Summe aller Ex- und Importüberschüsse aller Länder in der Welt muss stets Null sein, d.h. es kann nur das exportiert werden, was woanders auch importiert wird.
2. Ein Importüberschuss eines Landes kann prinzipiell auf drei verschiedenen Wegen »finanziert« oder »ausgeglichen« werden:
   - Einnahmen aus zukünftigen Exporten (Exportanstieg),
   - Verlust an Währungsreserven (früher Gold, heute meistens Devisen),
   - Kredite vom Ausland.
3. Ob Kredite jemals vollständig zurückgezahlt werden können, ist ein völlig sekundäres Problem. Wichtig ist nur, dass der Schuldner Zins und Tilgung zur Bedienung der Kredite erwirtschaften kann.

Über die primären Ursachen der Weltwirtschaftskrise gibt es in der Literatur keine einhellige Meinung. Aber letztlich ist es für das Verständnis des ungeheuren Ausmaßes der damaligen Krise auch zweitrangig, ob der Anstoß nun von der Zinserhöhungpolitik der US-Notenbank zum »Brechen« des Aktienbooms, dem internationalen Rohstoffpreisverfall oder den unbeglichenen Kriegsschulden und Reparationen ausging. Viel wichtiger hingegen ist die Analyse der Faktoren, die zur Ausbreitung und Verschärfung der Krise beigetragen haben. Und hier lässt sich zweifelsohne festhalten: Gerade zum Zeitpunkt der einsetzenden Krise verschlossen sich für die Defizitländer alle der drei oben angeführten Wege zum Ausgleich ihrer Zahlungsbilanzen. Denn die Überschussländer wollten plötzlich weder verstärkte Exporte der Defizitländer aufnehmen noch weitere Kredite geben. Und mit Goldreserven sah es sowieso nicht besonders gut aus in diesen Staaten. So setzte denn auch ein brutaler Prozess des Preis- und Währungsdumpings ein, in dem die betroffenen Länder verzweifelt versuchten, doch noch ein Stück des immer weiter schrumpfenden Kuchens ergattern zu können. Wobei die starren Bestimmungen des Goldstandards diese deflationäre Tendenz immer weiter verbreiteten.

Ein Blick auf die Abbildungen 2.6 und 2.7 beweist das Ausmaß dieser Tragödie in überzeugender Form. Denn gerade als es aufgrund der weltwirtschaftlichen Schwierigkeiten für die Defizitländer darauf ankam, weitere Kredite oder sonstige Unterstützungen von den Gläubigerländern zu erhalten, versagten diese nahezu vollständig jeglichen neuen Kapitaltransfer. Und, weitaus schlimmer noch, sie forderten zusätzlich sogar noch die sofortige Rückzahlung der meist nur kurzfristig gewährten Altkredite ein. Im Jahre 1931 waren die Hauptgläubiger der Weltwirtschaft deshalb sogar im gleichen Umfang Kapital*importeure,* wie sie 1929 noch als Kapitalexporteure aufgetreten waren.

In Deutschland äußerte sich dies darin, dass sich die Kapitaleinfuhr, die 1927 und 1928 noch jeweils 1 Milliarde US-Dollar betrug, 1929 halbierte und bis 1931 in einen Kapitalexport von nicht unbeträchtlichen 540 Millionen US-Dollar umkehrte. Entsprechend rigoros musste natürlich die binnenwirtschaftliche Deflationspolitik durchgeführt werden. Wobei noch ein zweiter Punkt hinzukam: die Erinnerung an die große Inflation Anfang der zwanziger Jahre, die den Entscheidungsträgern jegliche Gegenmaßnahme einer internen »Konjunkturankurbelung« verbot. Man befand sich also gleichsam in einer »doppelten Mausefalle«: Denn auf der einen Seite konnte man nicht gegensteuern und auf der anderen Seite wollte man es auch überhaupt nicht, und selbst wenn man es gewollt hätte, dann hätte man nicht gekonnt.

Hierbei stand stets der Automatismus des Goldstandards im Wege, der andererseits jedoch, zumindest in der Theorie, eine Tendenz

Abbildung 2.6

Nettokapitalexporte der Haupt-Gläubigerländer 1929 bis 1932

1927	– 1970	
1928	– 2241	+ 14 %
1929	– 1.414	– 37 %
1930	– 363	– 75 %
1931	+ 1414	– 500 %

(Minus = Kapitalexport/Kreditvergabe: Plus = Kapitalimport/Netto-Kreditrückführung)

Quelle: Aldcroft, D.H., *Die zwanziger Jahre,* München 1978, S. 229

zum Abbau der Ungleichgewichte versprach. Leider jedoch nur in der Theorie. Denn während die Defizitländer tatsächlich in den Fängen der Deflationspolitik gefesselt blieben, hielten sich die Überschussländer wie Frankreich und die USA nicht an die Spielregeln, »sterilisierten« die Goldzuflüsse und verweigerten sich damit der Inflationierung ihrer Wirtschaften. Wodurch natürlich keinerlei zusätzliche Nachfrage nach den Gütern der Defizitländer geschaffen werden konnte, die doch so dringend auf diese Absatzkanäle angewiesen waren. Für diese blieb folglich nur eine weitere Verschärfung der deflationären Bemühungen übrig. Doch je weiter die Preise sanken, umso stärker trockneten die Kredite aus. Und ohne Einnahmen wurden die bisherigen Kredite notleidend, was schließlich reihenweise nicht nur zu Firmen-, sondern auch zu Bankenschließungen und -zusammenbrüchen führte.

Wird sich das alles noch einmal wiederholen können? In dieser Krise oder in einer der nächsten? Werden wir, wenn auch vielleicht nicht in diesem Ausmaß, so doch zumindest die Struktur der deflationären Krise der dreißiger Jahre jetzt erneut erleben?

Gegenwärtig befinden sich sowohl Japan als auch große Teile Asiens in einer deflationären Krise. Das Besondere an diesem Szenario ist, dass wir weltweit zum ersten Mal seit dem Zweiten Weltkrieg mit einer derartigen Situation konfrontiert sind. Denn bisher kannten wir in dieser Zeit nur Inflations- und Stagnationskrisen, aber niemals Situationen, in denen die Preise bei rückläufiger Wirtschaftstätigkeit zu sinken beginnen.

Wir sehen uns daher gegenwärtig in einer ähnlichen Situation wie ein Chirurg, der ausschließlich Schönheitsoperationen durchgeführt hat und nun plötzlich mit einem Blinddarm konfrontiert wird, der durchzubrechen droht. Wobei allerdings nur der Chirurg selbst Auskunft darüber geben kann, ob er dieser Situation letztlich gewachsen sein wird, die Umherstehenden jedoch alle Meinungen vertreten zwischen großem Pessimismus und der Auffassung, dass es überhaupt nicht der Blinddarm wäre. Auf jeden Fall erklärt die Einzigartigkeit des gegenwärtigen Szenarios gegenüber den letzten 60 Jahren die Tatsache, dass gegenwärtig die Weltwirtschaftskrise so sehr im Zentrum der Aufmerksamkeit steht.

Die augenblickliche Rückbesinnung ist daher auch äußerst angebracht. Dennoch bin ich fest der Meinung, dass die Parallelen nicht allzu groß sind. Es scheint mir hier eher wie beim Vergleich eines Fußballs mit einer Glaskugel zu sein: Beide scheinen auf den ersten Blick aufgrund ihrer identisch runden Gestalt viele Ähnlichkeiten aufzuweisen, welche jedoch genau in dem Moment abrupt enden, indem man beide auf einen harten Untergrund fallen läßt. Und eine unterschiedliche Reaktion, so behaupte ich, werden wir auch im Hinblick auf die Weltwirtschaft und die Weltfinanzen in den nächsten Jahren und Jahrzehnten erleben.

Denn während es durchaus wahrscheinlich ist, dass sich das Wachstum der Wirtschaften in Europa und Nordamerika im Zuge der deflationären Krise in Asien abschwächen wird, ist an eine Krise, die nur annähernd das Ausmaß der Weltwirtschaftskrise hat, wirklich nicht zu denken. Und wer tatsächlich in vollem Ernst davon redet, sollte einmal plausibel machen, wie ein Schrumpfungsprozess der Weltwirtschaft, wie er in Abbildung 2.7 dargestellt ist, tatsächlich Realität werden könnte.

Schließlich sprechen wir heutzutage, auch dann, wenn wir über Krisen reden, allenfalls von einem Rückgang der Wachstumsraten, im schlimmsten Fall jedoch von einer Stagnation oder dem Rückgang von einigen Prozenten. In der Weltwirtschaftkrise jedoch ist das *Volumen des Welthandels in den Jahren 1930 und 1931 tatsächlich um jeweils ein Drittel zurückgegangen* – und machte, auf die gesamte Zeitspanne gerechnet, im März 1933 nur noch 35 Prozent des Standes von Januar 1930 aus. So etwas, das kann man sicherlich

Abbildung 2.7

Veränderung des Volumens des Welthandels 1929 bis 1932

1929	– 8,5 %
1930	– 32,9 %
1931	– 34,5 %
1932	– 17,7 %

Quelle: Kindleberger, Ch.P., *Die Weltwirtschaftskrise,* München 1984, S. 179

relativ zuverlässig behaupten, ist in der heutigen international vernetzten Welt nur noch schwer vorstellbar.

Interessanterweise ergab sich bei der Weltwirtschaftskrise eine fast vollständige Übereinstimmung der prozentualen Rückgänge des Welthandels mit denen der Aktienkurse. Denn auch der Dow Jones Index sank bis zum März 1933 auf ein Niveau von nur noch etwa 35 Prozent des Januars 1930. Übertragen wir dies nun auf die heutige Situation, dann könnten wir durchaus behaupten, dass es eine gewisse Wahrscheinlichkeit geben könnte, dass die Aktienkurse sich in den nächsten Jahren ebenfalls parallel zu den Veränderungen des Welthandels verhalten könnten. Dies ist nun natürlich äußerst spekulativ, sollte aber zeigen, was wir gegenwärtig auf jeden Fall *nicht* zu fürchten haben – was immer die nächsten Börsenjahre für uns auch bringen werden.

Dreht man nun den Spieß einmal völlig um, dann kann jetzt mit einigem Recht gesagt werden: Die enorme und historisch einmalige *Wirtschafts*krise der dreißiger Jahre war das *entscheidende* Merkmal der ebenfalls einmalig in diesem Jahrhundert aufgetretenen großen *Aktienbaisse*, in deren Verlauf sich Kursverluste aufgrund eines temporären Crashs nicht relativ schnell wieder in Zuwächse wandelten. Sollten wir derartige Wirtschaftskrisen in Zukunft vermeiden können, wofür es sehr viele gute Gründe gibt, dann ist auch ein Aktieninvestor mit einem flexiblen Zeithorizont von mindestens zehn Jahren Anlagedauer hinsichtlich einer Vermögensposition in Aktien relativ wenig gefährdet.

Doch was ist mit noch größeren Krisen, die nicht aus der Wirtschaft erwachsen sind? Was passiert zum Beispiel mit Aktien in Kriegen? Werfen wir auch hier einen Blick zurück: Kriegerische Auseinandersetzungen in der gegenwärtigen Zeit haben glücklicherweise meist nur einen geringen und äußerst kurzfristigen Einfluss auf die Aktienbörsen. So gab es beispielsweise bei der militärischen Lösung der Kuwait-Frage 1991 allenfalls im Vorfeld einen kleinen Knick im kurzfristigen Börsentrend. Auch der Vietnamkrieg hat eher über die damalige Verschlechterung der volkswirtschaftlichen Position der USA indirekten Einfluss auf die Börse genommen als direkt durch den Kriegstatbestand.

In der Vergangenheit stellten sich kriegerische Konflikte und ihre Auswirkungen auf die Börse jedoch wesentlich heftiger dar. Per Saldo haben sich die Aktien jedoch bereits in diesen schweren Phasen als die beste Anlageform erwiesen. Allerdings auch hier nicht auf direktem und geradlinigem Weg, sondern in Verbindung mit den Erwartungen der Anleger im Zeitablauf. Denn während im Zuge der Kriegsvorbereitungen, die schließlich im Ausbruch des Ersten Weltkrieges gipfelten, die deutschen Aktien einen Kurssturz um circa 30 Prozent erlitten, erholten sie sich im Anschluss daran sogar recht deutlich. So stiegen sie von 1915 bis Mitte 1918 tatsächlich wieder um 100 Prozent an, allerdings nur, um diesen Gewinn zum Friedensbeginn fast ganz wieder herzugeben.

Auch hier erkennt man das schon am Konjunkturzyklus erläuterte typische Muster wieder: Wird eine bestimmte Entwicklung, wie zum Beispiel eine Rezession oder, viel schlimmer noch, ein Krieg von der Mehrheit der Marktteilnehmer befürchtet, dann fallen die Kurse. Sie fallen jedoch meistens nur so lange, bis dieses Ereignis dann wirklich eintritt. Zu diesem Zeitpunkt ist dann der Pessimismus meistens an seinem Höhepunkt angekommen, so dass die Aktien im Anschluss daran wieder deutlich ansteigen. Gleiches passiert auch, wenn ein bestimmtes Szenario – wie ein Friedensschluss – von den Märkten sehnlichst herbeigewünscht wird, allerdings dann natürlich mit umgekehrten Vorzeichen.

Auf eine Besonderheit muss jedoch in diesem Zusammenhang noch hingewiesen werden: Mit Beginn des Krieges wurden am 1. August 1914 fast alle Börsen geschlossen, was auf die Aktionäre zweierlei Auswirkungen hatte. Einerseits wurde dadurch einer möglichen Panik aufgrund des doch recht plötzlichen Kriegsausbruches vorgebeugt, andererseits erwiesen sich Aktien damit von einem Tag auf den anderen als nahezu unverkäuflich. Aber schon im Herbst begannen die ersten inoffiziellen Versammlungen der Börsenmitglieder. Mit der Zeit entwickelte sich daraus sogar ein außerbörslicher Handel von Büro zu Büro, der schließlich bereits nur ein Jahr später einen Umfang annahm, der den Umsätzen in den vorangegangenen Friedenzeiten nicht nachstand. Aktien erwiesen sich damit also auch in der Zeit bis zum November 1917, als die offizielle Börse wieder mit dem Handel begann, de facto durchaus nicht als illiquide Anlageform.

Waren Aktien nun aber auch im Vergleich zu anderen Vermögensgegenständen eine sichere Anlageform in dieser Zeit? Am sinnvollsten ist es hierbei, den Krieg und die sich anschließende Hyperinflation gemeinsam zu betrachten, denn nur Anlagen, die über diese gesamte holprige Wegstrecke einigermaßen gut hinweggekommen sind, kann in der Tat das Gütesiegel »krisenfest« angeheftet werden.

In der großen Inflation von 1921 bis 1923 haben die Besitzer von inländischen Geldvermögen alles verloren. Das heißt: Das Geld verlor ebenso vollständig seinen Wert, wie auch alle auf Geld lautenden Forderungen, zum Beispiel Staatsanleihen, wertlos wurden. Wie dramatisch dies verlief, verdeutlicht die folgende Zahl: So machten die deutschen Kriegsschulden aufgrund des Ersten Weltkrieges, welche die auch heute noch sagenhafte Summe von insgesamt 154 Milliarden Mark erreichten, zum Höhepunkt der Inflation einen Wert von nur noch 15,4 Pfennig bezogen auf das Jahr 1914 aus.

Die Aktien hielten sich jedoch wesentlich besser. Denn ihre Kurse entwickelten sich nahezu parallel zur Inflationsrate. Obwohl sie, wie Gielen bemerkt, keinesfalls in jedem einzelnen Monat mit der exorbitanten Inflation Schritt halten konnten – und folglich auch nur einen begrenzten Schutz vor Inflation boten. Aber, so denke ich, besser ein nur begrenzter Schutz vor der Inflation als ein Totalverlust.

Aktien haben sich also sowohl über den Krieg als auch in der sich anschließenden Hyperinflation einigermaßen gut gehalten. Demgegenüber haben die Staatsanleihen und sonstigen festverzinslichen Papiere zwar den Krieg noch ganz gut überstanden, sind jedoch in der Inflation vollkommen wertlos geworden.

Und Immobilien? Immobilien sind natürlich der Trumpf in jeder Inflation. Im Krieg hingegen war es dann jedoch aus mit dem Glanz, spätestens im Zweiten Weltkrieg, wie wir gleich noch sehen werden. Aber auch in Deflationen werden Immobilien stets zum Problemfall und entwickeln sich in den seltensten Fällen besser als

Abbildung 2.8

Aktienkurssteigerungen und Inflationsanstieg 1920 bis 1932

	1920		1921		1922		1923	
	a	b	a	b	a	b	a	b
Jan.	30	20	1	2	2	6	150	150
Feb.	21	18	–7	–3	13	20	101	101
März	–2	13	2	–1	17	18	–26	8
April	–6	9	4	–1	3	19	49	4
Mai	–13	6	1	–1	–14	11	90	29
Juni	4	–2	8	4	–6	9	270	100
Juli	12	–2	13	7	9	30	283	392
Aug.	9	–4	15	7	29	44	824	1457
Sep.	8	–1	27	3	9	72	4160	2460
Okt.	11	6	31	9	64	66	32145	24280
Nov.	6	4	45	18	146	102	11900	17866
Dez.	6	4	–22	9	77	77	31	160

Quelle: Gielen, G., *Können Aktienkurse noch steigen?*, Wiesbaden 1994, S. 30

Aktien. Schon gar nicht, wenn sie, wie es in sicherlich deutlich über 50 Prozent der Fall ist, mit Krediten belastet sind. Denn gerade das kann in einer Deflation, wenn alle Preise deutlich sinken, zu einem Unterschreiten der Beleihungsgrenze und damit zur Zwangsvollstreckung führen.

Also: Vorsicht mit Immobilien in deflationären Zeiten. Und deflationäre Zeiten stehen uns, wenn nicht alles täuscht, nach langer Zeit der Abwesenheit gerade wieder einmal ins Haus. Was die Anpassung natürlich umso schwieriger macht, da die Erinnerungen der meisten von uns nur noch bis in die vergangenen Inflationszeiten zurückreichen, in denen man in der Tat mit Immobilien kaum etwas falsch machen konnte. Diese Zeit jedoch scheint nun unwiederbringlich verloren zu sein.

Werfen wir nun noch einen Blick auf die schwierige Zeit des Zweiten Weltkrieges sowie die sich anschließende erneute Währungsreform: Das dominierende Merkmal dieser Epoche ist, dass die nationalsozialistische Umwälzung Deutschlands auch vor dem Aktienmarkt nicht Halt machte. Durch direkte Eingriffe in den Börsenapparat versuchte man, die Börse dem nationalsozialistischen Wirtschaftsaufbau unterzuordnen. Das hatte zum Beispiel zunächst die Durchführung einer Zwangsabführung von Teilen der auszuschüttenden Unternehmensgewinne an das Reich zur Folge und steigerte sich schließlich bis hin zur administrativen Begrenzung von Kurssteigerungen überhaupt.

Aber auch damit noch nicht genug. Nachdem bereits 1941 eine Meldepflicht für alle Aktienkäufe ab einer bestimmten Größenordnung eingeführt worden war, mussten 1942 sogar alle Aktien, deren Gegenwert 50 000 Reichsmark überschritt, von den Privaten wie den Unternehmen auch zu festgesetzten Preisen (Stoppkursen) an die Reichsbank abgeführt werden. Die Marktkurse durften von diesem Zeitpunkt an nur noch bis zu einem Prozent von diesen Stoppkursen abweichen und wurden 1943 schließlich auf diesem Niveau vollständig festgesetzt. Womit der Aktienhandel letztlich völlig zum Erliegen kam.

Nach dem Krieg sah die Situation jedoch keinesfalls besser aus: Rund 80 Prozent des deutschen Wertpapierbestandes befanden sich in russischer Hand. Das lässt sich dadurch erklären, dass nahezu alle effektiven Stücke in den Tresoren der Reichsbank in Berlin zur Girosammelverwahrung konzentriert waren. Das Reichsbankgebäude lag jedoch im Ostteil der Stadt Berlin und damit im russischen Sektor. Große Teile des Wertpapierbestandes waren hingegen verbrannt, konfisziert, verlorengegangen, außer Landes geschafft oder anderweitig einfach unauffindbar.

Es dauerte schließlich bis 1947, die rechtmäßigen Eigentumsverhältnisse an den meisten Wertpapieren im Wesentlichen zu klären. Diese wurden in sogenannten »Lieferbarkeitsbescheinigungen« dokumentiert, und alle vor 1945 ausgestellten Papiere ohne Lieferbarkeitsbescheinigung wurden als ungültig erklärt. Wer also das Pech hatte, seine Aktien – oder zumindest den Beweis für seine Eigentumsrechte daran – nicht über den Krieg retten zu können, erlebte einen Totalverlust. Wer es jedoch geschafft hatte, dem stand nun ein ansehnliches Kapital zur Verfügung.

Alle Angaben über die Höhe der unmittelbaren Nachkriegskapitalien sind allerdings extrem unsicher. Denn um hier allgemeine Angaben machen zu können, müsste man in der Lage sein, einen Vorkriegs-Aktienindex in die Periode nach dem Krieg hindurchzuzeichnen. Das ist jedoch nur schwer möglich, da durch Gebietsabtretungen nicht nur viele Unternehmen einfach aufhörten zu existieren, sondern auch eine Quantifizierung der physischen Verluste hinsichtlich der Substanz der einzelnen Unternehmen sowie den Eigentumszertifikaten daran extremen Schwierigkeiten unterliegt.

Gielen versucht dennoch eine Schätzung und führt an, dass die ersten D-Mark-Kurse bei rund 7,5 Prozent der letzten außerbörslichen Notierungen im Krieg gelegen haben müssten. Betrachtet man dabei die ganz normale Währungsumstellung bei Einführung der D-Mark von 10:1, so stellt dies schon einen ganz ansehnlichen Wert dar. Zählt man dann noch den Anstieg der Kurse bis zum Ende des Jahres 1948 hinzu, dann ergibt sich ein Wertzuwachs von noch einmal etwa 13 Prozent gegenüber den von den Nationalsozialisten festgesetzten Stoppkursen. Gielen schließt denn auch: »Damit verdeutlicht sich das relativ gute Abschneiden des Aktienvermögens, auch wenn die Aktionäre zunächst einmal ihren Beitrag leisten mussten.«[10]

Die Kurssteigerungen in der unmittelbaren Nachkriegszeit waren demgegenüber dann wirklich als exorbitant zu bezeichnen. Stehle hat hierzu ausgerechnet, dass es sowohl 1949 als auch 1951 die einzigen dreistelligen prozentualen Gewinne in einem Jahr in der gesamten deutschen Börsen-Nachkriegsgeschichte gab, nämlich 161 Prozent in 1949 und 112 Prozent in 1951.[11]

Was ist nun jedoch mit den Festverzinslichen und mit den Immobilien im Zweiten Weltkrieg geworden? Viele Festverzinsliche werden das gleiche Schicksal erlitten haben wie Aktien: Sie werden verbrannt oder auf andere Weise abhanden gekommen sein. Ein Schicksal, welches im Übrigen auch viele Immobilien teilten. Denn hier konnte ein ausgebombtes Haus durchaus den Totalverlust des gesamten Grundes und Bodens durch Enteignung nach sich gezogen haben. Wobei die ehemaligen Eigentümer in vielen Fällen höchstens einen symbolischen »Kaufpreis« erstattet bekamen.

Für nicht beschädigte Immobilien war schließlich ein Lastenausgleich zu zahlen. Dies stellte eine deutliche Vermögensschmälerung dar, die – meines Wissens nach jedenfalls – von den Aktienbesitzern nicht analog zu leisten war. Für die Betrachtung der Entwicklung festverzinslicher Papiere in Deutschland mag Abbildung 2.9 eine interessante Impression geben, die ich dem Referenzwerk über langfristige Aktienanlagen von Jeremy Siegel entnommen habe.[12] Und hier scheint es in der Tat so, als habe in Deutschland dieser Bereich nach 1922 zu existieren aufgehört.

Was allerdings nur im Hinblick auf das Geld nach 1945 der Fall ist, denn mit der Währungsreform bekam zwar jeder Bundesbürger ein »Startgeld« in der neuen D-Mark, alte Reichsmark und Reichsmarkguthaben hingegen wurden zu diesem Zeitpunkt komplett wertlos. Festverzinsliche Wertpapiere wurden demgegenüber nicht ganz entwertet, sondern je nach Schuldner zu unterschiedlichen

Abbildung 2.9

Reale Aktien- und Bondrenditen 1800 bis 1990 (kumuliert)

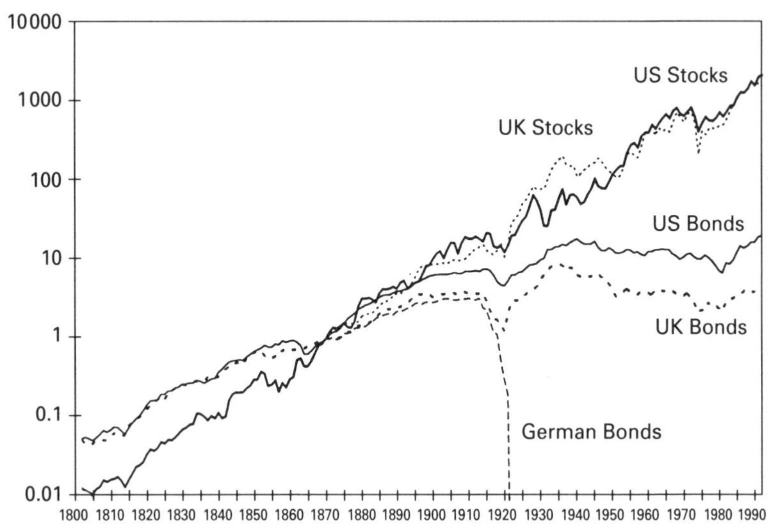

Quelle: Siegel, J.J., *Stocks for the Long Run,* Chicago 1994, S. 24

Sätzen in D-Mark konvertiert. Für die Anleihen des deutschen Reiches bedeutete dies eine Abwertung von 20:1 – und damit eine mindestens um das Doppelte schlechtere Lösung als bei den Aktien.

Die große Hausse der achtziger und neunziger Jahre

Die achtziger Jahre begannen wie ein Kriminalroman, stellten dann jedoch gleich am Anfang die Weichen für eine der längsten und größen Aktienhaussen in diesem Jahrhundert – in welcher wir uns, wenn nicht alles täuscht, auch noch immer befinden. Wie ist dieses Durchstarten zu erklären, wo doch gerade in dieser Zeit die Geldmengenzuwächse, die von vielen Seiten stets als die großen Auslöser von Aktienkursanstiegen ausgemacht werden, deutlich heruntergefahren wurden?

Die gesamten siebziger Jahre über war die westliche Wirtschaftswelt nahezu völlig paralysiert von der Inflation. Die Hauptursache hierfür lag sicherlich in den USA, wobei an vorderster Stelle sowohl die Konsumbedürfnisse der geburtenstarken Nachkriegsjahrgänge als auch die verstärkten US-Rüstungsausgaben zu nennen sind. Weiter angeheizt wurde die Inflation natürlich auch nicht zuletzt durch die beiden großen »Ölpreisschocks« von 1973 und 1978.

Doch im August 1979 traten ein neuer Mann und mit ihm eine neue Lehre an die Spitze der amerikanischen Zentralbank, der Federal Reserve Bank – Paul Volcker und der Monetarismus. Ganz im Gegensatz zu den Wirtschaftsberatern der damaligen Carter-Regierung war es von Anfang an Volckers Ziel, durch ein Eindämmen des Geldmengenwachstums die Inflation wirksamer als zuvor zu bekämpfen, was ihm schließlich auch sehr überzeugend gelang – allerdings nicht, ohne in gewisser Weise dabei auch ein »Schlachtfeld« zu hinterlassen.

Jedenfalls setzte Volcker erfolgreich durch, dass im September 1980, nur fünf Wochen vor der US-Präsidentschaftswahl, der Diskontsatz auf 11 Prozent angehoben wurde. Dies war nun wirklich eine unkonventionelle Tat, denn normalerweise begab sich die Geldpolitik zumindest kurz vor großen Wahlterminen nicht mit der Politik derart in den Clinch. Umso deutlicher tritt dadurch aber das richtungsweisende Element der damaligen Notenbankentscheidung hervor, welches sich als prägend für die nachfolgenden zwei Jahrzehnte erweisen sollte. Als konkrete Auswirkungen dieser Maßnahme stellten sich recht bald vier entscheidende Effekte heraus:

1. Der amtierende Präsident Carter verlor die Wahl, und mit Ronald Reagan zog eine völlig neue Wirtschaftspolitik ins Weiße Haus ein.
2. Die Inflation bildete sich nach langen Jahren endlich signifikant zurück und ist bis zum heutigen Tag niemals mehr auf die damaligen Höhen zurückgekehrt.
3. Die Wirtschaft hingegen verkraftete diese »Schocktherapie« anfangs nur schlecht, weshalb, von Amerika ausgehend, die Weltwirtschaft 1982 eine der stärksten Nachkriegsrezessionen erlebte.
4. Mitten in den dunkelsten Stunden dieser Rezession setzte jedoch ein immenser Aufschwung am Aktienmarkt ein, der uns, trotz zweier großer »Unfälle« 1987 und 1998, bisher in etwa eine durchschnittliche Verzehnfachung der Aktienkurse gebracht hat.

Wie konnte es jedoch genau dazu kommen? Welche Zusammenhänge kamen hier zum Zuge? Zeiten extremer Inflation sind immer Zeiten des sogenannten »Betongoldes«, das heißt goldene Jahre für Sachwerte. Und hierbei besonders für Immobilien, da diese, wie wir bereits gesehen haben, in derartigen Phasen, aber auch *nur* dann, die ertragreichsten Kapitalanlagen darstellen. Erklären lässt sich diese Tatsache sowohl aus der historischen Erfahrung mit Hyperinflationen, die gerade wir Deutschen sehr gut kennen, als auch aus der einfachen Überlegung heraus, dass ein Verlust des Geldwertes auch Geldforderungen mit einschließt – und somit von vielen Marktteilnehmern bevorzugt eine Anlageform gesucht wird, die sich nicht derart beliebig vermehren lässt wie es bei Geld und Geldwerten der Fall ist.

Nun stellen Aktien zwar streng genommen auch verbriefte Sachwerte dar, nämlich Anteile an Unternehmensvermögen, weshalb sie sich auch, wie schon gezeigt wurde, in Inflationsphasen meistens recht gut gehalten haben. Dennoch gibt es hier einen entscheidenden Unterschied: Während die meisten Immobilien, die sich sowieso überwiegend in Privathand befinden, weitgehend ein rein *statisches* Sachvermögen darstellen, müssen Aktiengesellschaften ihren Kapitalwert ständig »*reproduzieren*«, sprich: die Investitionskosten durch Verkaufserlöse wieder einspielen.

In Inflationszeiten ist es nun fraglich, ob der Wiederbeschaffungswert einer Investition sich auch in jedem Fall erwirtschaften lässt, da er im Zeitablauf ständigen und vor allem unkalkulierbaren Preissteigerungen unterliegt. Man sagt daher auch: Inflation führt zu »Verwerfungen« in der Wirtschaft, da sie auf der einen Seite die Planungsgrundlagen zerstört und auf der anderen Seite damit zur Ursache »verzerrter« Investitionsentscheidungen wird. Wirtschaft und Aktionäre registrierten es daher auch mit Freude, als die zweistelligen jährlichen Preissteigerungsraten der siebziger Jahre endlich der Vergangenheit angehörten und bis heute sogar auf ein Niveau von nahezu null gefallen sind.

Aber keine Veränderung ohne die Betrachtung ihrer »Rückseite«! Denn eine erfolgreiche Inflationsbekämpfung ist immer nur dadurch möglich, dass eine Volkswirtschaft bewusst in eine Rezession hineingestürzt wird. So auch 1982, als die Wirtschaft durch die extreme Hochzinspolitik der Federal Reserve zur Inflationsbekämpfung regelrecht »in die Knie gezwungen« wurde.

Doch die Rettung wartete bereits am Horizont: Schon im Jahre 1981 hatte die neue Reagan-Administration ein für uns hierzulande unvorstellbares Steuersenkungsprogramm beschlossen, welches den Spitzensteuersatz in den USA auf ein Niveau von 28 Prozent herunterschleuste. Diese Maßnahmen brauchten natürlich ihre Zeit, um positiv auf die Wirtschaft zu wirken, und konnten daher auch die Rezession 1982 nicht verhindern. Im unmittelbaren Anschluss daran leiteten sie jedoch einen Wirtschaftsaufschwung ein, der mittlerweile wohl zum längsten der amerikanischen Wirtschaftsgeschichte avanciert ist und den USA bis zum heutigen Tag die niedrigste Arbeitslosenrate aller westlichen Industrieländer beschert hat.

Gleichzeitig jedoch verfolgte Reagan noch ein zweites Ziel. Dieses bestand darin, den Gegner des Kalten Krieges, die damalige Sowjetunion, gleichsam »zu Tode« zu rüsten. Was schließlich auch gelang und durch den Fall der Mauer der Weltwirtschaft in den neunziger Jahren einen erneuten atemberaubenden Boom bescherte. Einen Boom jedoch, der natürlich – wie jede andere stürmische Entwicklung auch – nicht ohne Friktionen ablaufen kann, wie wir gerade zum Herbst des Jahres 1998 sehen konnten. Aber auch einen Boom, der, und das ist meine feste Meinung, jetzt aus eigenen Kräften »weiterläuft« und daher auch noch ein bis zwei Jahrzehnte anhalten wird.

Die Rüstungsexpansion zusammen mit den Auswirkungen des Steuersenkungsprogramms führte nun neben einem Wirtschaftsaufschwung auch ein deutliches Haushalts- und Außenhandelsdefizit der Vereinigten Staaten von Amerika herbei. Worüber schließlich in Europa sehr eifrig und vor allem mit dem deutlichen Unterton des bevorstehenden Untergangs berichtet wurde. So kam es dann auch, dass dieses Thema des »Zwillingsdefizits«, welches im Grunde genommen erst bewirkt hat, diesen Wirtschaftsaufschwung auch in die eher »hausmütterlich« geführten Staaten Europas zu »exportieren«, weltweit ins Zentrum des Interesses rückte.

Auch hier wurde wieder einmal aus der vielschichtigen Realität gerade das herausgeschnitten, was der voreingenommenen Sichtweise Vieler am ehesten entsprach. Natürlich war es ein Warnsignal, dass hier zum ersten Mal in der jüngeren Geschichte das Leitwährungsland nicht mehr Nettogläubiger, sondern zum größten Nettoschuldner geworden war, und folglich den übrigen Ländern die dringend benötigten US-Dollars nicht auf dem Wege des Kapitalexports, sondern des Warenimports zur Verfügung stellte. Aber dennoch vernachlässigten alle warnenden Stimmen hierbei die banale Tatsache, dass ohne ein derartig gigantisches Handelsbilanzdefizit der USA der Rest der Welt sicherlich nur sehr schwer die Rezession von 1982 hätte überwinden können. Die Kritik war also einerseits berechtigt, andererseits traf sie jedoch gerade die Milch, von der sich alle ernährten. Doch je öfter dieses Thema wiederholt wurde, umso mehr Befürchtungen löste es aus.

Und nicht ohne Grund wurde schließlich auch die Ankündigung des damaligen amerikanischen Finanzministers Baker vom 18. Oktober 1987, nichts gegen diese Defizite und die damit verbundene negative Bewertung des US-Dollars an den internationalen Devisenbörsen unternehmen zu wollen, von vielen Marktteilnehmern am Aktienmarkt zum Anlass genommen, sich von ihren Positionen zu trennen. Der Markt, der zu diesem Zeitpunkt nach seinem fünfjährigen kontinuierlichen Anstieg von 800 auf über 2200 Punkte im Dow Jones sicherlich sowieso korrekturbedürftig war, erlebte dabei schließlich tatsächlich so etwas wie einen kleinen »Weltuntergang«. Nur, dass von diesem »Weltuntergang«, wie von so vielen anderen auch, rückblickend nicht mehr als ein kleines Pflaster und ein schönes Unfallprotokoll übrig blieb.

Am legendären 19. Oktober 1987 jedoch stürzte der Dow Jones Index binnen eines Tages um mehr als 22 Prozent ab. Das machte einen Kursverlust aus, der sogar den so geschichtsträchtigen Oktober-Crash des Jahres 1929 noch bei weitem in den Schatten stellte. Das herausragende Merkmal dieses Crashs war damit die Intensität, das heißt die Tatsache, dass hier tatsächlich der Großteil des gesamten Abschwunges zumindest an der Wall Street nahezu an einem Tag absolviert wurde. Wobei viele Zeichen darauf hindeuteten, dass es sich hierbei tatsächlich weitgehend um einen »technischen Unfall« handelte.

Denn ausgelöst durch Computerprogramme, setzte sich ein bedrohlicher Prozess positiver Rückkoppelungen in Gang. Durch die starken Kursverluste gleich zu Anfang der Börsensitzung wurden nämlich computergesteuerte Verkaufsprogramme aktiviert, die den Markt weiter nach unten trieben – und damit nur noch mehr derartige Verkaufsprogramme anstießen. Hier nährte also die Baisse die Baisse so lange, bis schiere Panik das Ergebnis war, bei der schließlich, etwas überspitzt ausgedrückt, die Menschen nur noch fassungslos beobachten konnten, was die Maschinen hier anrichteten. Der »Zauberbesen« war außer Kontrolle geraten, der »Zustand des

Vertrauens« verschwunden und der vermeintlich bestehende »fundamentale Anker« gekappt.[13]

So wurden denn auch sofort im Anschluss an diesen Marktzusammenbruch von der amerikanischen Börsenaufsicht neue Sicherheitsmaßnahmen eingeführt. Man installierte unter anderem sogenannte »Wellenbrecher«, durch die bei einer bestimmten Höhe von Indexveränderungen zunächst der computerisierte Handel, später auch der gesamte Handel, für eine bestimmte Zeit ausgesetzt wird, um den handelnden Menschen eine Chance zu geben, die Situation zu überdenken. Dies wurde von den Gegnern der Maßnahmen anders gesehen: Eine Handelsunterbrechung aufgrund der temporären Handlungsunfähigkeit führe viel eher zu einer Verschärfung der Panik als zu deren Milderung. Auch wenn diese Argumente durchaus überzeugend klingen, hat uns die Realität dennoch bisher eine andere Lektion gelehrt. Gerade die Entwicklungen im heiklen Herbst 1998 geben Anlass zu der Überzeugung, dass solche Maßnahmen einen sehr großen Erfolg zeigen und hierdurch auch in Zukunft das Schlimmste abgewendet werden kann.

Psychologisch war die Untergangsstimmung mit dem Crash von 1987 jedoch nicht ausgestanden, sondern fing eigentlich erst richtig an. Denn nunmehr konnte man überall, in allen Wirtschafts-, aber auch sonstigen Magazinen der Welt, von der kommenden großen Krise lesen. Vergleiche wurden angestellt mit der Weltwirtschaftskrise im Anschluss an den Börsenkrach 1929, und selbst ansonsten vernünftige Leute schienen dabei den Verstand verloren zu haben.

Doch was war passiert? Nichts war passiert! Denn auf der einen Seite fing sich der Aktienmarkt relativ schnell wieder, und auf der anderen Seite hat auch das »Zwillingsdefizit« die amerikanische Wirtschaft bisher mitnichten stranguliert. Gegenwärtig ist das Handelsdefizit der USA sogar noch weitaus größer, weil hiervon mittlerweile nicht nur Europa und Japan, sondern jetzt auch noch China, Südostasien und Osteuropa leben. Heute redet auch kaum noch jemand davon. Denn die einen haben sich mittlerweile daran gewöhnt, und die »Experten« können sich sicherlich an nichts mehr erinnern. Nur ein paar einsame Rufer in der Wüste sehen den Weltuntergang eben einfach um ein paar Jahre oder Jahrzehnte verschoben.

Es ist schon wirklich skurril, was sich manchmal an der Börse abspielt: Erst wird eine große Gefahr identifiziert, dann jedoch passiert, obwohl die Situation analog zu diesem Szenario völlig aus dem Ruder läuft, letztlich eigentlich überhaupt nichts.

Die neunziger Jahre jedenfalls wurden zu ähnlich »glorreichen« Zeiten der Aktienanlage, wie dies auch schon für die achtziger Jahre gegolten hatte. Denn der Dow Jones, der noch am 19. Oktober 1987 von über 2200 auf unter 1800 Punkte gefallen war, »knackte« 1998 bereits die Marke von 9000 Punkten, um im Mai 1999 sogar die Schwelle von 11000 zu überschreiten. Und selbst unser heimischer DAX, den es zwar, weil erst 1988 eingeführt, 1987 noch nicht gab, der aber rückgerechnet damals von 1570 auf nur noch 935 Punkte absackte, überwand im selben Jahr die Marke von 6000 Punkten.

In den beiden letzten Jahrzehnten gab es also wirklich keine nennenswerte Alternative zur Anlage in Aktien – trotz aller Turbulenzen, die es in manchen Zeiten zu überstehen galt.

Teil II
Der Blick auf das Heute: die wichtigsten Entscheidungsgrundlagen

3.
Das Zusammenwirken von Börse und Wirtschaft – oder: Alles hat seine zwei Seiten

In diesem Kapitel soll es um die Fundierung meiner theoretischen Überlegungen gehen. Ich werde, um diese so einleuchtend wie möglich darstellen zu können, bei den Grundannahmen anfangen, da ich oft genug feststelle, dass viele Meinungsunterschiede in wirtschaftlichen Diskussionen darin begründet sind, dass zwar über generelle Aussagen gestritten wird, die wirklichen Differenzen jedoch bereits in den unterschiedlichen Fundamenten der jeweiligen Sichtweisen angelegt sind.

Ich habe bereits über die aus meiner Sicht sehr oft einfach unter den Tisch fallende »zweite Seite der Bilanz« gesprochen. Wirtschaft und Börse sind jeweils in sich geschlossene Systeme, die jedoch ebenso wie eine Bilanz niemals »aufgehen« und damit niemals ein schlüssiges Bild der Wirklichkeit abgeben können, wenn diese »Rückseite« des jeweils im Licht der Aufmerksamkeit stehenden Tatbestandes unbeachtet bleibt.

Das zentrale Element in diesem Zusammenhang ist stets das Geld, welches gemeinhin sowohl der Ausgangs- als auch der Endpunkt der meisten Unschärfen und Fehler wirtschaftlicher Argumentationen ist. Denn je nachdem, was ich als »Geld« bezeichne und welche Wirkungen ich dem Geld zubillige, werden sich natürlich die wirtschaftlichen Argumentationen voneinander unterscheiden. Hierüber müssen wir uns jedoch klar werden, denn ansonsten können wir nicht miteinander kommunizieren. Oder es kommt nur Unsinn heraus, wie in vielen Börsenberichten, die man jeden Tag lesen kann.

Eng verbunden mit der Unschärfe des Geldbegriffes erweist sich auch die häufige Nichtbeachtung der Identität von Kauf und Verkauf. Denn allzu oft werden von den Berichterstattern über die Wirtschaft und die Börse immer nur die Verhaltensweisen einer der beiden Gruppen herangezogen, ohne beispielsweise zu berücksichtigen, dass selbst im schlimmsten Crash nicht, wie allenthalben zu lesen ist, nurmehr wahllos die Papiere von den Verkäufern auf den Markt geworfen werden, sondern dass auch zu dieser Zeit die Summe der Käufe(r) immer gleich hoch ist wie die der Verkäufe(r).

Zusammengenommen resultieren diese beiden Punkte in dem Unwillen, zwischen den Zahlungsmitteln oder der »Liquidität«, die ein einzelner besitzt, und derjenigen, die in einer Volkswirtschaft als Ganzer umlaufen, eine klare Trennung vorzunehmen. Diese Trennung ist jedoch essentiell, um nicht kolossalen Fehleinschätzungen der wirtschaftlichen Realitäten zum Opfer zu fallen. So ist in jedem Fall deutlich zu unterscheiden zwischen

1. der Liquidität, über die *einzelne* Personen oder Unternehmen verfügen (*einzelwirtschaftliche* Liquidität oder *individueller* Kassenbestand), und
2. der in einer *gesamten* Volkswirtschaft existierenden Liquidität (*gesamtwirtschaftliche* Liquidität oder *Geldmenge*).

Von der dick gefüllten Brieftasche einzelner Investoren auf eine Liquiditätshausse zu schließen, wäre also ebenso töricht, wie von einer dick gefüllten Brieftasche auf das Nettovermögen eines Investors zu schließen. Denn verwechselt der erste Fehlschluss die Mikro- mit der Makroebene, so macht sich der zweite Fehlschluss einer direkten Vernachlässigung der zweiten Seite der Bilanz schuldig. Denn über Geld verfügen kann jeder, wichtig ist jedoch, wem dieses letztlich gehört. Aus diesen Verwechslungen kann man direkt einige generelle *Regeln* ableiten:

1. Brutto sieht vieles anders aus als netto. (Ist hieran nicht bereits schon einmal ein hoffnungsvoller Kanzlerkandidat gescheitert?) Brutto können natürlich Tausende von Milliarden D-Mark täglich an die Aktienmärkte fließen, netto jedoch nicht eine. Brutto

gibt es sehr viele Millionäre, netto hingegen jedoch wesentlich weniger.
2. Man darf *niemals* aus individuellen Beobachtungen auf gesamtwirtschaftliche Aggregate schließen.
3. Das, was für den *einzelnen* Anleger Gültigkeit hat, kann niemals auch für *alle* gelten.

Wenn somit einzelne Anleger begierig das Portemonnaie zücken, um Aktien zu kaufen, sagt dies niemals etwas über den Liquiditätsstatus einer gesamten Volkswirtschaft aus. Und selbst wenn man glaubt, alle Argumente der Optimisten zu kennen, und der Meinung ist, dass alle Marktteilnehmer gegenwärtig optimistisch wären, so kann dies in Wirklichkeit jedoch niemals wahr sein.

Wer aber aus derartigen Überlegungen seine eigene Börsenstrategie ableiten würde, der hätte die Tür zu den Kalamitäten der Börse bereits weit aufgestoßen. Denn das ist das Trügerische: Der Schlüssel zur Börse ist das Geld, und dieser Schlüssel passt immer. Es fragt sich nur, welche Tür sich dann öffnet.

Die zentrale Rolle des Geldes

Dem britischen Staatsmann William Gladstone wird das schöne Bonmot zugeschrieben, dass nicht einmal infolge der Liebe so viele Leute verrückt geworden sind als infolge des Nachdenkens über das Wesen des Geldes. Für den Wirtschaftswissenschaftler Hajo Riese verkörpert das Geld denn auch das letzte Rätsel der Nationalökonomie.

Nun streiten die Wissenschaftler jedoch nicht nur darüber, welche Wirkungen das Geld und die Geldpolitik in einer Volkswirtschaft haben, sondern bereits darüber, was eigentlich unter Geld überhaupt zu verstehen ist. Obwohl es nun zugegebenermaßen schon erstaunlich ist, dass es bei einem derart zentralen Begriff unter den Wissenschaftlern keinerlei Einigkeit gibt, so beginnt das Chaos jedoch bereits viel, viel früher. Denn die Wurzel der Konfusion ist hier bereits in der Tatsache angelegt, die Tätigkeit der Verwaltung und Umschichtung von Vermögen mit dem Terminus »Geldanlage« zu bezeichnen. Denn im Anlagegeschäft wird überhaupt kein Geld angelegt, sondern aus Einkommen erspartes Vermögen von einer Verwendung in eine andere überführt.

Diese Unterscheidung ist insoweit sehr wichtig, als bei jeder Vermögensanlage ausschließlich das Vermögen *einer Person* gleichsam seinen »Aggregatzustand« wechselt. Dadurch können sich in der *Gesamtwirtschaft* zwar geringfügige Preisveränderungen ergeben, *keinesfalls* jedoch Änderungen in der gesamtwirtschaftlichen Größe »Geldmenge«. Denn während *eine* Person zum Kauf von Aktien, Festverzinslichen oder Immobilien zwar tatsächlich Geld in eine dieser Anlageformen transferieren kann, kann die *Gesamtheit* das noch lange *nicht*. Im Aggregat passiert hierbei überhaupt nichts, weil es letztlich nur einen Tauschprozess Einzelner untereinander gegeben hat, welcher die gesamtwirtschaftlichen Größen jedoch überhaupt nicht berührt oder verändert hat.

Ganz deutlich wurde mir dieses Missverständnis in dem Moment, als ich einmal gefragt wurde, wie man sich denn den Prozess der Geldvernichtung im Crash eigentlich vorstellen müsse. »Da wird doch jetzt«, so mein Gesprächspartner während der schlimmen Herbsttage 1998, »unheimlich viel Geld vernichtet. Das sind doch Hunderte von Milliarden D-Mark. Aber wo bleibt denn dieses Geld nun letzten Endes wirklich?« Die Antwort hierauf muss natürlich heißen: »Es bleibt nirgendwo. Weil es nämlich schon vorher nicht existiert hat, kann es jetzt auch nicht vernichtet werden. Vernichtet worden ist nur Vermögen, jedoch kein Geld.«

Die Unschärfe unseres Alltagsverständnisses des Mysteriums »Geld« erwächst aus dem Umstand, dass das Geld eine Doppelrolle spielt, dessen beide Facetten jedoch streng auseinanderzuhalten sind, was gemeinhin aber nicht passiert:

1. Geld ist der gemeinsame *Wertmesser* für alle Güter, Dienstleistungen, Forderungen und Verbindlichkeiten in einer Volkswirtschaft. In dieser Bedeutung ist Geld nicht mehr als ein *Konzept* zur Messung von Werten.

2. Geld ist das physisch anfassbare oder auf Konten verbuchte *gesetzliche Zahlungsmittel* einer Volkswirtschaft. Es wird primär von der Zentralbank geschaffen, letztlich jedoch immer unter Mitwirkung der Geschäftsbanken sowie des privaten Sektors. Die Höhe des Geldumlaufes in einer Volkswirtschaft ist immer gleich der Höhe der *Geldmenge*, von der es jedoch leider viele verschiedene Definitionen gibt.

Entscheidend ist es nun, dass in jedem Fall diese beiden Funktionen streng voneinander getrennt werden müssen! Dazu im Folgenden einige ganz wichtige Punkte.

Verdoppeln sich beispielsweise in einem Jahr die Kurse am Aktienmarkt, so hat sich nur *das in Geld bewertete Aktienvermögen* verdoppelt. Der Wert des Aktienvermögens in D-Mark ist also um 100 Prozent gestiegen. Die Höhe der Geldmenge ist davon jedoch völlig unberührt. Ganz im Unterschied zur konventionellen Auffassung ist damit nicht mehr Geld vorhanden als vorher, sondern vielmehr eher weniger: Denn im Verhältnis zur Höhe des volkswirtschaftlichen Vermögens ist jetzt weniger Geld vorhanden als vorher. Aktienmarkthaussen neigen mithin auch eher dazu, das Geld knapper erscheinen als es überschüssig werden zu lassen.

Betrachten wir hierzu eine Volkswirtschaft, in der beispielsweise 100 Milliarden D-Mark Bargeld und 100 Milliarden D-Mark Aktienvermögen existieren. Das heißt, das Verhältnis von Bargeld zu Aktien ist 1:1. Steigen nun jedoch die Aktien um 100 Prozent, dann stehen nach dem Anstieg des Aktienvermögens jetzt 200 Milliarden D-Mark Aktien nur 100 Milliarden D-Mark Geld gegenüber. Das Bargeld-Aktien-Verhältnis reduziert sich damit also auf 1:2.

In der Hausse werden folglich auch nicht, wie wir immer wieder lesen können, die Aktien knapp. Nein, es ist genau umgekehrt. Denn jetzt ist plötzlich das Geld relativ knapp geworden. Im Grunde genommen haben jedoch nur die Besitzverhältnisse gewechselt. Wer vorher sein Vermögen in Aktien gehalten hat, der mag aufgrund der gestiegenen Kurse sich von seinen Aktien getrennt haben und Geld halten, wohingegen die vorherigen Geldhalter durch die steigenden Aktienkurse zu einem Wechsel von der Geldhaltung zum Aktienbesitz verlockt sein mochten.

Von diesen rein *einzelwirtschaftlichen* Effekten sind nun jedoch *gesamtwirtschaftliche* Veränderungen der Geldmenge deutlich zu *unterscheiden*: Sieht sich zum Beispiel die Zentralbank zur Erreichung ihrer stabilitätspolitischen Ziele gezwungen, eine starke Veränderung der Geldmenge zu bewirken, so kann sie die Geldmenge ausdehnen, um einer Rezession entgegenzuwirken, oder sie einschränken, um eine Inflation zu bekämpfen.

Dieses Szenario hat jedoch eine *völlig andere Qualität* als das vorangegangene, denn hier wird tatsächlich der Geldumlauf verändert. Das heißt, es gibt nun, je nach Maßnahme, entweder *mehr* oder *weniger* Geld im Umlauf.

Diese Änderungen der Geldmenge können nun durchaus einen Einfluss auf den Aktienmarkt haben, müssen es jedoch nicht. Die Lehrbuchmeinung hierzu sagt Folgendes: Alle Wirtschaftsteilnehmer haben sich bei ihrer Vermögensanlage eine bestimmte Struktur (Portfoliogleichgewicht) geschaffen. Greift nun die Notenbank ein, indem sie durch den Kauf von festverzinslichen Wertpapieren (Offenmarktkäufe) die Zinsen herunter- und Geld in die Wirtschaft hineinschleust, so gerät diese Struktur ins Ungleichgewicht. Denn plötzlich sind die Leute im Besitz von »zu viel« Geld und »zu wenigen« Wertpapieren.

Auf diese Situation werden sie nun reagieren, indem sie so lange Wertpapiere kaufen, bis die Preise der Wertpapiere derart stark angestiegen sind, dass ihr neuer Wert wieder dem vorherigen Gleichgewicht entspricht. Geldmengenerhöhungen werden daher, so die Theorie, in der Regel zu ansteigenden Wertpapierkursen führen. Unstrittig ist hier, dass es dabei auf jeden Fall zu einem temporären Anstieg der Kurse der festverzinslichen Wertpapiere kommt, da die Zentralbank mit ihren Käufen direkt in diesen Markt eingegriffen hat. Ob, und wenn ja, wie stark die Effekte dabei jedoch auch auf die anderen Wertpapiere wie Aktien »durchsickern« werden, ist hingegen relativ umstritten.

Doch unabhängig davon sieht man natürlich sofort, an welch dünnem Faden diese Theorie hängt. Denn erstens sind Modelle wie das des »Portfoliogleichgewichts« eher Theoriegebilde als realitätstaugliche Konzepte. Und zweitens müssen die hier behaupteten Mengeneffekte von »zu viel Geld« erst einmal von jemandem bemerkt werden. Denn woher weiß derjenige, der seine Festverzinslichen an die Zentralbank verkauft hat, dass das Geld, welches er für seinen Verkauf bekommt, *neugeschaffenes* Geld ist? Ich denke, dies kann überhaupt nicht festgestellt werden, weswegen auch die gesamte Argumentation, dass eine gestiegene Geldmenge, also mehr Geld, zu steigenden Bond- und eventuell auch Aktienkursen führt, *extrem anzuzweifeln* ist. Sie klingt zwar auf den ersten Blick plausibel, ist jedoch in praktischer Hinsicht falsch. Mehr Geld kann nur dann zu verstärkten Käufen von Vermögensgütern (wie auch Konsumgütern) führen, wenn es entweder von den Käufern selbst zu Kaufzwecken geschaffen worden ist oder aber aufgrund von Veröffentlichungen in den Medien zu generellen Sorgen hinsichtlich des Geldwertes führt (Stichwort Hyperinflation).

Im Normalfall jedoch sitzt eine derartige Argumentation schlichtweg dem Denkfehler auf, dass das, was eigentlich als Katalysator der Reaktion gedacht ist, von den Reaktoren selbst überhaupt nicht wahrgenommen wird – ganz so wie ein Startschuss beim Wettrennen für die Gehörlosen.

Etwas völlig anderes hingegen ist es, in diesem Zusammenhang *nicht* mit *Mengen*, sondern mit *Preisen* zu argumentieren. Denn Zinssenkungen können in der Tat auf den Aktienmarkt durchwirken, weil durch gesunkene Zinsen Aktien im Vergleich zu festverzinslichen Wertpapieren relativ ertragsstärker und überdies die theoretisch berechenbaren Gegenwartswerte zukünftiger Unternehmensgewinne größer geworden sind.

Doch um Zinseffekte zu erreichen, muss die Zentralbank natürlich keine Geldmengenveränderungen initiieren, da sie durch Veränderungen der Leitzinsen auch bei unveränderter Geldmenge Einfluss auf das Zinsgeschehen in einer Volkswirtschaft nehmen kann. Zu den vielen Konfusionen der wirtschaftlichen Argumentationen gesellt sich damit also noch eine weitere hinzu, die da lautet: *Preis-(Zins-) und Mengenbewegungen sind stets voneinander zu unterscheiden*. Und das bedeutet:

1. Zinsveränderungen können, müssen aber nicht zu gleichgerichteten Veränderungen der Geldmenge führen.
2. Geldmengenveränderungen können, müssen aber nicht zu gleichgerichteten Zinsveränderungen führen.

Damit stellt sich die zentrale Frage:

3. Was ist entscheidender für die Wirtschaft und die Börse: Die Mengen oder die Preise beziehungsweise die Zinsen?

Meine Antwort ist eindeutig: Vergessen wir die Mengen, es leben die Preise und Zinsen! Die Monetaristen hingegen sind diametral entgegengesetzter Ansicht und weisen den Mengenveränderungen den entscheidenden Einfluss auf die Wirtschaft und die Portfolio- oder Anlageentscheidungen der Anleger zu. Die meisten Börsianer und Berichterstatter hingegen, fürchte ich, kümmert das alles sowieso nicht.

Das Bindeglied zwischen Geld und Zins liegt in der Tatsache, dass alles Geld, welches in einer Volkswirtschaft umläuft, immer von jemandem gegen Zins von der Notenbank geliehen wurde. Ausnahmen bilden allenfalls die Goldbestände der Notenbanken sowie die ausgeschütteten Gewinne. Dies verdeutlicht auch, warum es der Zentralbank im Normalfall niemals gelingen kann, die Wirtschaft gleichsam mit Geld zu »überschütten«. Denn das »zu viele« Geld würde in jedem Falle dann, wenn es in die Hände derjenigen gelangt, die bei der Zentralbank verschuldet sind, sofort zur Zentralbank zurückfließen. Es sei denn, die Renditen für Investitionen in der Wirtschaft lägen deutlich über dem Leihzinssatz, welchen die Zentralbank kassiert. Aber das beweist nun wiederum nur, dass es der *Zins* für das Ausleihen von Geld und *nicht* die Menge des umlaufenden Geldes ist, von welchem der entscheidende Einfluss auf die Wirtschaft und teilweise auch auf die Börse ausgeht.

Alle Mengenargumentationen in der Ökonomik führen damit früher oder später immer wieder auf irgendeinen Holzweg. Es ist daher im Hinblick auf die Börse in jedem Fall wichtiger, die volkswirtschaftlichen *Preis*signale als die *Mengen*veränderungen zu beachten. Denn das entscheidende Argument lautet immer: Steigende

Aktienkurse signalisieren, dass die Anleger in der Summe *wünschen*, mehr Aktien zu halten. Da die Menge der Aktien jedoch fest vorgegeben ist, *kann ihnen dies niemals gelingen*. Die steigenden Preise führen jedoch zu einem *höheren Wertansatz* der existierenden Aktien, der aber nichts mit einer höheren *Menge* an Geld oder an Aktien zu tun hat.

Etwas völlig anderes ist es nun, wenn zum Beispiel zum Jahresanfang die Investmentfonds aufgrund von zum Jahresende erfolgten Zinszahlungen oder sonstiger Einzahlungen besonders liquide sind – und ihre Mittel sukzessive in Aktien transferieren. Denn hierbei handelt es sich *nicht* um gesamtwirtschaftliche Liquidität, sondern ausschließlich um diejenige einzelner Personen- oder Unternehmensgruppen (*einzelwirtschaftliche* Liquidität). Der Terminus »Liquiditätshausse« ist in diesem Zusammenhang mithin verboten.

Denn wirkliche Liquiditätshaussen finden, wie bereits anhand der »Gründerwelle« gezeigt wurde, ihre *Ursache* tatsächlich in einer »überschüssigen« Liquidität. Diese Situation, die von der Zentralbank herbeigeführt worden ist, wird jedoch früher oder später von ihr auch wieder zu bereinigen sein. Liquiditätshaussen haben folglich in der Regel auch »kurze Beine« und sind schnell wieder vorüber, wie ebenfalls anhand der »Gründerkrise« aufgezeigt werden konnte.

Haussen, die durch Anlagekäufe von liquiden Fonds angetrieben werden, finden ihre Ursache jedoch in den *Entscheidungen der Anleger*, Teile ihres Vermögens in Aktien anlegen zu wollen und diese folglich den Fonds zur Verfügung zu stellen. Ursache derartiger Aufwärtsbewegungen ist daher *nicht* die gesamtwirtschaftliche Liquidität, sondern die einzelwirtschaftliche Liquidität. Das Aufscheinen dieser Liquidität ist daher auch *nicht* die Ursache, sondern bereits die *Folge* der Kaufentscheidungen der Anleger. Aufwärtsbewegungen, die *keine* Liquiditätshaussen sind, wie dies für alle Aufwärtsbewegungen seit 1982 gilt, können folglich auch wesentlich *dauerhafter* sein als ihr strohfeuerartiges Liquiditätspendant.

Das bringt mich nun zurück zur Eingangsfrage: Wo ist das Geld nun beim Börsenabschwung im Herbst 1998 geblieben? Genau, es ist nirgendwo geblieben, weil es nämlich niemals existiert hat. Alle Wertzuwächse der Aktien sind ausschließlich aufgrund von Kursverluste im Crash erfolgt. Und spiegelbildlich dazu haben die Kursverluste im Crash nun zu Wertverlusten des Aktienvermögens geführt, die zwar jeweils in Geld *gemessen* werden, jedoch niemals selbst Geld *sind.*

Um die Sache nun jedoch völlig zu verkomplizieren, ist noch darauf hinzuweisen, dass es so etwas wie »die« Geldmenge überhaupt nicht gibt. Warum? Weil drei verschiedene Parteien einen Einfluss auf die Höhe der Geldmenge haben – und der Versuch der Volkswirte, die unterschiedlichen Aspekte im Hinblick auf das Ausgeben dieses Geldes herauszufiltern, zu den vielfältigsten Geldmengendefinitionen geführt haben.

Die wichtigsten Geldmengenkonzepte stellen die »Zentralbankgeldmenge« sowie die Geldmengen »M1« und »M3« dar. Unter Zentralbankgeldmenge versteht man im weitesten Sinne das umlaufende Bargeld, also die von der Zentralbank gedruckten Geldscheine. Über die Höhe dieser Geldmenge entscheidet folglich auch allein die Zentralbank. In Euroland ist dies seit dem 1.1.1999 die Europäische Zentralbank (EZB) in Frankfurt.

Nun kann man jedoch nicht nur mit Bargeld Güter, Dienstleistungen oder Vermögenswerte kaufen, sondern auch mit der Verfügung über *Sichtguthaben.* Das Zusammenfassen von Bargeld und Sichtguthaben in einem gemeinsamen Aggregat, welches die *Höhe des konkreten Zahlungsmittelbestandes* bezeichnet, macht also durchaus Sinn. Die Wissenschaftler nennen diese Geldmenge M1.

Hier zeigt sich bereits, dass die Zentralbank nicht mehr die alleinige Autorität über die Festlegung der Höhe der Geldmengen hat. Wollen nämlich die Privatanleger verstärkte Käufe tätigen, dann werden sie sich hierfür von den Banken Geld umbuchen lassen, zum Beispiel vom Spar- auf das Girokonto. Und sofort steigt die Geldmenge M1 an. Oder sie nehmen einen Kredit auf, und die Bank stellt ihnen diesen als Sichtguthaben auf dem Girokonto zur Verfügung. Auch hier steigt M1 ohne das Zutun der Zentralbank.

Doch was bedeutet nun ein Anstieg von M1? Dass die Leute demnächst wirklich mehr Güter und Dienstleistungen kaufen wollen und daher inflatorische Effekte zu erwarten sind, denen die Notenbank entgegenzusteuern hat? Oder werden sie dieses Geld am Aktienmarkt investieren? Oder vielleicht nur in Geldmarktfonds? Niemand kann diese Fragen beantworten!

Deswegen ist auch das Konzept der Geldmengensteuerung, wie es die Deutsche Bundesbank über lange Jahre hinweg verfolgt hat, in sich äußerst widersprüchlich. Weil eben niemand aus einem Anstieg der Geldmenge ersehen kann, ob diese nun zu Käufen von Waren und Dienstleistungen oder vielmehr »nur« von Vermögensgütern verwendet werden soll.

Die Entscheidung der Europäischen Zentralbank, die Geldmengenpolitik der Deutschen Bundesbank nicht zu übernehmen, spricht hier natürlich Bände. Denn anscheinend wird die Unsinnigkeit dieses Konzepts mittlerweile von immer breiteren Kreisen erkannt, und nicht zuletzt hat die wichtigste Notenbank der Welt, nämlich diejenige der USA, dieser Strategie bereits seit einiger Zeit abgeschworen und sich wieder mehr der Zinsorientierung verschrieben.

Aber nicht nur die Geldmengensteuerung ist widersprüchlich, auch alle an derartigen Konzepten ausgerichteten Gelddefinitionen. Wenn eine Geldwirtschaft nämlich tatsächlich durch eine Knapphaltung von Geld seitens der Zentralbank gesteuert wird, dann können Sichtguthaben überhaupt kein Geld sein, weil ansonsten der Privatsektor einer Volkswirtschaft sich den wirtschaftlichen Steuerungsmechanismen entziehen könnte. Es wäre daher konsequent, tatsächlich nur Bargeld als Geld zu bezeichnen, nicht jedoch die Sichteinlagen. Denn wer glaubt, dass es hier keinen Unterschied gibt, der möge sich einmal die Verhältnisse in Russland anschauen oder sich mit der Wirtschaftsgeschichte beschäftigen. Dann wird sehr schnell deutlich: Sichtguthaben sind allenfalls »Schönwettergeld«, mehr jedoch nicht.

Bleibt noch die Geldmenge M3. Was ist aus einem Anstieg dieses Aggregats zu schließen, welches zusätzlich zu M1 noch die Termineinlagen und die Spareinlagen mit gesetzlicher Kündigungsfrist beinhaltet? Ich denke, hinsichtlich von M3 kann man bestenfalls noch schöne Grafiken zeichnen. Klare Aussagen hingegen sind hier viel schwieriger zu treffen. Denn gerade M3-Veränderungen, die nicht proportional zu den Bewegungen von M1 verlaufen, deuten fast immer auf reine Vermögensumschichtungen hin. Sie sind daher in Bezug auf die möglichen Veränderungen der Kaufkraft des Geldes nicht von Relevanz.

Sie schließen jedoch den Kreis meiner Überlegungen insofern, als sie hinsichtlich der »Liquiditätstheorie« von Aktienkurssteigerungen deren Absurdität nunmehr endgültig offenlegen. Denn sollte ein Anstieg von M3 nun tatsächlich aus Gründen von Portfolioumschichtungen erfolgen, indem viele Wirtschaftssubjekte langfristige Spareinlagen in Sicht- und Termineinlagen transferiert haben, um davon schließlich Aktien zu kaufen, so kann dieser Geldmengenanstieg von M3 *niemals* Ursache dieser Umschichtungen sein, weil er vielmehr bereits deren *Folge* ist. Der Auspuffdampf kann schwerlich zur Ursache des Anspringens des Motors gemacht werden.

Die Auswirkungen des Denkfehlers bezüglich der Liquidität sind jedoch gewaltig: Wird eine ganz »normale« Aufwärtsbewegung am Aktienmarkt, wie wir sie zum Beispiel seit 1997 erleben, überall in den Medien als Liquiditätshausse dargestellt, dann kann dies unter Umständen einen richtigen Teufelskreis in Gang setzen. Denn je überzeugter das Publikum von der These wird, dass die *Ursache* der vorangegangenen Kurssteigerungen in Liquiditätszuflüssen zu finden sei, umso eher wird es sich entscheiden, mit der Aussicht auf weitere Liquiditätszuflüsse selbst verstärkt zu kaufen. Doch genau damit setzt das Publikum nun rückbezüglich *durch sein eigenes* Handeln stets von Neuem die Ursache für weitere Kurssteigerungen.

Dieser Prozess schaukelt sich nun gemeinhin spiralförmig nach oben auf. Man nennt so etwas auch »positive Rückkoppelung« oder einen »autokatalytischen Prozess«, weil hier jede Auswirkung einer Handlung immer wieder zur Ursache für weitere identische Anschlusshandlungen wird. Und nur der Himmel die Grenze bildet. Aus dem man jedoch, wenn man sich wie Ikarus zu dicht der Sonne nähert – oder wenn nun plötzlich das Geld relativ zu den Aktien zu knapp geworden ist –, auch einmal wieder sehr hart abstürzen kann.

Warum gibt es Aktiengesellschaften, Aktien und Börsen?

Es gibt eine wichtige These hinsichtlich der Funktionsweise unserer Wirtschaft, die ich für ganz zentral halte. Sie findet sich jedoch in keinem der etablierten Lehrbücher.[1] Sie lautet: Jedes nicht zentral gelenkte, kapitalistische Wirtschaftssystem kann nur dann funktionieren, wenn es ständig weiter wächst.

Der Grund hierfür erscheint einleuchtend: Produkte und Dienstleistungen können nur dadurch den Nachfragern bereitgestellt werden, dass Investitionen getätigt werden. Und zum Investieren benötigen die Unternehmen Geld.[2] Da in einer arbeitsteiligen Wirtschaft Unternehmer und Geldgeber normalerweise nicht identisch sind, müssen sich folglich die Unternehmen das Geld von dessen Besitzern dauerhaft oder auf Zeit ausleihen.

Gehen wir zunächst vom einfachsten Fall aus, nämlich der Kreditvergabe. Aus der eingegangenen Kreditschuld folgt, dass das Unternehmen nicht nur die Rückzahlung dieses Kredites zu erwirtschaften hat, sondern darüber hinaus auch noch die Zinsen. Und das heißt nichts anderes, als dass das Unternehmen aus der Produktion in Zukunft mehr herausbekommen muss, als es gegenwärtig hineinsteckt. Die Wirtschaftsleistung in der Zukunft muss demzufolge höher sein als die in der Gegenwart. Jedes Unternehmen muss also wachsen und damit die gesamte Volkswirtschaft auch, um neben der Reproduktion dessen, was man in die Produktion »hineingesteckt« hat, zusätzlich auch noch den Zinsanspruch des Kreditgebers zu befriedigen.

Nun gibt es jedoch einen eleganteren Weg der Kapitalbeschaffung für die Unternehmen. Und das ist der Verkauf von Anteilen gegen die Zahlung einer bestimmten Summe von Geld. Gesellschaften mit beschränkter Haftung tun sich hierbei relativ schwer, da deren Übertragung stets an die notarielle Form gebunden ist. Bei Aktiengesellschaften hingegen gibt es die Inhaberaktie. Das heißt, die Aktie lautet auf den jeweiligen Inhaber, sie gehört demjenigen, der rechtmäßig über die Börse das Eigentum an ihr erworben hat.

Anteile an Aktiengesellschaften sind damit wesentlich besser zu übertragen als alle anderen Gesellschaftsanteile. Dies hat nicht nur

Vorteile für die jeweiligen Aktieneigentümer, sondern auch für die Aktiengesellschaft selbst. Denn je leichter die Aktie übertragbar ist, umso eher wird der potentielle Geldgeber geneigt sein, sich an einem Unternehmen zu beteiligen. Denn wenn etwas nicht so läuft, wie er es erwartet hatte, beziehungsweise wenn er unvorsehbarerweise sein Vermögen nun doch wieder in Geldform benötigt, ist es für ihn stets möglich, seine Aktie auf dem Aktienmarkt liquide zu machen. Indem er jemanden findet, der ihm für diese Aktie sein Geld überträgt. Womit wir bei der Börse angelangt sind, die aus dieser Sichtweise heraus *zwei* wichtige Aufgaben zu erfüllen hat, die jedoch ebenfalls streng voneinanander zu unterscheiden sind:

1. Durch Platzierung von Aktien an der Börse, das heißt, durch Ausgabe neuer Aktien, können sich die Unternehmen über die Börse finanzieren. Das ist eine volkswirtschaftlich ungeheuer wichtige Funktion. Denn hier fließt tatsächlich Geld von den Anlegern zu den Unternehmen.
2. Durch den laufenden Handel von Aktien ergibt sich für jeden Aktionär die Möglichkeit, seine Aktien jederzeit in Geld zurückzutauschen. Und spiegelbildlich hat jeder Besitzer von Bargeld oder Sichtguthaben bei einer Bank die Chance, dieses zu jeder Zeit gegen Aktien einzutauschen. Diese Funktion ist nun jedoch, einmal etwas überspitzt ausgedrückt, volkswirtschaftlich nahezu belanglos.

Denn letztlich passiert hierbei nicht mehr als die tägliche Abwicklung von Millionen von Tauschvorgängen – Aktien gegen Geld beziehungsweise Geld gegen Aktien. *Netto* fließt dabei, wie wir bereits gesehen haben, keinem Wirtschaftszweig etwas zu. Denn kein Unternehmen bekommt auch nur eine D-Mark mehr zum Investieren. Und auch die Marktteilnehmer gelangen dadurch als Gesamtheit nicht in den Besitz von mehr Bargeld, Sicht- oder Terminguthaben, verlieren jedoch spiegelbildlich dazu ebenso niemals auch nur eine D-Mark davon. Das heißt natürlich nicht, dass das Vermögen der Aktionäre sich dadurch nicht verändern könnte. Das tut es selbstverständlich in jeder Minute. Aber diese Bewertungsveränderungen sind immer nur auf einen bestimmten Zeitpunkt definierte

Buchwerte, welche die *Gesamtheit* der Aktionäre jedoch niemals realisieren kann.

Die Börse ist also, und dies ist der wichtigste Satz, den man über sie sagen kann, der »geniale Kniff«, eine Investition, die den Unternehmen *langfristig* zur Verfügung steht, für den *einzelnen* Anleger jedoch »*liquide*« zu machen ist.

Das heißt, die Unternehmen haben sich ihr Kapital über den Aktienmarkt besorgt und müssen es niemals mehr zurückzahlen. Diese Mittel sind investiert worden, wobei die damit getätigten Investitionen nun entweder einen guten Ertrag bringen – oder eben nicht. Spiegelbildlich dazu besitzen die Anleger als Verbriefung ihrer Mittelhergabe nun Papiere in Form von Aktien, welche sie ebenso niemals mehr an die Unternehmen zurückgeben können. Konkret heißt das: *Die Gesamtheit aller Aktionäre* wird diese Papiere bis zum jüngsten Tage in ihrem Besitz halten müssen. Die Börse ermöglicht es jedoch dem *einzelnen* Anleger, sich jederzeit wieder von seinen Aktien zu trennen. Freilich nur, wenn dafür ein anderer willens und in der Lage ist, diese Aktien nun seinerseits in Besitz zu nehmen und zu behalten.

Aktien sind daher also stets nur für den *einzelnen* Anleger liquide. *Er* kann sie jederzeit zu Geld machen. *Die Gesamtheit* hingegen kann dies niemals. Gesamtwirtschaftlich – oder im Aggregat – sind Aktien folglich auch nicht liquide. Oder, viel weiter gefasst, gesamtwirtschaftlich gibt es so etwas wie Liquidität überhaupt nicht. Doch dazu später noch mehr. An dieser Stelle ist zunächst festzuhalten, dass sowohl in der Wirtschaft als auch an der Börse eine Aussage völlig unterschiedliche Bedeutungen hat, je nachdem ob man sie auf *eine* handelnde Person oder auf *alle* bezieht. Man muss hier die Logik stets ganz genau im Auge behalten, weil man sonst Gefahr läuft, kolossalen Fehlurteilen aufzusitzen.

Nun habe ich eben gesagt: Die Kapitalbeschaffung der Unternehmen über die Börse ist volkswirtschaftlich außerordentlich bedeutend, der spätere Handel mit den Aktien hingegen völlig bedeutungslos. Das trifft nun zwar den Kern der Logik, ist jedoch insoweit etwas zu relativieren, als Unternehmen mit einer guten Kursentwicklung ihrer eigenen Aktie natürlich auch zu wesentlich besseren Konditionen neue Aktien ausgeben können als Unternehmen, bei denen das nicht der Fall ist. Und Ähnliches gilt natürlich auch für ganze Volkswirtschaften. Denn eine gute Entwicklung des gesamten Aktienmarktes wird die Besitzer von Geldvermögen eher geneigt machen, Neuemissionen beziehungsweise aus Kapitalerhöhungen entstandene neue Aktien zu kaufen, als ein stagnierender oder vielleicht sogar fallender Aktienmarkt.

Weiter wird eine günstige Eigenkapitalbeschaffung durch die Unternehmen umgekehrt Investitionen ermöglichen, die anderweitig sich vielleicht nicht als rentabel oder realisierbar erwiesen hätten. Eine gute Börsenentwicklung schafft daher in gewissem Sinne erst die notwendigen Bedingungen für eine gute Wirtschaftsentwicklung – und die gute Wirtschaftsentwicklung wird ihrerseits wiederum positiv auf die Börse zurückwirken.

Auch hier gibt es so etwas wie einen Kreislauf positiver Rückkoppelungen, der jedoch nicht annähernd so »gefährlich« ist wie der vorher beschriebene. Hier kann also gleichsam ein positiver »Multiplikatorprozess« in Gang gesetzt werden, der einen sich selbst verstärkenden Aufschwung von Wirtschaft und Börse initiiert, welcher anschließend von sich aus wiederum positiv auf die Börse zurückwirkt. Andererseits kann dieser Rückkoppelungszusammenhang sich auch schnell einmal ins Negative wenden, wenn nämlich schlechte Finanzierungsbedingungen die Wirtschaft negativ tangieren und damit wiederum die Finanzierungsbedingungen an der beziehungsweise über die Börse verschlechtern.

Auch wenn die Börse derart auf die Zukunft zielt und in die Zukunft wirkt, führt dennoch nichts an der Tatsache vorbei, dass an der Börse streng genommen immer nur mit den Investitionen von gestern gespielt wird.

Wie funktioniert eigentlich eine Börse?

Die Aufgaben der Börse sind zwar bereits genannt worden, sollen jedoch aufgrund ihrer Wichtigkeit noch einmal hervorgehoben werden:

a. die Bereitstellung von Geld zur Finanzierung von Unternehmen,
b. die Abwicklung des Handels mit der dadurch entstandenen Menge von Papieren, welche die Mittelbereitstellung verbriefen.

Der entscheidende Unterschied der beiden Funktionen ist nun: Während es im ersten Kontext sinnvoll ist, von einem Geldfluss zu sprechen, weil hier tatsächlich Geld von den Anlegern zu den Unternehmen fließt, ist dieser Sprachgebrauch im zweiten Fall sehr irreführend. Denn jedem Geld*zu*fluss steht hier immer ein Geld*ab*fluss gegenüber. Das heißt: Ein Anleger entscheidet sich, Geld gegen Aktien zu tauschen, und muss dazu einen Partner finden, der sich seinerseits für das genaue Gegenteil davon entschieden hat.

Die Aufgabe der Börse ist es nun, in diesem Zusammenhang (b) auf der einen Seite die beiden Tauschpartner zusammenzuführen, den Handel abzuwickeln und auf der anderen Seite dabei den Tauschkurs festzulegen. Existiert nun jedoch einmal kein Tauschpartner oder ist dieser erst bereit, nach einer extremen Herauf- oder Heruntersetzung des Preises diese Rolle auszufüllen, dann gerät die Börse in eine Krise – und zwar in der Abwärts- genauso wie in der Aufwärtsbewegung.

Beachtenswert ist hierbei nun ebenfalls, dass bereits *ein einziger* Tauschkurs mit äußerst geringer Stückzahl ausreicht, um die Bewertung des *gesamten* Bestandes dieser Aktie vollständig zu verändern. Auch diese Tatsache, dass es die *Bewegungen* sind, die den Wert der *Bestände* bestimmen, mag oft zu Verwirrungen führen. Denn es sind ausschließlich die wenigen Millionen Aktien, die täglich gehandelt werden, welche den in Billionen D-Mark gemessenen Marktwert der deutschen Aktien festlegen.

Auf jeden Fall jedoch zeigt sich sehr deutlich, dass die Heterogenität der Erwartungen, sprich die Vielfalt der Meinungen, ein unbedingtes Erfordernis für den Handel und damit für ein reibungsloses Funktionieren der Börse darstellt. Völlig irreführend sind daher Passagen wie die folgenden, die wir alle täglich aufs Neue in der Presse lesen müssen: »Die Marktteilnehmer sind der Meinung, dass ...«, » Die Anleger gehen davon aus, dass ...«. Derartige Phrasen gehören jedoch nicht in einen Börsenbericht. Denn entweder sind alle Marktteilnehmer wirklich einer Meinung, dann wären die obigen Sätze zwar richtig, jedoch kann dann überhaupt kein Handel stattgefunden haben, weshalb sie letztlich also doch falsch sind. Oder aber, es hat tatsächlich ein Handel stattgefunden, was andererseits aber nur dann möglich wäre, wenn diese Sätze falsch sind. Dies zeigt uns, dass wir *Generalaussagen* über das Anlegerverhalten einfach ignorieren sollten.

Man kann daher gar nicht oft genug wiederholen: An der Börse wird der Bestand an Aktien einer Volkswirtschaft gehandelt. Und da dies nur dann möglich ist, wenn sich Käufer und Verkäufer mit unterschiedlichen Motiven gegenüberstehen, ist es weder sinnvoll, von einheitlichen Meinungen noch von Geldzuflüssen an die Aktienmärkte zu sprechen. Denn derartige Behauptungen *suggerieren*, dass bei steigenden Kursen plötzlich mehr Käufer und mehr Geld vorhanden sind beziehungsweise mehr Anleger mit mehr Kapital am Markt investiert sind. Was sich jedoch beides bei näherem Hinsehen als *grundfalsch* herausstellt.

Betrachten wir dazu ein Beispiel: In der Bundesrepublik Deutschland haben nur circa 6 Prozent aller Haushalte Teile ihres Vermögens in Aktien angelegt, während es in anderen Ländern wie etwa den USA, Großbritannien oder aber Schweden zum Teil deutlich mehr sind. Wie lässt sich das nun aber ändern? Liest man hierzu einmal die heimischen Gazetten von den Publikationen der Unternehmerverbände bis hin zur Tagespresse, dann wird dieser Zustand zwar überall beklagt und den Haushalten angeraten, sich verstärkt mit der Aktie zu beschäftigen, aber dennoch ist die aus einer Veränderung dieser Situation resultierende Konsequenz nirgendwo auch nur mit einem Wort erwähnt. Sie lautet nämlich, dass dann alle anderen Sektoren ihren Aktienbesitz deutlich abbauen müssten!

Aber wollen wir das denn? Wollen wir einen Abbau der Fondsvermögen, der Beteiligungsportfolios der Banken, eine Reduzierung des Anteils des Auslandsbesitzes an den deutschen Aktiengesellschaften? Oder welche Strategie gibt es, diesen Prozess über eine deutliche Verstärkung der Neuemissionen zu fördern? Fragen über Fragen, die jedoch merkwürdigerweise niemand stellt.

Dazu noch ein Beispiel, welches sicherlich für die Anlagepraxis von noch viel größerer Relevanz ist: In den USA ist seit einigen Jahren zu beobachten, dass immer größere Teile des Aktienvermögens von professionellen Fonds verwaltet werden. Die Fondsgesellschaften haben sich daher in dieser Zeit ebenso vervielfacht wie die Anzahl der Fonds. Daraufhin werden nun verstärkt Stimmen laut, wie auch die von Roland Leuschel, der in der Zeitschrift *Börse-Online* Nr. 45/1998 anführte, dass uns daraus nun allen eine große Gefahr erwüchse. Denn, so Leuschel, die Fonds wüchsen derzeit schneller als der Verstand, sie zu managen.

Dies weist andererseits jedoch auf ein Missverständnis hin. Denn allein die Verschiebung der Verwaltungsquote von Aktien zu Gunsten der Fonds und zu Lasten der Privatanleger bedeutet natürlich *niemals*, dass jetzt in der Summe auch nur eine einzige Aktie netto mehr zu verwalten wäre als vorher. Denn jetzt haben zwar die Fonds die Verwaltungshoheit über mehr Aktien als vorher, die Privatanleger jedoch im Ausgleich dazu über entsprechend weniger – und *netto* ist überhaupt nichts passiert.

Man kann Roland Leuschel deshalb zwar dahingehend Recht geben, dass dadurch der »Herdentrieb« verstärkt wird, da die Fondsmanager eher als die Privatanleger geneigt sind, sich uniform zu verhalten – und diese Entwicklung notwendigerweise zu einem noch stärkeren kumulativen Verhalten der Märkte führen wird. Ob er jedoch wirklich diese Gefahr gemeint hat, ließ der Artikel zumindest offen.

Welche Erklärungen für Börsenauf- und -abschwünge gibt es, welche sind vielleicht richtig und welche mit Sicherheit falsch?

In der Börsenliteratur wird in der Regel zwischen zwei verschiedenen Hauptursachen für einen Börsenauf- oder -abschwung unterschieden. Das sind:

1. Zinsen und monetäre Bedingungen und

2. gesamtwirtschaftliche und unternehmensspezifische Fundamentalentwicklung.

Hierbei sollte jedoch klar sein, dass dies ausschließlich vereinfachende Abstraktionen sind, um das komplexe Börsengeschehen in ein handhabbares Denkmodell einpassen zu können. Denn in Wirklichkeit hängen die Kursbewegungen an den Aktienmärkten niemals von den *objektiven* Daten, sondern stets und ausschließlich von deren *subjektiver* Wahrnehmung durch die Marktakteure ab. Wobei es natürlich vielfach so sein kann, dass beide sich in Übereinstimmung befinden.

Niemand wird in der Lage sein, jemals eine vernünftige Aussage zu treffen, denn dazu müsste man alle subjektiven Einschätzungen der Marktakteure kennen. Es ist daher sehr sinnvoll, stets im Hinterkopf zu behalten, dass alle Börsenauf- und abschwünge prinzipiell immer ebenso viele Gründe haben, wie es handelnde Personen am Markt gibt.

Darüber hinaus weise ich schon hier darauf hin, dass ich gerade in Hinblick auf Punkt (1) noch ein ganz anderes Argument sehe, welches viel eher steigernd auf die Aktienkurse einwirkt als die Geldmenge, der ich hier kaum positive Effekte zubillige. Und das ist das in einer Volkswirtschaft existierende *Gesamtvermögen*. Diesen Gedanken möchte ich jedoch erst in Teil III dieses Buches, bei der Diskussion der Frage, warum die Aktienkurse langfristig stets parallel zum wirtschaftlichen Zuwachs steigen, ausführlicher entwickeln.

Hinsichtlich von Punkt (1) ist es nun, wie schon angedeutet, stets wichtig, die *Mengen*effekte von Geldmengenveränderungen von den *Preis*effekten der Zinssatzänderungen zu unterscheiden. Mein Leitsatz hierzu heißt: Zinssenkungen stimulieren in der Regel den Aktienmarkt, Geldmengenerhöhungen hingegen eher nicht. Ist auf den letzteren Punkt schon ausführlich eingegangen worden, so sei nunmehr ein Blick auf das „Durchwirken“ von Zinsveränderungen auf den Aktienmarkt geworfen. In der Literatur existieren hierfür prinzipiell zwei Mechanismen: Sinkende Zinsen bedeuten, erstens, dass die zukünftigen Erträge der Unternehmen mit einem geringeren Abzinsungsfaktor diskontiert werden und folglich bezogen auf die Gegenwart steigen. Und sie bedeuten, zweitens, dass die »Konkurrenz« für die Aktien durch festverzinsliche Papiere abnimmt, denn deren Verzinsung sinkt jetzt deutlich gegenüber der Rendite der Aktien.

Beide Effekte werden nach der Theorie jeweils Hand in Hand gehen und dafür sorgen, dass sinkende Zinsen steigende Aktienkurse und steigende Zinsen sinkende Aktienkurse zur Folge haben. Nun stecken in diesen Behauptungen jedoch tatsächlich noch eine ganze Menge von zusätzlichen Annahmen, die hier einmal kurz beleuchtet werden sollen.

Betrachten wir den erstgenannten Effekt, so müssten sich die Aktienkurse jeweils proportional zu den zukünftigen Erträgen eines Unternehmens, wie sie sich aus heutiger Sicht präsentieren, verhalten. Dies ist nun auch, zumindest auf kurze Frist betrachtet, tatsächlich so zu beobachten. Zumindest dann jedenfalls, wenn man die Richtung der Veränderungen der objektiven Daten im Vergleich zu ihrer subjektiven Wahrnehmung betrachtet. Konkret: Fallen die Gewinne eines Unternehmens schlechter aus als erwartet, dann wird der Aktienkurs sinken. Fallen sie hingegen besser aus, so sollte er ansteigen.

Beim Vergleich verschiedener Unternehmen untereinander sind die Ergebnisse jedoch deutlich weniger signifikant. Denn selbst Unternehmen mit Verlust oder nur geringfügigem Gewinn können deutlich besser bewertet werden als Unternehmen mit hoher Gewinnträchtigkeit. Man schaue sich daher nur einmal die Streuung der Kurs-Gewinn-Verhältnisse (KGV) bundesdeutscher Aktiengesellschaften an, die insgesamt von unter 10 bis weit über 100 reichen, um genug Evidenz für diese These zu finden.

Aber auch in der Begründung für den zweitgenannten Wirkungskanal, nach welcher sinkende Zinsen und damit steigende Kurse für Festverzinsliche diese im Vergleich zu Aktien unattraktiv machen, stecken Annahmen, die nicht ohne weiteres zu akzeptieren sind. Ganz offensichtlich kann diese »Gesetzmäßigkeit« immer nur im Rahmen einer vollkommen *statischen* Analyse Gültigkeit behalten. Vergleicht man hingegen das auf Basis der *gegenwärtigen*

Aktienkurse errechnete Renditeniveau der Aktienkurse mit der augenblicklichen Effektivverzinsung der Festverzinslichen, dann ergeben sich zwar zwei Maßzahlen, die jedoch wenig aussagefähig sind.

Erstens wird die Rendite der Aktien tatsächlich nur dann den heute berechneten Wert erreichen, wenn sowohl die Höhe der zukünftigen Dividendenzahlung richtig antizipiert als auch der Kurs der Aktie in den nächsten zwölf Monaten nicht absinken wird. Und zweitens sollte der entscheidende Parameter einer Anlage in Zinspapieren niemals der *Gegenwarts*zins, sondern vielmehr der *zukünftige* Zins*trend* sein. Das heißt: Selbst ein hoher gegenwärtiger Zins wird eine Anlage in festverzinslichen Anleihen nur dann interessant erscheinen lassen, wenn nicht erwartet wird, dass er noch weiter ansteigt. Weil steigende Zinsen stets Kursverluste der Anleihen bedeuten, wäre es somit besser, in diesem Falle mit der Anlage noch zu warten.

Generell sollte man sich daher stets davor hüten, *hohe* Zinsen mit *steigenden* Zinsen zu verwechseln. Denn hohe Zinsen sind ein Anlagegrund in Festverzinslichen, steigende hingegen eher nicht. Denn *steigende* Zinsen sind, wie uns nicht zuletzt Johann Philipp von Bethmann[4] ständig eintrichtert, stets noch *niedrige* Zinsen, weil sie zukünftig eben höher erwartet werden. Hohe Zinsen können deshalb auch im Umkehrschluss immer nur Zinsen sein, deren Trend von der Mehrheit der Marktteilnehmer als nach unten gerichtet eingeschätzt wird. Das vielfach und gerade gegenwärtig zu hörende Argument, dass steigende Anleihezinsen stets für Aktien »gefährlich« werden müssen, weil erstere dadurch im Vergleich zu letzteren renditemäßig wieder attraktiver werden, ist daher auch mit Vorsicht zu betrachten. Denn es kann – aber es muss nicht – richtig sein.

Bleibt noch Punkt (2), die gesamtwirtschaftliche und unternehmensspezifische Fundamentalentwicklung. In diesem Zusammenhang ist das Hauptargument, dass der Wert eines Unternehmens und damit auch der seiner Aktien, die an der Börse notieren, sich durch ein Abzinsen der zukünftigen Erträge auf die Gegenwart ermitteln lässt. Diese sogenannte Ertragswertmethode behauptet also, dass der Kurs einer Aktie stets dem gegenwärtigen Wert ihrer zukünftigen Erträge entsprechen wird.

Obwohl dies auf den ersten Blick durchaus plausibel klingt, so gibt es dennoch auch hier analog zu Punkt (1) keinen zwangsläufigen direkten Transmissionsriemen, der von den wirtschaftlichen Impulsen zur Börse verläuft. Denn alleine der Freiheitsgrad der *subjektiven* Auslegung des *objektiven* Datenmaterials ist an sich schon groß genug, um Generationen von Analysten zur Verzweiflung zu treiben. Dennoch zeigt aber die historische Betrachtung, dass das Wirtschaftswachstum stets zu langfristig steigenden Aktienkursen geführt hat. Wie ist das zu erklären? Ich sehe auch hier zwei Punkte:

1. Die Mehrheit der Marktteilnehmer glaubt an dieses Konzept des »inneren« Wertes, weshalb sie sich auch in ihren Marktaktivitäten danach richtet.
2. Dennoch zeigt eine rein logische Analyse, dass es keinen Mechanismus geben kann, der sicherstellt, dass dies so ist.

Und eigentlich ist das auch ganz logisch! Denn fragt man einmal zynisch, warum sich denn Aktienkurse überhaupt nach den fundamentalen wirtschaftlichen Gegebenheiten eines Unternehmens richten sollten, dann muss man schon an diesem frühen Punkt feststellen, dass es sich bei diesem Konzept des Aktienkurses als Gegenwartswert der zukünftigen Erträge um eine reine Tautologie handelt. Tautologien sind schon aus Definitionsgründen immer wahr. Das heißt in unserem Fall: Wenn der Aktienkurs immer dem inneren Wert entspricht, dann ist der innere Wert natürlich zu jedem Zeitpunkt gleich dem Aktienkurs. Diese Relation muss also immer richtig und kann niemals falsch sein. Was sich jedoch immer als richtig erweist, ist damit letztlich unüberprüfbar und folglich ohne jeden Erklärungswert.

Auf der anderen Seite erwächst aus dieser Sichtweise aber ein noch viel gravierenderes Problem: Den Hintergrund des »inneren Wertes« bildet stets die Überlegung, dass Aktien als Verbriefung von Gesellschaftsanteilen an einem Unternehmen in jedem Fall in der gleichen Art und Weise bewertet werden müssten wie ganze

Unternehmen auch. Hier ist aber Vorsicht geboten. Denn es ist fraglich, ob man dem einzelnen Aktionär in diesem Zusammenhang tatsächlich die gleichen Handlungsalternativen zubilligen darf, die in Wirklichkeit jedoch ausschließlich der alleinige Eigentümer bzw. der dominante Mehrheitseigentümer eines Unternehmens haben kann.

Während der Alleininhaber eines Unternehmens jederzeit »Kasse machen«, also die Substanz der Gesellschaft teilweise oder ganz veräußern sowie den Barbestand an sich auszahlen kann, steht dem normalen Aktionär diese Alternative *nicht* offen. Dieser muss sich vielmehr zur Liquiditätsbeschaffung mit zwei anderen Wegen bescheiden: Auf der einen Seite kann er auf die Dividendenzahlung warten, die er jedoch als Kleinanleger nicht beeinflussen kann und die im Verhältnis zum Wert oder Kurs der Aktie auch niemals eine relevante Größenordnung besitzt, sondern in den seltensten Fällen über den Betrag einer Tagesschwankung der Aktie hinauskommt. Auf der anderen Seite kann der Anleger natürlich jederzeit seine Aktien auf dem Markt verkaufen. Doch das ist nicht nur ein deutlicher Unterschied, sondern tatsächlich eine andere Kategorie. Denn während der Alleininhaber im Veräußerungsfall entweder den »inneren Wert« oder zumindest den Zeitwert der Vermögensgegenstände verlangen kann, bleibt der Aktionär hierbei völlig im Ungewissen. Denn er muss einen Käufer finden, der ebenfalls genau weiß, dass seine einzige Weiterveräußerungschance darin liegt, seinerseits einen Käufer zu finden, der für sich selbst die gleichen Zukunftsaussichten hegt.

Die beiden Fälle sind also nicht ebenbürtig. Aktien werden grundsätzlich niemals (in Geld) zurückgezahlt. Sie sind immer nur an den nächsten potentiellen Aktionär *weiterreichbar*. Und wenn nun der Aktienkäufer zum Kaufzeitpunkt den »inneren Wert« bezahlt hat, dann muss das längst nicht heißen, dass der nächste Käufer auch bereit sein wird, seine Kaufargumente an diesem inneren Wert auszurichten.

Es gibt daher eigentlich auch nur einen einzigen Grund, warum sich die Aktienkurse überhaupt nach der fundamentalen wirtschaftlichen Situation eines Unternehmens beziehungsweise dessen abgezinster Gewinnsituation richten sollten: weil es eine stillschweigende *Übereinkunft* oder *Konvention* unter den Marktteilnehmern ist. Ganz wie es Keynes bereits in den dreißiger Jahren gesagt hat, nämlich dass diese Rechenmethode nur richtig ist, »... solange wir uns auf die Einhaltung dieser Übereinkunft verlassen können.« Denn »... wir setzen tatsächlich voraus, dass die bestehende Marktbewertung ... in Bezug auf unsere Kenntnis der die Erträge der Investition beeinflussenden Tatschen eindeutig *richtig* ist, und dass sie sich nur im Verhältnis zu Änderungen in dieser Kenntnis ändern wird.«[5]

Im Klartext gesprochen heißt das: Es gibt die Übereinkunft oder Konvention, dass Investitionen sich in einer bestimmten Art und Weise rechnen beziehungsweise zu bewerten sind. Und *so lange* diese Übereinkunft hält, werden die Bewertungsänderungen sich auch tatsächlich analog zu unserem heutigen Wissensstand von den zukünftigen Erträgen dieser Investitionen verändern. Wird diese Übereinkunft jedoch aufgrund besonderer Ereignisse zeitweise oder längerfristig einmal außer Kraft gesetzt, dann hängt die Bewertung von Aktien vollständig in der Luft.

Nun gibt es allerdings offensichtlich doch so etwas wie einen »Anker«, der bewirkt, dass Aktien, die unter ein gewisses Bewertungsniveau fallen, nicht ewig weiter an Wert verlieren: Das ist das Übernahmeargument. Notiert eine Aktie weit unter dem Bewertungsmaßstab, wie er für vergleichbare Konkurrenzunternehmen gilt, dann wird es sowohl für die Konkurrenten dieses Unternehmens als auch für Newcomer in dieser Branche zunehmend lukrativ, dieses Unternehmen zu übernehmen – und folglich den Aktionären dieser Gesellschaft ein Übernahmeangebot zu machen.

Auch wenn das nun in der Realität vielfach geschieht, so macht es dennoch für den einzelnen Aktionär keinen Unterschied. Schließlich wird in den allerseltensten Fällen hierbei mit Bargeld bezahlt! Das heißt: Der Aktionär bekommt auch in diesem Falle in der Regel den Gegenwert für seine Aktie nicht zurückbezahlt, sondern er kann vielmehr nur seine alten Aktien gegen die Aktien des übernehmenden Unternehmens tauschen. Damit steht er jedoch am selben Punkt wie vorher auch: Wenn er »Cash« haben will, muss er, da er in die Kasse des Unternehmens selbst *nicht* hineinlangen kann, jemanden finden, der ihm seine Aktien abkauft.

Kann es an der Börse Gesetzmäßigkeiten geben?

Ich habe bereits an anderer Stelle ausführlich zu begründen versucht, warum es an der Börse keine Gesetzmäßigkeiten im traditionellen Sinne geben kann.[6] Der Hauptgrund hierfür liegt darin, dass alle Gesetzmäßigkeiten stets zeitlose Gebilde sind. Das heißt: Eine identische Ursache muss auch zu jeder Zeit eine identische Wirkung haben,[7] weshalb alle Veränderungen im Zeitablauf, wenn sie nicht schon von vornherein bekannt sind, definitionsgemäß aus der Analyse *ausgeschlossen* werden. Das wiederum bedeutet: Nach diesem Theorieansatz dürfte eigentlich an der Börse niemals etwas wirklich Neues und Unvorhergesehenes passieren. Oder im Umkehrschluss: Wenn an der Börse täglich Neues geschieht, dann kann der Ansatz, Gesetzmäßigkeiten zu suchen, nicht der richtige sein.

Diese Herangehensweise an die Erklärung bestimmter Phänomene hat uns in den Naturwissenschaften zu großen Erfolgen verholfen. Denken wir hier nur an die Gravitationsgesetze, die es uns heute erlauben, jede Position der Sterne und Planeten zu jedem beliebigen Zeitpunkt bereits heute zu berechnen. Und sie hat uns auch in der Chemie und Physik der kleinen Teilchen weitergebracht. Bis die Heisenbergsche Unschärferelation kam und fortan der Begriff »Objektivität« auch hier nahezu gestrichen werden musste, weil bei der Beobachtung von Vorgängen im Mikrobereich das einzelne Teilchen nunmehr nur noch mit dem Messgerät *zusammen* als Einheit fassbar wird.

Im Kontext der Erklärung und Prognose menschlicher Handlungen kommt man allerdings bereits viel früher zu diesem Punkt. Denn hier zeigt sich recht schnell, dass es bereits der Grundansatz des Denkens in Gesetzmäßigkeiten ist, der uns hier auf die schiefe Bahn bringt. Menschliches Verhalten erweist sich in der Regel im

Zeitablauf als einfach *nicht stabil* genug, um es in das Schema der Gesetzmäßigkeit pressen zu können.

Verhalten sich die Marktteilnehmer bei identischen Ereignissen im Zeitablauf völlig unterschiedlich, was sicherlich eher den Regelfall denn die Ausnahme darstellt, so muss jede gesetzmäßige Erklärungsweise hier versagen. Alle Modelle von Wirtschaft und Aktienmarkt müssen daher früher oder später scheitern. Oder anders gesagt: Wer mit seiner Anlagestrategie einem mathematischen Modell folgt, ist in Wirklichkeit ein Systemspieler. Und die Systemspieler, so sagt uns der große André Kostolany immer, sind bisher noch alle pleite gegangen. Befragen Sie hierzu doch einmal die letzten Nobelpreisträger der Wirtschaftswissenschaften, wenn sich Ihnen die Gelegenheit bietet. Und sagen Sie zum Einstieg dazu nur vier Buchstaben: L-T-C-M ...

Zu diesem generell instabilen menschlichen Verhalten im Zeitablauf kommt jedoch noch eine weitere Schwierigkeit hinzu, welche schließlich auch das Versagen aller Gesetzmäßigkeiten in diesem Bereich bewirkt. Es ist dies die Tatsache, dass die Menschen im Vergleich zur unbelebten Natur stets die Möglichkeit haben, auf das Bekanntwerden einer Theorie oder Prognose selbst reagieren und damit den Wahrheitsgehalt *jeder* Theorie oder Prognose signifikant verändern zu können.

Verkündet beispielsweise ein Analysehaus, dass die Aktie eines Unternehmens X oder Y demnächst wahrscheinlich im Kurs sinken wird, weil dessen Gewinnerwartungen gegenwärtig übertrieben sind, so ist die Eintrittswahrscheinlichkeit dieser Prognose in extremer Weise abhängig vom Grad der Aufmerksamkeit, der ihr geschenkt wird. Viele Prognosen hinsichtlich der zukünftigen Entwicklung des Aktienmarktes erlangen somit ihre »Wahrheit« erst im Zuge einer selbsterfüllenden Prophezeiung.

Ganz extrem ist dies in der Bundesrepublik am Neuen Markt, gerade wenn es »Börsenspielzeit« ist. Denn aufgrund der Tatsache, dass das Interesse am Neuen Markt riesengroß, die Anzahl der jeweils frei umlaufenden Papiere pro Aktie jedoch weitaus geringer ist, führt jede medienwirksame Kauf- oder Verkaufsempfehlung stets zu mehr oder weniger großen Kursausschlägen. Am Markt bilden sich nicht nur »Lieblingsaktien« der Anleger heraus, sondern auch »Lieblingsgurus«. Und sollte es wirklich einmal zeitweilig feste Gesetzmäßigkeiten an der Börse geben, dann wird es sich hierbei in fast allen Fällen um die stabile Reaktion der Märkte auf die Worte der Lieblingsgurus handeln. Nehmen diese in ihrem Börsenbrief oder bei einem Börsenspiel eine Aktie in ihr Musterdepot, dann bekommen die Makler am nächsten Montag stets Probleme.

Diese sehen sich dann einer riesigen Flut von Kaufaufträgen bereits am frühen Morgen zur Börseneröffnung gegenüber, wohingegen sie meistens über keinerlei Verkaufsauftrag verfügen, weil die möglichen Verkäufer meistens noch schlafen werden. Die einzige Lösung dieser Problematik ist dann für sie, »short« zu gehen, das heißt, die Stücke zu verkaufen, obwohl man sie überhaupt nicht besitzt – in der Hoffnung, sie später oder in den nächsten zwei Tagen, wenn sie schließlich geliefert werden müssen, von den nun aufgewachten potentiellen Verkäufern billiger zurückkaufen zu können. Und der Guru, der am Freitagabend im Januar einen Kursanstieg im Jahresverlauf um vielleicht 20 Prozent angekündigt hat, sieht somit bereits am Montag um 9 Uhr in der Frühe seine gesamte Jahresprognose erfüllt. Was ihn nun dazu motivieren wird, die Aktie schnell wieder aus seinem Musterdepot heraus – und eine neue hereinzunehmen, denn mehr als Recht kann er ja nicht bekommen.

Auch wenn es natürlich nicht immer derart klar trenn- und analysierbare Tatbestände gibt, so handelt es sich bei diesem Beispiel um einen generellen Tatbestand, welcher prinzipiell niemals umgangen werden kann: Jeder Marktteilnehmer wird seine Handlungen stets ebenso an den Handlungen und Meinungen der anderen ausrichten, wie diese umgekehrt seine Handlungen und Meinungen in ihre Kalküle ebenfalls einbeziehen werden.

Dadurch befinden wir uns bei der Erklärung und Prognose der Geschehnisse am Aktienmarkt prinzipiell und immer in einem schier unlösbaren »Teufelskreis«, der weder Anfang noch Ende hat. Und bei dem sich jeder Lösungsversuch wie ein in sich geflochtenes Band stets wieder zu einer Position wandelt, die der ursprünglichen Aussage genau diametral entgegensteht.

Wer viel weiß, weiß dann plötzlich gar nichts mehr. Und wer ansonsten nichts weiß, kann plötzlich die Lösung haben. Denn wir alle müssen wissen, dass wir letztlich nichts wissen können. Und nicht einmal das wissen wir genau.

Was würde passieren, wenn alle wüssten, wie die Börse morgen steht?

Was auf den ersten Blick wie eine große Malaise auf uns wirkt, erweist sich bei näherem Hinsehen in vielen Fällen als ein großer Segen. So ist es mit der Börse ähnlich mit dem Wetter. Denn man mag sich kaum vorstellen, wie viel mehr Kreuzzüge und Kriege es auf der Welt gegeben hätte, wenn es dem Menschen möglich sein würde, das Wetter signifikant zu beeinflussen. Genauso wäre es jedoch auch mit den Preisen für das Unternehmensvermögen, ließen diese sich korrekt prognostizieren.

In diesem Falle bräuchten wir dann jedoch an Stelle der Börse einen wissenden Diktator, der die Preise festlegt. Doch wie sollte jemals jemand eine derartige Rolle erfüllen können, da alle Preise in Wirklichkeit immer das *Resultat einander widerstrebender Meinungen* sind. Alle Aussagen über den Prozess der Preisbildung bekommen daher einen völlig anderen Charakter je nachdem, ob sie sich auf den *einzelnen* Anleger oder auf die *Gesamtheit* aller Teilnehmer beziehen:

- *Einzelne* Marktteilnehmer können Aktien kaufen, *alle* hingegen *nicht*. Denn Käufe sind stets nur dann möglich, wenn es auch Verkäufe gibt.
- *Einzelne* Marktteilnehmer können optimistisch sein, *alle* hingegen *nicht*.
- Für den *einzelnen* Marktteilnehmer ist die Aktie eine liquide Anlageform, für *alle* hingegen *nicht*.
- *Einzelne* Marktteilnehmer können die Zukunft korrekt voraussagen, *alle* hingegen *nicht*.
- *Einzelne* Marktteilnehmer können über ein richtiges Modell zur

Erklärung und Prognose des Aktienmarktes verfügen. *Alle* hingegen *nicht*.

Doch was passiert nun, wenn doch einmal die Situation entsteht, in der alle Marktteilnehmer optimistisch sind, kaufen wollen und glauben, über eine korrekte Sicht der Zukunft zu verfügen?

Dann kann kein Handel mehr stattfinden. Die nötige Gegenposition wäre dann nicht vorhanden. Was umgekehrt jedoch wieder bedeuten würde, dass auch die vermeintlich korrekte Sicht der Zukunft letztlich nicht mehr korrekt wäre: Denn die Tatsache, dass es keine Verkäufe geben wird, kann niemals Teil einer noch so optimistischen Prognose sein und folglich auch niemals korrekt vorausgesagt werden. Erweist sich jedoch durch den nicht stattfindenden Handel die vermeintlich richtige Prognose schließlich als falsch, so wird es plötzlich doch wieder Verkäufer von Aktien geben – und alles wird seinen Weg gehen, allerdings nicht in Übereinstimmung mit der vorher getätigten Prognose.

Der Markt schafft es also stets, seine Teilnehmer so zu verwirren, dass zu große Übereinstimmungen der Meinungen nicht lange Bestand haben können. Er verhüllt sich, wie es im Karneval die Maske tut. Wenn diese dann fällt, ist jedermann verblüfft, welche andere Person zum Vorschein kommt. Womit das Spiel der Neugier und der Verwandlung natürlich sofort wieder von vorne losgehen kann.

So etwas wie ein »richtiges« Modell des Aktienmarktes kann es folglich niemals geben. Denn sein Bekanntwerden könnte nur dazu führen, dass niemand mehr gegen die Prognosen dieses Modells handeln würde. Doch gerade das hätte zur Folge, dass nunmehr dieses richtigste aller Modelle von einer Sekunde auf die andere durch sein Bekanntwerden die eigene Gültigkeit zerstören müsste. Und im Grunde genommen, so meine ich, sollten wir damit auch nicht hadern, sondern es einfach und endlich als Tatsache akzeptieren.

So logisch dieses Ergebnis nun auch abgeleitet sein mag, so mutet es dennoch etwas merkwürdig an. Denn hatte man nicht naiverweise immer geglaubt, dass der höchstmögliche Optimismus im Markt auch immer das bestmögliche Ergebnis für eine Volkswirtschaft zeitigen würde? Nun jedoch zeigt sich, dass dies eben *nicht* richtig ist. Denn ohne die Mäkler und Pessimisten kann ein Gemeinwesen wie die Börse anscheinend überhaupt nicht funktionieren.

Im Grunde genommen sind wir hier bereits sehr tief in einer eher philosophischen Diskussion verstrickt, weswegen wohl auch nur ein Philosoph wirklich weiterhelfen kann. Schon Heraklit hat gelehrt, dass jedes Ding nur dann existieren kann, wenn es gleichzeitig auch sein Gegenteil (Inverse) gibt. Ohne Schlechtes gibt es auch kein Gutes, ohne Dunkles nichts Helles. Und jeden einzelnen Menschen kann es auch nur dadurch geben, dass alle anderen eben nicht er selbst sind.

Fällt nun jedoch irgendwann einmal diese Inverse weg, dann gibt es ganz plötzlich eine grundlegende Krise. Denn nicht nur an der Börse wird dann der Handel zum Erliegen kommen, sondern auch der Mensch könnte beispielsweise auf die Idee kommen, plötzlich die ganze Realität nur als *seinen* Traum zu interpretieren – um folglich mit Kreuzzügen zur Durchsetzung des Guten auf der ganzen Erde wiederum doch nur schreckliches Elend zu verbreiten.

Oder, ein eher praktisches Beispiel: Die Mathematik entspricht den Denkformen unseres Verstandes. Das hat nicht zuletzt Kant immer wieder hervorgehoben. Nur durch sie wird es uns ermöglicht, die Dinge um uns herum in geordneter Form wahrnehmen zu können. Würde nun jedoch in der Mathematik die Inverse wegfallen, welche hier in der Möglichkeit zur Bildung negativer Zahlen besteht, so würde jede Rechenoperation, oft genug ausgeführt, letztlich irgendwann immer wieder das System sprengen. Die Identität der Mathematik und die Ordnung der Dinge wäre damit außer Kraft gesetzt, und wir hätten im wahrsten Sinne des Wortes unseren Verstand verloren.

Nicht anders stellt sich die Situation auch im Hinblick auf unseren finanziellen Wohlstand dar: denn reich kann nur dann jemand sein, wenn es auch Arme gibt. Wären hingegen alle reich, so würde nicht nur dieses Wort, sondern auch der Reichtum selbst seine Bedeutung verlieren.

Das Thema »Armut und Reichtum« bringt natürlich sofort einen

Kontext ins Spiel, den auch der optimistische und langfristige Aktienanleger nicht unbeachtet lassen darf: die Auswirkungen der Ungleichgewichte im internationalen Finanzystem.

Mögliche Risiken: die These vom baldigen Zusammenbruch des internationalen Finanzsystems

Im Mittelpunkt des gegenwärtigen Pessimismus vieler Finanzmarktexperten hinsichtlich der zukünftigen Stabilität der Weltwirtschaft und des Weltfinanzsystems stehen die Probleme Japans, der südostasiatischen Schwellenländer und Lateinamerikas.

Japan erlebte bis zum Anfang der neunziger Jahre einen phänomenalen Boom, der sich in derart hohen Aktienkursen und Immobilienpreisen ausdrückte, dass sie heute überhaupt nicht mehr fassbar sind. So besaß zu dieser Zeit der Grund und Boden allein der Stadt Tokio einen Wert, der weiten Teilen des gesamten Immobilienvermögens in den Vereinigten Staaten von Amerika entsprach. Den Hintergrund hierfür bildete eine wahre Gier, auch noch das letzte Projekt mit reichhaltigem Kredit zu finanzieren.

Geblieben ist davon heute nur noch ein vollkommen lädierter Aktienmarkt, eine darniederliegende Wirtschaft, die bisher, trotz mittlerweile acht erfolgter Konjunkturprogramme und einem Zinssatz von nahe null, keinen Tritt fasst, sowie ein immer noch unübersehbares Immobilien- und Kreditproblem. Insgesamt, so wird geschätzt, belaufen sich die notleidenden Privatkredite in Japan auf 2 Billionen US-Dollar und die Staatsverschuldung auf eine Quote von 250 Prozent des Bruttosozialprodukts, was der nahezu unvorstellbaren Summe von 11 Billionen US-Dollar entspricht.

Dennoch ist Japan aufgrund seiner Leistungsbilanzüberschüsse weltweit das größte Gläubigerland, weshalb die derzeitige Situation dieses Landes, wenn es nicht so tragisch wäre, schon fast skurrilkomische Züge tragen würde. Denn die gegenwärtig immer noch anhaltende Sorge um einen möglichen Kollaps des Kolosses Japan mutet in Verbindung mit der dazu gehörenden Unterstützung ebenso an, als wenn der Autor und die Leser dieses Buches mit ihren Spareinlagen die Deutsche Bank sanieren wollten.

Interessant ist in diesem Zusammenhang allerdings, gerade jetzt noch einmal den Blick auf den einen oder anderen Buchtitel von vor zehn Jahren zu werfen, als bei uns überall von der »japanischen Herausforderung« und der »japanischen Bedrohung« geredet wurde. Denn diese Schlagworte sind zwar unvermindert aktuell, seit einiger Zeit jedoch in einer völlig anderen Bedeutung. Denn war Japan einmal eine Herausforderung und Bedrohung für unsere Unternehmen, so ist es das jetzt eher für unser Krisenmanagement.

Diese japanische Krise hat nun in ähnlicher Weise auf den Rest Asiens ausgestrahlt, wie auch Europa stets zu leiden hat, wenn sein »Gravitationszentrum« Amerika ins Wanken kommt. Dieser Effekt konnte jedoch über lange Zeit durch ein Wachstum ausgeglichen werden, welches die asiatischen Tigerländer aufgrund massiver Kapitalzuflüsse aus den westlichen Industrieländern verzeichnen konnten. Denn es gab kaum einen amerikanischen oder europäischen Fondsmanager, der von den Wachstumsperspektiven dieser Länder nicht angetan war und folglich dort auch investieren wollte.

Nun sind Kapitalzuflüsse für sich entwickelnde Länder jedoch stets ein zweischneidiges Schwert: Auf der einen Seite ermöglichen die Devisenzuflüsse diesen Volkswirtschaften einen enormen Wachstumsprozess, auf der anderen Seite jedoch führen gerade die im Rahmen dieses Wachstumsprozesses entstandenen neuen Einkommen dazu, den inländischen Konsumboom auch auf ausländische Waren auszudehnen und derart einen Exportüberschuss dieser Wirtschaften in einen Importüberschuss zu verwandeln. Dies gilt allerdings nur, wenn die heimische Zentralbank den Devisenzufluss nicht »sterilisiert«, also neutralisiert hat. Doch wer würde es der heimischen Bevölkerung schon versagen können, an diesem Boom selbst auch partizipieren zu wollen?

Leistungsbilanzdefizite sind das sicherste Zeichen für die Überbewertung einer Währung und folglich auch für zukünftige Abwertungen dieser Währungen. In Asien jedoch wurden diese Zeichen zunächst ignoriert. So hatte zwar die renommierte Bank für internationalen Zahlungsausgleich in Basel (BIZ) schon zum Anfang des Jahres 1997 vor der heraufkommenden Krise gewarnt, aber dennoch wurden bis zu ihrem tatsächlichen Ausbruch im Frühsommer 1997 immer noch über 80 Milliarden US-Dollar in diese Länder transferiert sowie weitere 224 Fonds für ostasiatische Werte lanciert.

Das Ergebnis ist bekannt: Der malaysische, koreanische, thailändische und indonesische Aktienmarkt verloren 1997 zwischen 68 und 75 Prozent an Wert – und die entsprechenden Währungen verloren *zusätzlich* zwischen 34 Prozent (malaysische Ringgit) und 56 Prozent (indonesische Rupie). Die Märkte haben hierbei jedoch, was man sicherlich ohne Umschweife sagen kann, deutlich übertrieben.

Doch gerade diese Übertreibung hat dazu geführt, dass weltweit plötzlich die Angst ausgebrochen ist, dass solche Effekte auch auf andere Teile der Welt übertragen werden könnten. Wie das vor sich gehen könnte, war bereits sehr gut bei der »Wiederholungskrise« im August und September 1998, der »Asienkrise II« oder auch »Russlandkrise I« zu beobachten. Denn während noch bei der »Asienkrise I« des Jahres 1997 die Aktienmärkte der westlichen Industrieländer nur kurz erbebten, waren die Auswirkungen von »Asien II« oder »Russland I« schon wesentlich heftiger.

Einer der prononciertesten Vertreter der These vom Zusammenbruch der internationalen Finanzmärkte ist kein Geringerer als der Fondsmanager und Philosoph, Spekulant und Osteuropa-Förderer George Soros. Er geht in diesem Zusammenhang sogar noch einen Schritt weiter und verkündet einen »Zerfall des kapitalistischen Weltsystems«. Und ich denke, dass den Thesen eines derart exponierten Mannes schon sehr deutlich zugehört werden sollte. Soros' Thesen lassen sich in etwa folgendermaßen zusammenfassen:[8]

- Grundlage der Weltsicht von George Soros ist sein Modell der Reflexivität. Das heißt: Wirtschaft und Börse sind nicht wie die Gegenstände der klassischen Naturwissenschaften unabhängig von den Beschreibungen und Erklärungen, die über sie abgegeben werden. Sondern: Was hier passiert, wirkt erneut in den

Kontext hinein. Märkte bewegen sich daher nicht, wie die Theorie behauptet, gleichgewichtig und analog zu den Fundamentaldaten, sondern vielmehr in Phasen von Aufschwung (Boom) und Niedergang oder sogar Zusammenbruch (Bust).

- Durch zunehmende Marktliberalisierungen in Verbindung mit den daraus erwachsenden zusätzlichen Derivaten und neuen »Absicherungs«-Strategien werden die Zyklen jedoch immer ausgeprägter.
- Höhere Schwankungsbreiten der Kurse (Volatilitäten) bedeuten immer die Verbindung eines höheren Risikos mit einer ebenfalls verbesserten Gewinnchance für die Investoren. Dieses Risiko wird jedoch in vielen Fällen durch staatliche Eingriffe ausgeschaltet, so dass Spekulanten für die Inkaufnahme übermäßiger Risiken auch noch »belohnt« werden.
- Dieses unter dem Begriff »moral hazard« subsumierte Verhalten führt schließlich zu einer noch gewaltigeren Ausprägung der Zyklen von Boom und Bust.

Hier nun setzt gleichsam eine zweite Argumentationsreihe von Soros ein – und das ist das Verhältnis von Zentrum der Weltfinanz, also den Industrieländern, und Peripherie, sprich den Zweit- und Drittweltländern:

- Eine gleichgewichtige Entwicklung sowohl der Weltwirtschaft als auch der Weltfinanzen ist nur dann möglich, wenn die Länder der Peripherie Kapital aus dem Zentrum anlocken können. Dies ist zwar geschehen, aufgrund der Instabilität der Finanzmärkte sind diese Länder jedoch zuerst mit Kapital regelrecht »überschwemmt«, anschließend jedoch mit einem ebenfalls übermäßigen und existenzbedrohenden Kapitalabzug »bestraft« worden.
- Folglich ist für Soros derzeit nichts dringender, als den Rückfluss von Kapital in das Zentrum zu stoppen, weil dies die Länder der Peripherie nicht nur in Armut stürzen, sondern überdies auch noch veranlassen könnte, dem Beispiel Malaysias zu folgen – und aus dem gesamten Weltfinanzsystem gleichsam »auszusteigen«.
- In diesem Prozess allerdings auf die ausgleichende Wirkung freier Märkte zu hoffen, ist aus Soros' Sicht ein Irrglaube, der sich

aus dem eben schon erläuterten falschen theoretischen Hintergrund der ausgleichenden Funktion der Märkte speist.

- Eine wirkliche Lösung dieser Probleme ist für Soros daher ausschließlich auf international abgestimmter Basis möglich, wobei sein eigener Vorschlag lautet, für Kredite in diese Problemregionen zunächst einmal eine internationale Kreditversicherung ins Leben zu rufen.
- Sollte uns diese überstaatliche Lösung jedoch nicht gelingen, dann werden uns gemäß Soros demnächst Kettenreaktionen von Schuldnerzusammenbrüchen bevorstehen, die schließlich in einem »katastrophalen Kollaps« und einem »Zerfall des kapitalistischen Weltsystems« enden werden.

Interessant ist hierbei insbesondere, dass Soros nach eigenen Worten zuerst glaubte, während der Russlandkrise bereits den vollkommenen Zerfall erleben zu müssen. Dass es dann aber 1998 noch nicht dazu gekommen ist, liegt aus seiner Sicht ausschließlich daran, dass der Kapitalfluss aus der Peripherie in das Zentrum die Märkte im Zentrum derzeit noch stützen kann. Doch wie lange noch?

Wörtlich schreibt er in dieser Schlüsselpassage: »Es ist die Bustphase, die ungewöhnlich ist, weil sie in zwei Phasen zerfällt. In der ersten Phase boomten im Zentrum die Aktienmärkte weiter und profitierten davon, dass es keine Zinserhöhung gab und dass die Fondsgelder aus der Peripherie zurückflossen. In der zweiten Phase dann, wie wir sie jetzt erleben, befinden sich Zentrum und Peripherie in vollkommener Kontraktion, und sie verstärken ihren Niedergang wechselseitig.«[9]

Was ist jetzt mit der zweiten Phase, muss sich nunmehr jeder Aktienanleger fragen. Ist die Brasilienkrise, die im Januar 1999 ausbrach, bereits der Vorläufer? Ist die Krise vielleicht noch weiter aufgeschoben, aber nicht aufgehoben? Oder fällt sie hingegen ganz weg?

Ich glaube, dass Soros' *Analyse* weitgehend richtig ist, seine *Prognose* hingegen nicht. Denn das, was Soros als den »Weltuntergang« heraufbeschwört, scheinen mir vielmehr die ganz normalen

Funktionsprinzipien des Liberalismus zu sein, die es schon immer gegeben hat, die jedoch – mit der expliziten Ausnahme der dreißiger Jahre – noch niemals einen größeren Zusammenbruch herbeigeführt haben. Außerdem bin ich der festen Überzeugung, dass staatliche Lösungen wie eine Kreditversicherung oder feste Wechselkurse das Problem eher verschärfen würden. Denn eine Ausfallversicherung für Kredite an Problemländer wäre entweder nutzlos oder so teuer, dass sie sich von den Kosten eines tatsächlichen Ausfalls überhaupt nicht mehr signifikant unterscheiden würde. Und feste Wechselkurse erfordern stets den Verzicht auf eine nationale Geldpolitik, deren Wirkungsweise wir in den dreißiger Jahren wunderbar beobachten konnten. Eine Verhinderung solcher Vorfälle kann daher mit Sicherheit nur über eine verstärkte Überwachung der Ausleihungen und vor allem Information und Transparenz über alle Vorgänge erfolgen.[10]

Die wirkliche Tragik der Asienkrise liegt deswegen auch in dem folgenden Punkt: Sie hat deutlich gemacht, dass Drittweltländer, denen aufgrund von guten Erfolgen Auslandskapital zufließt, an genau diesen Erfolgen letztlich auch wieder zugrunde gehen müssen, wenn sie nicht eine der beiden folgenden Strategien anwenden:

1. Die heimische Bevölkerung wird weitgehend von den Erfolgen *ausgeschlossen*. (Der Devisenzufluss wird sterilisiert, um einen Konsum- und Importboom zu verhindern.)
2. Die heimische Währung wird mit *marktinkonformen* Mitteln vor einer Überbewertung geschützt.

Den Weg (1) hat mit der eventuellen Ausnahme von Taiwan bisher kein Land seit dem Zweiten Weltkrieg geschafft. Den Weg (2) haben in diesem Zeitraum die Deutschen und die Japaner erfolgreich beschritten, erstere durch eine künstliche Unterbewertung der D-Mark im Rahmen des Bretton-Woods-Abkommens und letztere dadurch, dass sie einfach nichts aus dem Ausland gekauft haben.

Im Resultat ergibt sich dadurch, dass durch eine *marktmäßige* und *liberale* Wirtschaftspolitik anscheinend *kein* Land den Aufstieg von der Peripherie in das Zentrum schaffen kann. Das ist für mich die Essenz der Asienkrise, die uns hier ganz plötzlich und sehr brutal vor Augen geführt worden ist. Und alle anderen »Überinvestitions-« und »Korruptionstheorien« haben sicherlich auch ihr Fünkchen Wahrheit, verstellen jedoch erfolgreich die Sicht dahin, wo die Marktfundamentalisten – und eigentlich das ganze Zentrum insgesamt – am liebsten überhaupt nicht hinblicken wollen.

Es ist damit immer wieder die fatale Kombination von Kapitalimportüberschuss und Leistungsbilanzdefizit, die stets einen Abwertungsverdacht herbeiführt und damit bewirkt, dass selbst das erfolgreichste Land letztlich für seine Erfolge »abgestraft« wird, indem die Währungsabwertung ihm die schon fast greifbaren wirtschaftlichen Entwicklungsmöglichkeiten schließlich doch wieder nimmt.

Das Zentrum verteidigt also in nahezu allen Fällen erfolgreich seine wirtschaftliche und finanzielle Vormachtstellung und hat damit die Peripherie unter Kontrolle. Zwar müssen teilweise steuerfinanzierte Schuldenverzichte durchgeführt werden, letztlich jedoch bleibt die Peripherie schon aufgrund der Tatsache, dass sie in ihren heimischen Währungen keine Kredite auf dem Weltmarkt bekommt, auf Gedeih und Verderb dem Zentrum ausgeliefert. Werden die Entwicklungsländer schon durch die Schuldenlast gedrückt, so macht die Tatsache, dass dies hauptsächlich Dollarschulden sind, bei fallenden Kursen der heimischen Währung aus der Malaise eine Tragödie, die letztlich jedoch verhindert, dass diese Länder tatsächlich in die Phalanx der Industrieländer aufsteigen könnten. Und die Entwicklungshilfekredite, die natürlich stets in den Währungen des Zentrums gewährt werden, leisten damit in der Tat eine Entwicklungshilfe – allerdings nicht zu Gunsten der Peripherie, sondern zu Gunsten des Zentrums.

Hält man sich diese Tatbestände nun einmal klar vor Augen, dann kann man in der Tat fast an der Ungerechtigkeit der Welt verzweifeln. Andererseits sollte dabei aber auch klar werden, dass aufgrund dieses rigorosen Über- und Unterordnungsprinzips die Märkte des Zentrums von den Krisen der Peripherie wohl eher weniger betroffen sein sollten – eben nur peripher, von einem gehörigen Schreck natürlich einmal abgesehen.

4.
Anlagegrundsätze

Es gibt viele Gründe, die einer erfolgreichen Anlagestrategie im Wege stehen können. Die wichtigsten sind für mich die folgenden beiden:

- Wir halten uns für zu schlau und glauben, in der Lage zu sein, die Situation am Aktienmarkt auch nur annähernd korrekt durchschauen und prognostizieren zu können.
- Wir sind zu wankelmütig und lassen uns stets durch aktuelle Ereignisse oder spontane Meinungen von unseren langfristigen Überlegungen abbringen.

Den ersten Punkt habe ich bereits ausführlich in meinem Buch *Der Crash der Theorien*[1] behandelt. Die Quintessenz dieser Untersuchung lautete: Alle Theorien, mit denen wir versuchen, die weitere Entwicklung des Aktienmarktes erfolgreich vorauszusagen, sind prinzipiell zum Scheitern verurteilt. Es gibt niemanden, der dies zu leisten in der Lage ist. Es *kann* auch niemanden geben. Und es wird *niemals* jemanden geben. Wir haben daher auch nur die Wahl zwischen zwei Möglichkeiten, wie wir der zukünftigen Entwicklung am Aktienmarkt begegnen können:

- Wir reden uns ein, normalerweise zwar nicht, gerade *diesmal* jedoch auch ohne Licht im dunklen Tunnel sehen zu können.
- Wir akzeptieren die Tatsache, dass sich die Zukunft uns erst dann offenbart, wenn sie bereits zur Gegenwart geworden ist.

Ich habe damals für die zweite Option plädiert und daraus meine

»Odysseus-Strategie« abgeleitet. Diese besagt in aller Kürze: Da wir die weitere Entwicklung des Aktienmarktes weder auf kurze noch auf mittlere Sicht vorhersagen können, sollten wir allein auf den Langfristzusammenhang setzen, nach dem eine wachsende Wirtschaft stets mit steigenden Aktienkursen verbunden ist. Das heißt: Man sollte Aktien kaufen und anschließend, wie André Kostolany es empfohlen hat, nicht mehr hinschauen, um sich vor überstürzten Verkäufen zu schützen. Kostolany hat dies mit dem schönen Gleichnis »Schlaftabletten nehmen« und »ein paar Jahre schlafen« ausgedrückt. Ich hingegen habe hierfür die Odysseus-Metapher gewählt: Zwar überall zuschauen und die Entwicklung miterleben zu können, sich jedoch stets fest (wie Odysseus an den Mast) zu binden, um im Eventualfall keine Dummheiten machen zu können.

Ich glaube, der Minicrash von 1997 und der etwas ausgeprägtere von 1998 haben den Sinn dieser Strategie überzeugend deutlich gemacht. Deshalb bin ich auch nach wie vor davon überzeugt. Was ich jedoch damals vernachlässigt habe und hier deshalb nachholen werde, ist die Ausformulierung einer konkreten Strategie, die auf den beiden folgenden Grundsätzen aufbaut:

Anlagegrundsatz 1: Eine erfolgversprechende Aktienanlage sollte sowohl breit gestreut als auch sehr langfristig angelegt sein. Und sie sollte nur denjenigen Anteil des individuellen Vermögens betreffen, bei dem der Zeitpunkt der Realisation der Investition *selbst* bestimmt werden kann.

Anlagegrundsatz 2: Wenn der gesamte zur Aktienanlage vorgesehene Betrag nicht auf einmal, sondern in regelmäßig gleichbleibenden Beträgen investiert wird, dann realisiert der Anleger stets einen günstigeren Durchschnitts-Einstandskurs. Dies erklärt sich dadurch, dass beispielsweise bei festen monatlichen Anlagebeträgen im Rahmen der ganz normalen Kursschwankungen nach unten für den gleichen Anlagebetrag mehr Wertpapiere erworben werden können.

Selbst denken

Niemand kann ohne Strategie handeln. Dies ist allein schon von der Logik her unmöglich. Denn jedes menschliche Handeln muss zwangsläufig auf die Erreichung eines Ziels hin ausgerichtet sein. Wer also glaubt, ohne Strategie zu handeln, befindet sich also nicht nur im Irrtum, sondern unterliegt überdies noch dem Nachteil, sich seiner eigenen Strategie nicht bewusst zu sein.

Zu jeder erfolgreichen Aktienanlage gehört mithin immer die mehr oder weniger genaue Formulierung einer Strategie. Dies könnte in etwa folgendermaßen aussehen, wobei natürlich zwischen den nun geschilderten (Extrem-)Beispielen auch durchaus alle Mittelwege möglich sind:

- Beispiel 1: »Ich werde versuchen, mit dem Einsatz von 10000 D-Mark ohne Begrenzung der Umschichtungshäufigkeit möglichst viel Gewinn zu erwirtschaften.«
- Und gleichsam als Gegenpol Beispiel 2: »Ich werde ab sofort von meinem Einkommen monatlich 200 D-Mark sparen, um damit regelmäßig in Aktienfonds anzulegen und im Rentenalter über eine zusätzliche private Altersversorgung zu verfügen.«

Nun sollte man prinzipiell den Inhalt der Strategie auf der einen und die tatsächliche Einhaltung der eigenen Strategie auf der anderen Seite voneinander unterscheiden. Der zweite Punkt ist hierbei eindeutig der wichtigere. Wirklich entscheidend ist in jedem Fall, die selbstgewählte Strategie auch im Zeitablauf durchzuhalten. Welche Aktien man hingegen kauft, wie man das tut und wann genau, das sind dagegen jedoch, wie noch zu zeigen sein wird, allenfalls sekundäre Probleme.

Es wäre auf jeden Fall ein Verstoß gegen die eigenen Prinzipien, an die man sich eigentlich binden wollte, wenn aufgrund stark gestiegener oder gefallener Aktienkurse die monatliche Anlage plötzlich unterbleiben würde. Es wäre andererseits ebenso unvereinbar mit den vorher festgelegten Prinzipien, wenn der Anleger, durch die steigende Börse verführt, nun plötzlich zusätzlich Engagements auf Kredit eingehen würde.

Es erweist sich als durchaus schwierig, die eingegangenen Festlegungen gerade über längere Zeiträume, die in der Aktienanlage stets den Horizont bilden, durchzuhalten. Denn gerade in der Aufschwungphase ist es ebenso verlockend, mehr Kapital einzusetzen als man eigentlich zur Verfügung hat, wie der Abschwung einen dazu verleiten kann, dem Markt den Rücken zu kehren. Man sollte jedoch unter allen Umständen versuchen, sich diesen temporären Stimmungen nicht hinzugeben.

Natürlich werden sich im Laufe der Zeit auch einmal Veränderungen in der Strategie ergeben müssen. Das ist völlig normal, sollte jedoch, und das ist das Wichtigste, *niemals* unter dem Eindruck aktueller Ereignisse geschehen. Denn derartige Entscheidungen, so ist es meine Erfahrung ebenso wie die vieler erfahrener Börsianer, sind meistens falsche Entscheidungen, weil sie in der Regel überhastet und daher kopflos getroffen werden.

Relativ harmlos und teilweise sogar sehr profitablel sind hingegen inhaltliche Abwandlungen der Strategie. Damit bezeichne ich Veränderungen, bei denen beispielsweise der »Spekulant« des Beispiels 1 plötzlich eine Handelspause von zwei Wochen einlegen würde oder der »langfristige Anleger« des Beispiels 2 aufgrund von Extrementwicklungen an den Weltbörsen jetzt nicht mehr nur europäische, sondern auf einmal zusätzlich asiatische Aktien kaufen würde. Denn Aktien sind Aktien – und die *Hauptsache* ist in jedem Fall, dass man überhaupt dabei ist. Welche Aktien oder welche Fonds man besitzen sollte, steht auf einem völlig anderen Blatt, da die Entscheidung für die vermeintlichen Gewinner sowieso in den meisten Fällen eine reine Glückssache darstellt.

Jede Strategie sollte daher aus dem eigenen Denken resultieren, erstens überhaupt und zweitens mehr oder weniger *dauerhaft* am Aktienmarkt investiert zu sein. Das heißt: sich *nicht verrückt machen* zu lassen und sich folglich auch nicht in einem kurzfristigen Sturm ganz aus dem Markt herausschütteln zu lassen. Alle Strategien sollten sich daher auch erst in zweiter Linie auf das »Hunderennen« beziehen, welcher Wert hier denn nun gegenüber den anderen zu bevorzugen ist. Denn dieses Rennen ist für den Privatanleger, wie ich noch genauer zeigen möchte, nicht zuletzt schon aufgrund der nunmehr auf ein Jahr erhöhten Frist für die Steuerfreiheit auf Spekulationsgewinne, ein äußerst mühsames und nicht immer ertragreiches Spiel.

Denn wer hier mitlaufen möchte, muss viel Zeit investieren, stets am Ball bleiben, eiserne Nerven bewahren und überdies noch über eine gehörige Portion Glück verfügen. Ob die Mühe dies wert ist, vermag ich nicht zu sagen. Meine Erfahrung ist es jedoch, dass die Trader in den seltensten Fällen das wirklich große Los ziehen, nämlich Kursgewinne zu erzielen, die den Gewinn von ein paar Tagen deutlich übersteigen und vor allem völlig steuerfrei mitgenommen werden können.

Eigenständiges Denken und Handeln heißt daher auch immer, nicht mit der Meute zu laufen, sondern sich antizyklisch zu verhalten. Nämlich dann zu nehmen, wenn die anderen geben und zu geben, wenn die anderen nehmen wollen. Wer dies tut, wird im Ablauf von längeren Zeiträumen im Resultat *immer* auf der richtigen Seite sein. Aber natürlich gibt es überall zahlreiche Fußangeln, welche die schönsten Strategien und Festlegungen stets von Neuem wieder über den Haufen werfen können.

Die tägliche Überflutung mit Informationen

Wir stehen derzeit, so wird von vielen Seiten behauptet, am Anfang des sogenannten Informationszeitalters. Informationen, so diese These weiter, werden sich in Zukunft zu unserer wichtigsten Ressource entwickeln, zum wichtigsten Input jeder Dienstleistung. Denn nur derjenige, so die Verkünder des neuen Zeitalters, der sich jeweils auf dem aktuellsten Stand der Datenlage befindet, wird es schaffen können, erfolgreich im Markt zu bestehen. Richtig ist daran mit Sicherheit Folgendes:

1. In den Dienstleistungen liegt die Zukunft. Das heißt, der Anteil der Dienstleistungen am Sozialprodukt wird sich gegenüber demjenigen der Produktion von Waren im Zeitablauf sukzessive deutlich erhöhen.

2. Die Informationstechnologie macht rasante Fortschritte, so dass immer mehr Informationen immer schneller übertragen und bereitgestellt werden können.
3. Die Kombination aus (1) und (2) wird nun nicht nur den Anbietern von Information, sondern ganz besonders auch denjenigen, die für uns die Informationen *filtern* und *selektiv aufbereiten,* große Chancen eröffnen. Denn erst diese Auswahl von Informationen wird es uns ermöglichen, die neue Vielfalt überhaupt nutzen zu können.

Nun zeigt sich aber, dass zwar alle von Informationen reden, keiner jedoch so genau weiß, was das eigentlich ist. Ist eine Information immer das, was der eine abgeschickt hat oder eher das, was der andere verstanden hat? In der Kommunikationstheorie unterscheidet man denn auch stets zwischen der Inhalts- und der Bedeutungsebene einer Information:

- Die *Inhaltsebene* einer Information enthält die reinen Daten, beispielsweise die Höhe der Geldmenge in Japan oder den Gewinn einer börsennotierten Aktiengesellschaft in Deutschland.
- Die *Bedeutungsebene* hingegen zeigt an, wie diese Daten aufzunehmen sind. Die Bedeutungsebene sagt mithin, wie diese Informationen in Wirklichkeit zu *beurteilen* sind.

Die Bedeutungsebene befindet sich mithin auf einer höheren Stufe, denn sie ist gleichsam die »Information über die Information«. Das allerdings bedeutet dann, dass sie zum größten Teil *nicht* in dieser Information enthalten sein kann, sondern von außen hinzuzukommen hat. Die Bedeutungsebene einer Information entspricht in dieser Hinsicht in etwa dem zuvor angesprochenen eigenständigen Denken.

Eine Information besitzt mithin nur dann einen Wert, wenn sie auch richtig verstanden und ausgelegt wird. Die menschliche Urteilsfähigkeit zur Auswahl und Einschätzung von Informationen (Selektion) wird daher im Informationszeitalter wohl eher stärker denn schwächer benötigt, weshalb der korrekte Begriff für unsere Zukunft in dieser Hinsicht eigentlich nicht Informationszeitalter, sondern viel eher *Selektionszeitalter* lauten sollte.

Wenn Informationsanbieter, wie zum Beispiel der US-amerikanische Wirtschafts-TV-Kanal CNBC, damit werben, dass man über die Wirtschaft überhaupt nicht genug Informationen bekommen kann, dann geht das natürlich fundamental an der Sache vorbei. Denn wer alles weiß, weiß letztlich überhaupt nichts mehr. Wer alle Marktströmungen kennt, bei dem verschwimmen die Informationen nur noch zu dem, was die Statistiker »weißes Rauschen« nennen. Das kann letztlich nur bedeuten, dass er unfähig wird, eine rationale Entscheidung zu treffen.

Informationen müssen also nicht unbedingt »klüger« machen; sie können ebenso das Wissen vermindern. Denn wer kennt diesen Fall nicht: Da hat man sich endlich zu einer Meinung durchgerungen – und plötzlich kommt eine neue Information, die alles wieder über den Haufen wirft. Dies jedoch bringt einen auch nicht weiter, da nunmehr die Entscheidung in der Regel nicht auf eine andere Wahlmöglichkeit fällt, sondern die Gegensätze sich nur noch unversöhnlicher als vorher gegenüberstehen und in vielen Fällen eine Entscheidung überhaupt unmöglich machen.

Im Grunde genommen ergibt sich hier bereits die ganze Malaise des modernen Menschen. Denn da hat er sich über Jahrtausende abgestrampelt, der materiellen Existenznot zu entkommen, und hat dies zumindest in den westlichen Industrieländern zum ersten Mal in der Geschichte der Menschheit in weiten Teilen auch geschafft. Doch nun ist er trotzdem nicht glücklich, sondern verzweifelt fast an der Vielfalt der Möglichkeiten: Er kann alles machen, doch was zuerst? Kann alles machen, und dennoch ist dieses alles letztlich – fast nichts. Denn nunmehr sind die neuen Ziele nur umso teurer, umso höher und umso weiter entfernt.

In ganz perfekter Art und Weise beherrscht es die Werbebranche, auf dieser Klaviatur zu spielen. Nehmen wir einmal an, dass die meisten Menschen in ihrem Leben auf die Erreichung eines Zustandes der Zufriedenheit, der Ausgeglichenheit oder des Gleichgewichts hin streben. Ziel jeder aggressiven Werbung ist es folglich, diesen Gleichgewichtszustand zu stören und damit Anpassungsreaktionen der Konsumenten auszulösen. Dem derart aus dem Gleichgewicht gebrachten potentiellen Kunden wird dann in der

Werbung suggeriert, durch den Kauf des entsprechenden Produktes wieder in einen Gleichgewichtszustand zu gelangen. Doch dieser ist nun natürlich in keinster Weise ein Gleichgewicht auf höherem Niveau, sondern vielmehr das genaue Gegenteil davon, was jedoch nurmehr umso erwünschter ist, da sich nun in nahezu unbegrenzter Zahl Anschlussaufträge anknüpfen lassen.

Nicht anders funktioniert auch der Zusammenhang von Informationsbereitstellung und Börse. Denn je mehr den Anlegern die ach so dringende Notwendigkeit nahegebracht wird, über eine Vielzahl von Informationen möglichst zeitnah verfügen zu müssen, umso weniger wird deren Verhalten noch langfristigen Charakter zeigen können. Weil das massive Bombardement mit Informationen auch den ruhigsten Charakter mit an Sicherheit grenzender Wahrscheinlichkeit in einem absehbaren Zeitraum um den (langfristigen) Verstand bringen wird. Das heißt: Die Anleger werden durch die neuen Möglichkeiten des Informationszeitalters systematisch verrückt gemacht – ganz zu ihrem Wohle natürlich, aber auch nicht ganz zum Schaden der Informationsanbieter, Banken und Brokerhäuser.

Denn was passiert heute nicht alles, wenn sich schlechte Nachrichten plötzlich häufen? Oder wenn beispielsweise eine Nachricht über die Schieflage eines Hedge-Fonds oder die Zahlungsprobleme eines Entwicklungslandes herauskommt? Sofort zittert das Gebälk der gesamten Finanzmärkte. Weil jeder weiß, dass im selben Moment auch viele andere und nur Minuten oder Stunden später alle über diese Informationen verfügen werden. Und mag diese Information ohne die Begleiterscheinung eines temporären Kurszusammenbruches (auf der Bedeutungsebene) vielleicht gar keine Beachtung finden, so wird sie in Verbindung damit jedoch sofort zum Weltereignis.

Und die Marktteilnehmer werfen sogleich begierig ihre Papiere aus dem Fenster und stürzen hinterher. Weil sie wissen, dass, wenn sie es sofort tun, sie sich von den Nachfolgenden zu viel günstigeren Kursen wieder eindecken können. Nichts ist also besser als eine schlechte Nachricht, von der man genau weiß, dass sie um die ganze Welt gehen wird. Und hätte sich die Globalisierung der Hysterie nicht von sich aus ergeben, dann hätte man sie direkt erfinden müssen. Wobei es in diesem Zusammenhang sicherlich kein völliger Zufall ist, dass von den 100 Milliarden US-Dollar Haushaltsüberschuss, welche die USA im Fiskaljahr 1998 erzielt haben, in etwa 70 Prozent alleine auf Steuern auf Kapitalgewinnen aus Börsengeschäften beruhen.

Börse und Wirtschaft leben also wunderbar vom Informationszeitalter, dem sich die internationale Anlegergemeinde nicht entziehen kann. Was waren es hingegen für entspannte Zeiten, als man es sich im Januar und März 1973 sogar erlauben konnte, die Devisenbörsen in Deutschland und der Schweiz einfach zuzumachen, um keine weiteren Dollarzuflüsse mehr aufnehmen zu müssen. Und was ist passiert? Eine Vertrauenskrise? Nein, nichts ist passiert! Die Börsen waren eben einfach zu an diesem Tag und haben am nächsten halt wieder aufgemacht. Heute hingegen hätte solch eine Maßnahme sicherlich eine fatale Auswirkung, und die sich hierbei ergebenden Effekte auf die D-Mark oder den Euro kann man sich kaum vorstellen. Es würde ein Erdbeben geben. Denn heute gehen die Märkte bereits dann in die Knie, wenn jemand sagt, dass jemand getuschelt hätte, dass ein anderer gehört habe, dass irgend ein Fonds vielleicht in eine Schieflage gekommen sei.

Wir werden also durchweg völlig überfrachtet mit Informationen und können diese ebensowenig verarbeiten wie die gestopften Gänse und Enten, die erbärmlich an Leberverfettung und in völliger Unbeweglichkeit dahinsiechen. Der Begriff vom *Selektionszeitalter* bleibt daher vorerst noch ein Traum, denn gegenwärtig sind wir eher in einem *Stopfzeitalter*. In ihm wird uns jegliches Unglück dieser Welt minutengerecht à la carte serviert, was uns natürlich immer schreckhafter und furchtsamer macht.

Dies gilt natürlich ebenfalls für den normalen Alltag, in dem bereits relevante Gesellschaftsschichten sich vollkommen in Trutzburgen verschanzt haben und zu Fuß wohl kaum mehr ihre Wohnung verlassen würden. Es gilt aber auch für unsere Börsen, an denen die um sich greifende Nervosität zu einem deutlichen Anstieg der Kursschwankungen (Volatilität) geführt hat, die dem Privatanleger sogar jede reelle Chance nimmt, über Optionsgeschäfte auch einmal sein Portfolio gegen Schwankungen abzusichern.

Denn je größer die Schwankungen, umso höher die Optionsprämien und umso teurer die Absicherung. Den Vogel schießen in diesem Zusammenhang die Absicherungsmöglichkeiten am Neuen Markt ab, wo die bundesdeutschen Großbanken sich tatsächlich nicht genieren, Verkaufs-Optionsscheine mit durchschnittlichen Aufgeldern von 30 bis 40 Prozent für ein Jahr herauszugeben. Das heißt, wer hier seinen Verkaufskurs auf aktueller Basis für ein Jahr sichern wollte, müsste dafür eine Prämie von 30 bis 40 Prozent des Verkaufserlöses zahlen. Aber darum geht es den Emittenten sicherlich auch gar nicht, denn viel lukrativer ist es doch, die verunsicherten Anleger zu Zockern zu machen und ihnen dabei das Fell vollends über die Ohren zu ziehen.

Man muss sich das einmal überlegen: Bei einer Marktkapitalisierung der US-Börse von 12 Billionen US-Dollar macht ein Rückgang an einem Tag von 3 Prozent 570 Milliarden US-Dollar Wertverlust des Volksvermögens aus. Diese enorme Summe entspricht damit beispielsweise in etwa der Hälfte aller Konsumentenkredite oder dem Gesamtzuwachs der US-Wirtschaft im Jahr 1998. Überspitzt könnte man daher sagen: Durch die hohen Volatilitäten kann es durchaus passieren, dass den US-Bürgern durch die Aktienmarktschwankungen an einem Tag die Arbeit eines ganzen Jahres genommen oder gegeben wird. In Deutschland hingegen werden in der Regel dann, wenn der US-Markt 3 Prozent verliert, mindestens 6 bis 8 Prozent an Wert verloren, was bei einer Marktkapitalisierung von etwas 1 600 Milliarden D-Mark immerhin auch eine Summe von 96 bis 128 Milliarden D-Mark bedeutet – und damit der Hälfte des jährlich vererbten Vermögens oder der jährlichen Sparleistung der Bundesbürger entspricht.

Deswegen hier noch einmal mein Plädoyer: *Lassen Sie sich nicht verrückt machen!* Denn gewinnen kann man letztlich nur dann, wenn man einen kühlen Kopf behält. Hier nun kommt erneut das eigenständige Denken und die Bedeutungsebene einer Nachricht oder Information ins Spiel. Da die Fachkompetenz der Berichterstatter in den meisten Fällen nicht ausreichen wird, das komplexe

Geschehen an den Finanzmärkten tatsächlich adäquat beurteilen zu können, wird es folglich auch hier verstärkt zu Multiplikationseffekten kommen. Das heißt: Je komplexer die Vorfälle sind, umso eher wird der Einzelne geneigt sein, sich den Meinungen der sogenannten Größen des Marktes anzuschließen. Heraus kommt dabei schließlich eine immer größer werdende *Uniformität* des Denkens. Und je größer der Gleichklang der Marktmeinungen, das haben die Überlegungen im letzten Kapitel ergeben, umso kleiner die für jede Markttransaktion im speziellen – wie für das Marktgleichgewicht im allgemeinen – zwingend erforderliche Gegenpartei.

Die sich in einer deutlichen Erhöhung der Volatilität niederschlagenden »Informations-« sowie »Komplexitätsmultiplikatoren« bergen denn auch aus meiner Sicht für die Zukunft das größte Gefahrenpotential der Aktienmärkte in sich. Denn *wirtschaftlich* ist bisher seit den dreißiger Jahren im Zuge eines Aktiencrashs nie etwas Gravierendes passiert und ich habe bereits ausgeführt, dass alles dafür spricht, dass das auch zukünftig so bleiben wird.

Doch was ist mit der *Hysterie*? Wenn einmal in absehbarer Zukunft alle potentiellen Anleger und Börsianer ihr eigenes Online-Nachrichtenterminal am Armgelenk tragen wie heute eine Uhr, so wird den Tollheiten am Aktienmarkt vermutlich überhaupt keine Grenze mehr gesetzt sein. Womit die Gewinn- und die Verlustchancen auf kurze Sicht ins Unermessliche steigen, dem Langfristanleger jedoch weitere Scheuklappen und eine deutliche Verstärkung der Disziplin abverlangt werden.

In dieser schönen neuen Welt wird es dann vielleicht zugehen wie zur Anfangszeit des Radios, als das legendäre Hörspiel von Orson Welles' gesendet wurde. Hier entstand die erste richtige Massenpanik aufgrund eines rein fiktiven Medienereignisses. Welles Hörspiel handelte in sehr realistischer Darstellungsweise von der Berichterstattung über eine – natürlich frei erfundene – Landung furchterregender Außerirdischer in den USA. Und es hat die Bewohner derart in Scharen zum panikartigen Verlassen ihrer Stadt animiert, dass sich riesige Staus auf den Highways bildeten, die wiederum jede wirkliche Flucht völlig unmöglich machten.

Und wer könnte sich nicht wunderbar die Übertragung dieser

Geschichte auf die Finanzmärkte vorstellen? Dann jedoch zuzüglich eines tatsächlich existierenden ernsten Hintergrundes. Vielleicht ist meine Angst in diesem Punkt aber auch übertrieben. Dennoch habe ich vor dem Szenario einer plötzlichen und hinsichtlich ihrer Stärke eher unbegründeten Panik deutlich mehr Respekt als vor der These eines wirklichen Zusammenbruchs des Weltfinanzsystems. Denn letzterer Themenkreis läßt sich mit Vernunft lösen, wohingegen in ersterem die Vernunft eher auf verlorenem Posten zu stehen scheint.

Trotz positiver Wirtschaftsaussichten ist es also durchaus möglich, dass die Anleger, die in den letzten 20 Jahren gelernt haben, dass es immer richtig war, bei Kursschwäche nachzukaufen, einmal zu der Erkenntnis kommen könnten, dass diese Lektion nun nicht mehr gültig ist. Das hieße dann, dass wir in eine Situation kommen könnten, in der es nicht mehr »in« ist, Aktien zu haben, sondern in der es »in« ist, seine Aktien zu verkaufen.

Nun werden viele hierbei natürlich anführen, dass, solange die Zinsen relativ niedrig sind, eine Aktienanlage eigentlich keinerlei Alternative zu fürchten hat. Ein derartiger Zinsanker erweist sich jedoch bei näherem Hinsehen ebenso als Schimäre, wie es auch bei dem schon geschilderten fundamentalen Anker der Fall ist. Diese Sichtweise erweist sich als viel zu statisch, um einen befriedigenden Zugang zur Realität liefern zu können, da selbst bei Zinsen von null Prozent Aktien immer nur dann eine gute Anlageentscheidung sind, wenn die *Erwartungen* hinsichtlich der Profitabilität der Aktien im positiven Terrain liegen. Werden hingegen Kursverluste von vielleicht zehn Prozent erwartet, so erweist sich selbst eine unverzinsliche Bargeldhaltung als die optimale Anlageform.

Es wäre also durchaus möglich, dass aufgrund bisher unkalkulierbarer und kettenreaktionsartiger Medieneffekte der Aktienmarkt trotz prinzipiell gesunder Wirtschaft plötzlich einmal dramatisch umkippt, das Vertrauen verloren geht und die bisherige Erwartungshaltung sich in ihr Gegenteil verkehrt. Einen kleinen Vorgeschmack mag hierbei vielleicht bereits jetzt das Auseinanderdriften der Marktbewertungen von Aktien, die im Medieninteresse stehen, und von solchen, die dies nicht tun, abgeben.

Deutsche Maschinenbauunternehmen beispielsweise gehören zu großen Teilen in ihren Marktsegmenten zu den Weltmarktführern, weisen sich in den Jahren 1998 sowie 1999 durch eine enorm gestiegene und gute Profitabilität aus und bleiben dabei trotzdem einfach unbeachtet. Sie notieren derzeit durchschnittlich bei Kurs-Gewinn-Verhältnissen von deutlich unter 10, wohingegen Nonvaleurs sowie die vielbeschworenen »Frittenbuden« in der Peripherie des Neuen Marktes es schaffen, die Aufmerksamkeit auf sich zu ziehen, und folglich Kurs-Gewinn-Verhältnisse vorweisen, die teilweise beim Zehnfachen davon liegen. Denn letztlich scheint sich alles auf die berühmte Frage zu reduzieren: Wer ist »in« und wer ist »out«?

Es gibt daher auch keine Garantie dafür, dass Aktien, die gegenwärtig unzweifelhaft »in« sind, nicht demnächst wieder einmal fürchterlich »out« sein könnten. Auf Rationalität sollte man in diesem Bereich nicht setzen, sondern viel eher auf die von Keynes immer wieder beschworenen »animal spirits«, also unsere tierischen Instinkte, die stets mit der Masse laufen und zur Erzielung von Gewinn genauso wie zur Vermeidung von Verlust sicherlich vor keiner noch so großen Torheit zurückschrecken würden.

Die Wahrscheinlichkeit für ein unvermitteltes Zusammenklappen der Aktienmärkte sehe ich allerdings als nicht sehr groß an. Allerdings wird sie bei der gegenwärtig unverminderten »Informationisierung« der Märkte ständig zunehmen. Der nächste Crash, den es natürlich jederzeit geben kann, wird daher vermutlich auch ein Crash bleiben und nicht mehr als eine temporäres Ereignis darstellen, so dass wir auch weiterhin keine größere Angst davor zu haben brauchen. Aber wohin uns die Entwicklung einmal treiben wird, lässt sich gegenwärtig überhaupt nicht abschätzen.

Die vergessene zweite Seite der Wirtschaftsbilanz

Die Wirtschaft stellt ebenso wie die Börse eine in sich geschlossene Welt dar, in der jedes Ding in zweifacher Weise erscheint: einmal auf der Aktivseite und einmal auf der Passivseite des jeweiligen Kontos beziehungsweise der Bilanz. Hinzu kommt noch, dass die

Wirtschaft in viel extremerer Form noch als die Börse ein *interdependentes* System ist. Das heißt, jede wirtschaftliche Größe (Variable) ist nicht nur von mindestens einer anderen abhängig, sondern diese im selben Maße auch von jener. Eine derartige *gegenseitige Abhängigkeit* versagt sich nun jedoch völlig jeder Trivialisierung, wie wir sie immer wieder erleben, indem vielfach eine ökonomische Variable als unabhängige Größe ausgewählt wird und sämtliche anderen Veränderungen bei Verleugnung aller Interdependenzen schlichtweg nur als Resultate von Veränderungen dieser unabhängigen Variablen begriffen werden.

Ein Beispiel dazu: Oft wird behauptet, dass in einer Volkswirtschaft nur so viel investiert werden kann, wie es Ersparnisse gibt. Richtig daran ist, dass in jeder Volkswirtschaft die Ersparnisse immer den Investitionen *entsprechen* müssen. Wohingegen jedoch die behauptete Kausalität (nur soviel Investitionen wie Ersparnisse) völliger Unsinn ist, denn zum Investieren benötigen die Unternehmen keine Ersparnisse, sondern Geld. Und die Investitionen werden ihrerseits natürlich erst die Einkommen *entstehen* lassen, aus denen die Ersparnisse dann resultieren können.

Die Wirtschaft funktioniert in der Regel viel komplexer, als uns das gemeinhin von Journalisten und selbsternannten Experten suggeriert wird. Aber es ist natürlich stets viel einfacher nachzubeten, dass immer erst gespart werden muss, um dann daraus investieren zu können, als zu begreifen, dass in einem interdependenten System die Investitionen die ihnen gegenüberstehenden Ersparnisse gleichsam selbst aus sich hervorbringen. Doch derlei Vereinfachungen und Missverständnisse gibt es viele, deshalb sollte festgehalten werden:

- Alle Käufe können nur dann ausgeführt werden, wenn es im gleichen Umfang auch Verkäufer gibt.
- Alle aus Gründen der Kaufkraftsteigerungen bejubelten Preissenkungen stellen spiegelbildlich immer auch gleichgroße Erlöseinbußen der Verkäufer dar.
- Jeder Erhöhung des Geldvermögens muss stets eine identische Erhöhung der Verbindlichkeit entsprechen.

- Die Vermögen der einen sind damit in jedem Falle immer die Schulden der anderen.
- Alles, was verteilt werden soll, muss immer auch erwirtschaftet werden.
- Alles umlaufende Geld ist immer ein Passivposten der Notenbankbilanz, dem stets ein bei der Zentralbank hinterlegter Vermögenswert entsprechen muss.
- Alle Exporte sind immer nur dann möglich, wenn diese irgendwo auf der Welt auch importiert werden.

Es sind also stets *beide* Seiten der Medaille zu betrachten, weil man ansonsten sehr leicht vermeintlichen »ökonomischen Wahrheiten« wie den folgenden aufsitzen könnte – was für einen Journalisten in der Tat nicht schwerwiegend, für denjenigen, der mit dem eigenen Geldbeutel daran hängt, jedoch umso tragischer wäre:

1. »Bei sinkenden Inflationsraten steigt der Wert der Geldvermögensbestände. Die Haushalte können jetzt bei unverändertem Einkommen mehr Güter kaufen. Das stützt die Konjunktur.« Unberücksichtigt bleibt hier jedoch, dass spiegelbildlich dazu natürlich der Wert der Schulden bei den Unternehmen im gleichen Umfang ansteigt und ihre Absatzmöglichkeiten entsprechend sinken. Das aber wiederum schwächt die Konjunktur – und steht mithin im Kontrast zur Behauptung einer Stärkung der Konjunktur.
2. »Die deutschen Arbeitnehmer sind im internationalen Vergleich zu teuer.« Dies kann allerdings nur für *einige* zutreffen. Wären tatsächlich *alle* zu teuer, dann würden sie ja keine Beschäftigung finden.
3. »Nur sinkende Arbeitskosten schaffen neue Arbeitsplätze.« Für ein *einzelnes* Unternehmen ist es natürlich lukrativ, bei gleichbleibender Absatzlage eine Kostensenkung zu erfahren. Ermäßigen sich jedoch für *alle* Unternehmen die Kosten um den »Preis« einer gleichzeitigen Abnahme der Nachfrage aufgrund der verschlechterten Lohnentwicklung, so wird hierdurch in einer geschlossenen Volkswirtschaft nicht ein Arbeitsplatz mehr geschaffen.

4. »Die deutsche Wirtschaft lebt vom Export.« Dies gelingt natürlich nur so lange, wie es auch Länder gibt, die vorwiegend vom Import leben.
5. »Nur steigende Löhne führen uns aus der Talsohle.« Derartiges ist ausschließlich in einer geschlossenen Wirtschaft bei einer Konsumquote von nahezu 1 möglich, das heißt, in einer Wirtschaft, in der die Haushalte annähernd 100 Prozent der Lohnsteigerungen im Inland für Konsumzwecke verwenden. In Deutschland allerdings würde eine derartige Politik bereits an der Tatsache scheitern, dass Mallorca zu Spanien gehört und daher kein Inland mehr darstellt.
6. »Sinkende Zinsen sind gut für die Börse.« Dies ist zwar prinzipiell richtig, vernachlässigt jedoch außenwirtschaftliche Überlegungen. Denn gesunkene Zinsen schwächen den Außenwert einer Währung und können daher negative Auswirkungen auf die Ergebnisse exportorientierter Unternehmen sowie das Anlageverhalten ausländischer Investoren haben.
7. »Ein steigender US-Dollar ist gut für die Börse.« Oder: »Ein sinkender US-Dollar ist gut für die Börse.« Dies erklärt sich je nach Gewichtung des Einflusses der Ergebnisse exportorientierter Unternehmen oder der ausländischen Investoren.
8. »Steigende Aktienkurse machen uns reicher.« Dies ist der klassische Vermögenseffekt, der zumindest prinzipiell ebenfalls richtig ist. Vernachlässigt wird hier jedoch der Prozess der Realisierung von Buchgewinnen. Denn plötzlich wäre hier eine riesige Lawine von Aktien auf der Suche nach einer ganz kleinen Geldmenge.
9. »Eine hohe Staatsverschuldung ist schlecht für Wirtschaft und Börse.« Auch hier steht dem negativen psychologischen wie verkrustenden Effekt allerdings die positive Tatsache gegenüber, dass Staatsschulden (Staatstitel) Vermögensgegenstände darstellen. Eine andere Frage ist, ob sich für deren zukünftige Rückzahlung überhaupt jemand zuständig fühlt.

In einem interdependenten System der doppelten Buchführung, wie es auf Wirtschaft und Börse zutrifft, hat *jede* Veränderung mithin stets *zweierlei* Auswirkungen. Wichtig ist es nun, beide zu kennen und sich dabei *selbst* zu überlegen, welche von beiden wohl dominieren wird. Nicht sauber hingegen, weil zu Trugschlüssen verführend, ist es, eine von beiden einfach unter den Tisch fallen zu lassen. Auch die Überlegung, welche Auswirkungen ökonomische Veränderungen mit sich bringen und was das für den Aktienmarkt heißen könnte, stellt mithin einen ständigen Abwägeprozess dar. So müssen wir uns stets die folgenden Fragen stellen:

- Dominiert bei rückläufiger Inflation das Gefühl der Konsumenten, reicher zu sein, die schlechteren Absatzchancen der Unternehmen?
- Sind die Konsumenten begieriger, ihr Einkommen für Güter und Dienstleistungen zu verausgaben, oder sind die Unternehmen dringender gezwungen, ihre Produkte loszuwerden?
- Ist es für die Geldbesitzer wichtiger, Aktien zu kaufen, oder für die Aktienbesitzer dringender, sie zu verkaufen und sich damit Geld zu beschaffen?
- Fühlen sich bei einer stark gestiegenen Börse die Aktieneigentümer jetzt reicher oder die Geldbesitzer ärmer?
- Müssen die potentiellen Kreditnehmer dringender borgen oder die potentiellen Kreditgeber dringender leihen?
- Braucht die Wirtschaft eher mehr Zahlungsmittel, als die Zentralbank zur Verfügung stellt, oder gibt es so etwas wie eine Situation der »Überliquidität«?

Das sind die wirklichen Fragen, welche über die Entwicklungen in Wirtschaft und Börse Auskunft geben, niemals jedoch die vermeintlich so plausiblen Partialbetrachtungen (»Sinkende Preise bedeuten ...«) auf der einen sowie Argumentationen mit Kapitalströmen auf der anderen Seite.

Damit schließt sich der Kreis meiner Überlegungen. Denn wäre es in der Tat möglich, dass, wie immer wieder geschrieben wird, Geld oder Kapital direkt an die Aktienmärkte fließen würde, dann müsste es überhaupt nicht zu den Preissteigerungen kommen, die wir täglich beobachten. Die Preissteigerungen, die gewöhnlich den Kapitalflüssen an die Märkte zugeschrieben werden, sind mithin gerade das *Resultat* der Tatsache, dass aufgrund von Käufen eben weder Geld noch Kapital an die Märkte fließen kann. Denn der einzige Grund für Preissteigerungen an Aktienmärkten liegt stets darin, dass zur Realisierung eines jeden Kaufwunsches stets mindestens ein Aktienbesitzer *zum Verkauf veranlasst* werden muss.

Wohin im übrigen das »Kapitalflussargument« tatsächlich führen kann, möchte ich hier noch einmal aufzeigen. Ich hatte mich schon lange Folgendes gefragt: Was werden eigentlich diejenigen sagen, die steigende Aktienkurse immer mit Geldzuflüssen an den Aktienmarkt und sinkende Aktienkurse mit Abflüssen in Verbindung bringen, wenn einmal *alle* Märkte *gleichzeitig* fallen?

Im Normalfall verhalten sich die Märkte stets so, dass man auch mit dem falschen Argument der Geld- oder Kapitalflüsse zumindest von der Logik her nicht in die Bredouille gerät. Denn mindestens ein Markt wird an jedem Tag immer steigen und mindestens einer fallen. Wenn also beispielsweise der Aktienmarkt fällt und der Bondmarkt steigt, dann muss eben das Geld dorthin »geflossen« sein. Was aber, wenn auch dieser Markt fällt? Dann ist das Geld eben in den Tagesgeldmarkt »geflossen«. Was, der auch gefallen? Dann halt ins Ausland abgeflossen! Nein, auch der US-Dollar und die anderen Fremdwährungen sind gefallen?

Was bleibt? Eine einzige Lösung bleibt. Sie ist zwar vollkommen unsinnig, muss jedoch postuliert werden, wenn man der Logik nicht widersprechen will. Und endlich, am 12. Oktober 1998, stand sie in einem Bericht über den internationalen Finanzmarkt in der Frankfurter Allgemeine Zeitung (FAZ) geschrieben. Sie lautet: Jetzt muss das Geld halt ins Geld geflossen sein. Steltzner wörtlich dazu gleich im ersten Satz seines Berichtes: »Anlagegelder rund um den Globus flüchten in den sichersten aller Häfen – in Bargeld.«

Das ist nun aber genauso, als wenn die Katze ihren eigenen Schwanz aufessen oder die Hand sich selbst zeichnen würde. Es erinnert eher an die Zeichnungen von M. C. Escher denn an einen Bericht vom internationalen Finanzmarkt – zum Beispiel an die Burgzinne, auf der man die gesamte Treppe um die Burg herum treppab laufen kann, um dann jedoch verblüffenderweise exakt wieder am Ausgangspunkt anzukommen.

Und bei den internationalen »Anlagegeldern« ist es nicht anders laut FAZ. Denn sie existieren stets in Form von Tagesgeldern. Und fliehen jetzt wohin? Genau, in eben das gleiche Aggregat – in Tagesgelder! Sie kommen also aus den weltweiten Aktien- und Bondmärkten und fliehen genau dahin, wo sie schon immer sind. Sie *werden* also plötzlich das, was sie schon immer *sind*. Dies ist zwar philosophisch gesehen eine äußerst interessante Situation, in ökonomischer Hinsicht wird man hierbei jedoch gefährlich geblendet, wie die folgende Geschichte eines Aufsatzes aus der Zeitschrift *Börse-Online* zeigen wird.

Unter der Überschrift »Geld für Aktienkäufe in Hülle und Fülle« wurde im Frühsommer 1998 hierzu Folgendes geschrieben: »Die riesigen Summen, die im Vorhof des Kapitalmarkts – also in kurzfristigen Bankeinlagen – geparkt sind ... sorgen zur Zeit ... dafür, dass die Börse noch lange mit ihrem Lebenselexier Liquidität versorgt wird: Ende 1997 lagerten 1,1 Billionen Mark in Festgeld und 1,2 Billionen Mark in Spareinlagen. Angesichts der Minirenditen von 2,5 bis 4 Prozent sind diese Kurzfristinvestments unattraktiv. Anleger werden deshalb zunehmend Fest- und Spargelder in Anleihen und Aktien umschichten.«

Macht man sich heute einmal den Spaß nachzuschauen, wie hoch diese Liquidität beziehungsweise die Geldmenge denn augenblicklich ist, so stellt man fest: Sie ist noch *größer*, gleichzeitig jedoch stehen die Aktien deutlich *niedriger*. Das wiederum ist natürlich keinesfalls paradox, wie es eine naive Betrachtung des obigen Artikels suggerieren würde. Nein, es ist vielmehr völlig logisch. Denn jede Zentralbank wird die Geldmenge stets im Zeitablauf in etwa im Rahmen der Zunahme des Sozialprodukts sich ausdehnen lassen. Das heißt: Der Geldumlauf wird in jedem Falle immer größer, völlig egal wie die Börse steht. Denn durch einen Aktienkauf vermindert sich der Bestand an kurzfristigen Bankeinlagen um *keine einzige* D-Mark. Und selbst wenn alle Bankeinlagen plötzlich in Aktien investiert werden sollten, dann müssten hinterher zwar die Aktienkurse deutlich höher stehen, der Bestand an kurzfristigen Bankeinlagen jedoch keinesfalls geringer sein. Schließlich sind die Verkaufserlöse den Verkäufern ebenfalls auf ihre Bankkonten gebucht worden.

Eine Mechanik wie diejenige, die in obigem Artikel geschildert wurde, könnte daher nur dann Gültigkeit haben, wenn sich dadurch der Bestand an gesamtwirtschaftlicher Liquidität kontinuierlich *abbauen* würde, was jedoch nicht der Fall ist. *Börse-Online* hat damit also entweder das Perpetuum mobile erfunden, weil der ihrer Theorie zugrundeliegende Mechanismus seine Gültigkeit *niemals* mehr verlieren würde – oder man ist schlichtweg einem Irrglauben aufgesessen.

Das Argument der möglicherweise in den Aktienmarkt »fließenden« kurzfristigen Bankeinlagen besteht damit aus logischer Sicht entweder niemals oder auf Ewigkeit. Es ist damit wie bei der Escherschen Treppe, die man immer hinuntersteigen kann, ohne dabei jemals an Höhe zu verlieren. Beides jedoch, da können wir wohl ganz sicher sein, gibt es in der Realität nicht. Denn in beiden Fällen handelt es sich ausschließlich um eine optische Täuschung, einmal um eine graphische Inszenierung, die den Beobachter *bewusst* irreführen will, das andere Mal jedoch um einen *unbewussten* Fehlschluss, der den unbedarften Leser viel Geld kosten kann.

Kann man überhaupt etwas lernen über die Börse?

Eine umfassende Betrachtung der Börse zeigt, dass anscheinend zu *jedem* Zeitpunkt sowohl die Anzahl der positiven wie auch der negativen Nachrichten immer groß genug ist, um gleichzeitig sowohl eine Hausse als auch eine Baisse mit jeweils zwingender Logik ableiten zu können. Es ist also möglich, aus *ein und dem selben* Datenkranz für den nächsten Tag sowohl schönes als auch schlechtes Wetter zu prognostizieren, was letztlich jedoch nur heißt, dass man an der Börse sehr vorsichtig mit »Wissen« aller Art umgehen sollte.

Es ist deshalb auch extrem schwierig, aus dem täglichen Hin und Her an der Börse tatsächlich etwas lernen zu können. Einen wirklichen Lerneffekt kann es immer nur dort geben, wo sich der Lernende eine feststehende Sache anzueignen hat. Wie zum Beispiel beim Rechnen oder bei einer Fremdsprache. Denn sowohl die Mathematik als auch eine Sprache sind relativ festgelegte Gesamtheiten. Sie entwickeln sich zwar im Zeitablauf stets weiter, sind jedoch in ihren

Grundfesten absolut fix. Das heißt: Entweder man kann rechnen oder man kann es nicht. Entweder man hat begriffen, wie mit dem Zahlensystem umzugehen ist oder man hat es nicht. Wobei diese Fähigkeit stets *objektiv messbar* ist.

Ganz anders ist es hingegen an der Börse. Auch die Börse ist zwar insgesamt mehr oder weniger als eine geordnete Gesamtheit zu betrachten. Dennoch sind ihre »Gesetze« nicht stabil. Während eins und eins in jedem Falle immer zwei ist, können an der Börse auch aus völlig identischen Ausgangssituationen jedes Mal völlig verschiedene Konstellationen resultieren. Das heißt: Geschichte wiederholt sich hier niemals identisch. Jedes Mal treten wieder andere Aspekte in den Vordergrund und bestimmen plötzlich den Verlauf des Geschehens völlig neu.

Auch ein noch so intensives Lernen bringt einen hier nicht weiter. Was man indes erlangen kann, ist Erfahrung. Und zwar Erfahrung in dem Sinne, Situationen zu erspüren oder wiedererkennen zu können. Börsenerfahrung wäre damit so etwas wie Menschenkenntnis: Man liegt im Trend vielleicht ganz richtig damit, kann sich im Einzelfall jedoch stets bitterlich irren. Aber Erfahrung, und das ist vielleicht ihr wichtigster Unterschied zum reinen Wissen, beinhaltet bereits eine Vorstellung von ihrem eigenen Scheitern. Denn Wissen ist stets absolut, entweder richtig oder falsch. Erfahrung hingegen ist relativ. Ich kann etwas nur entweder wissen oder nicht wissen. Ich kann jedoch niemals wissen, wie weit mein Wissen reicht, wo es anfängt und wo es aufhört. Wir können niemals wissen, was wir *nicht* wissen. Wir können es nur erahnen. Und genau das ist es, denke ich, was die Erfahrung ausmacht.

Zwei Lektionen gibt es aus meiner Sicht an der Börse dennoch zu lernen. Die erste ist das schon angesprochene, allerdings nur langfristig gültige Gesetz vom Gleichlauf von Wirtschaft und Börse. Und die zweite lautet: Logisch falsche Begründungen lassen sich als irrelevant ausschließen. Denn eine Argumentation, die sich an einem Punkt zwangsläufig in logische Widersprüche verstrickt, *kann nicht* richtig sein. In diesem Sinne kann man also durchaus lernen am Aktienmarkt. Indem man die Irrwege beim Beschreiten auch als das erkennt, was sie sind: Wege, die nicht zum Ziel führen. Ich möchte dies kurz an zwei Beispielen erläutern, die das grundsätzliche Problem sehr gut beleuchten können:

1. Als Kirche und Wissenschaft noch davon ausgingen, dass die Erde das Gravitationszentrum des Universums bilden würde, hatte man bei jeder Neuentdeckung von Planeten das Problem, diese nicht in das vordem herrschende Bild einfügen zu können. Die Beobachtungen und Vorausberechnungen stimmten nicht mit der Theorie überein. Man war folglich gezwungen, jedem Planeten eine eigenförmige, damit jedoch unvollkommene Kreisbahn um die Erde zuzugestehen.

Das hieß also: Das Bild von der Wirklichkeit wurde *widersprüchlich*. Und die Widersprüche ließen sich, wie wir heute wissen, erst nach zähem Ringen dadurch lösen, dass man die Sonne als Gravitationszentrum auswies und dadurch wieder die Übereinstimmung von Theorie und Beobachtungen erreichen konnte.

2. Auch die Volkswirtschaftslehre ist, ganz im Gegensatz zur landläufigen Meinung, keine primär empirische Wissenschaft, in der es gelingen könnte, grundlegende Wirtschaftsmodelle auf ihre Übereinstimmung mit der Realität hin zu überprüfen. Es gibt natürlich auch hier testbare Aussagen, doch diese stellen meistens eher Trivialitäten dar, als dass es sich um grundlegende Einblicke in das Erkenntnisobjekt Wirtschaft handelte.

Was aber kann die Volkswirtschaftslehre dann leisten? Sie kann uns, so behaupte ich, eine Einsicht in die grundlegende Funktionsweise der Wirtschaft ermöglichen. Das ist eine große Herausforderung, die allerdings zwei entscheidende Haken hat. Denn erstens lassen sich diese Funktionsprinzipien der Wirtschaft, wie die Dogmengeschichte aufzeigt, in vielerlei verschiedener Weise denken. Und zweitens erweisen sich die dabei entstandenen unterschiedlichen Denkschemata oder Paradigmen durch keinerlei Überprüfung an den Wirtschaftsdaten als gegeneinander diskriminierbar.

Das heißt: Wir leben im Hinblick auf unser Wirtschaftsverständnis tatsächlich in unterschiedlichen »(Gedanken-)Welten«. Wie so etwas aussehen kann, ist bereits im vorangegangenen Abschnitt unter anderem am Beispiel der Löhne und Lohnkosten in einer Volkswirtschaft deutlich geworden. Hier sagen die einen: Höhere Löhne bringen die Wirtschaft zum Laufen und sind damit die *Ursache* von Wirtschaftswachstum. Und die anderen sagen: Höhere Löhne können immer nur die *Folge* von mehr Wirtschaftswachstums sein. Wer hat Recht? Über diese Frage kann man zwar streiten. Man kann diese Frage jedoch nicht durch einen Blick auf die Statistik beantworten, die in wunderbarem Gleichlauf eine Parallelität von Lohn- und Wirtschaftsentwicklung aufzeigt.

Die wirklichen Streitfragen der Nationalökonomie erweisen sich jedoch als noch weniger entscheidbar. Hier zeigt sich, dass innerhalb der herrschenden marktliberalen Lehre der Neoklassik beispielsweise die Arbeitslosigkeit immer nur auf ein Marktversagen zurückgeführt werden kann. Sprich: Ist die Lohnentwicklung zu träge beziehungsweise zu unelastisch, um schnelle Anpassungen zu erreichen, haben wir es mit Arbeitslosigkeit zu tun.

Das opponierende keynesianische Lager wirft den Marktliberalen vor, dass das Geld in ihrem System keine Rolle spiele. Was auch richtig ist, jedoch die Liberalen nicht schert. Denn diese vertreten in dieser Hinsicht – ganz verkürzt gesagt – den Standpunkt, dass es zur Erklärung der Wirklichkeit nicht notwendig ist, *alle* Aspekte dieser Wirklichkeit auch zu modellieren.

Das Problem der Erklärung von Arbeitslosigkeit ist unlösbar, wenn man alleine nach positiven Aussagen über die Wirklichkeit strebt. Es gibt jedoch noch eine andere Ebene der Auseinandersetzung, und das ist die rein logische. Denn jedes Bild der Wirtschaft, welches die Wissenschaft aufzeichnet, muss, obwohl wir nie sagen können, wann es richtig ist, *immer dann* falsch sein, wenn es keine logische Geschlossenheit aufzeigt und sich damit früher oder später in Widersprüche verstrickt.

Und genau *hierüber* streiten die Wissenschaftler. Weshalb auch eine Diskussion von Wirtschaftswissenschaftlern einen Außenstehenden völlig ratlos machen wird, wenn er ihr einmal beiwohnen oder ein entsprechendes Papier zur Hand nehmen sollte. Trotzdem ist jedoch gerade dieser Punkt der wichtigste, weil er der einzige ist, an dem wir Lösungsvorschläge, die auf jeden Fall falsch sind, verwerfen und Hypothesen, die immerhin eine Chance auf Richtigkeit besitzen, zumindest vorläufig beibehalten können.

Aus diesem Grunde versuche ich in diesem Buch auch gleichsam eine »akademische Gedankenstrenge« an den Tag zu legen, um an allem zu rütteln, was an unserer alltäglichen Erklärung der Börsenwelt nicht niet- und nagelfest ist. Nicht, um es danach zu verwerfen, sondern einfach deshalb, um einmal ganz genau abzuprüfen, auf welche Wahrheiten man sich denn tatsächlich in jedem Fall verlassen kann – und welche hingegen sehr lockerer Natur sind. Und es ist in der Tat erstaunlich, was hier bereits beim ersten Windhauch alles umfällt.

Damit kann man zwar nicht besser entscheiden, welche Prognose über die Zukunft denn nun die richtige ist. Aber gerade das erweist sich wiederum als weiterführend. Denn einerseits schützt es davor, sich ein Wissen anzumaßen, was man nicht hat und auch überhaupt nicht haben kann, andererseits jedoch ist es zumindest möglich, falsche Argumentationen auch als falsch zu entlarven – und damit ihr dennoch mögliches Eintreffen als reines Glück erkennen zu können.

Tatsächliches Wissen ist also immer nur »negatives« Wissen. An der Börse wie auch sonst im Leben. Das einzige, was wir wirklich sicher wissen können, ist, warum etwas *nicht* funktioniert. Aber das ist bereits eine ganze Menge. Und bei allen anderen Fragen müssen wir eben weiterhin schlichtweg *raten.*

Sich selbst erkennen

In einem Text von Marcel Proust habe ich eine schöne Stelle gefunden, die uns auf sehr interessante Weise den grundsätzlichen Weg zur Erkenntnis im Allgemeinen wie zur Selbsterkenntnis im Besonderen weist:

»Es ist doch so«, sagt Proust, »dass nur das Leiden an einer Sache es uns möglich macht, deren Mechanismen, welche man sonst gar nicht

kennen würde, zu bemerken, zu begreifen und zu analysieren. Wird ein Mensch, der jeden Abend schwer in sein Bett sinkt und bis zum Augenblick des Erwachens und Aufstehens gleichsam nicht mehr lebt, jemals daran denken, wenn schon keine großen Entdeckungen, so doch wenigstens kleine Beobachtungen über den Schlaf anzustellen? Er weiß ja kaum, ob er schläft. Ein geringes Maß an Schlaflosigkeit ist nicht ohne Nutzen dafür, den Schlaf richtig schätzen zu lernen und außerdem sein Dunkel ein wenig aufzuhellen. Ein lückenloses Gedächtnis ist kein sehr mächtiger Anreger, um die Phänomene des Gedächtnisses zu studieren.«[2]

Obwohl wir natürlich nicht unbedingt Schmerz empfinden müssen, um unseren Verstand zu gebrauchen, geht Proust davon aus, dass wir nur in Notsituationen wirklich neugierig sind. Wir leiden, also denken wir! Weil das Denken uns hilft, den Schmerz in einen Zusammenhang zu stellen sowie seinen Ursprung zu ergründen. Woraus folgt, dass es Ideen, die nicht unter Schmerzen geboren wurden, anscheinend an einer entscheidenden Motivationsquelle gebricht.[3]

Und ist es an der Börse nicht ebenso? Wer den Markt richtig eingeschätzt hat, der wird sich in der Regel toll finden. Und wenn er noch relativ jung und neu in diesem Metier ist, vielleicht sogar »genial«. Er wird sich jedoch wenig Gedanken darüber machen, *warum* er gerade auf der Gewinnerstraße ist. Wer hingegen schon einmal richtig schief gelegen hat, wird sich Gedanken über das Warum mit Sicherheit bereits gemacht haben.

Auch hier bestehen nun, wie so oft, zwei Wege, sich mit dem Problem auseinanderzusetzen. Der erste ist, die Schuld hierfür bei sich selbst zu suchen, und der zweite, die anderen dafür verantwortlich zu machen. Beginnen wir mit dem ersten Weg.

Viele Wege führen zum Ziel, aber Lehrgeld zahlen ist unvermeidlich

Es gibt ein interessantes Bonmot des US-Börsianers Dreman, der in den sechziger und siebziger Jahren unter dem schönen Pseudonym »Adam Smith« viele erfolgreiche Börsenbücher geschrieben hat. Dies hat mich derart beeindruckt, dass ich es mir bis heute gemerkt habe. Es lautet: »Wenn Sie nicht wissen, wer Sie wirklich sind, dann ist die Börse ein kostspieliger Ort, es zu lernen.«[4] Dreman will uns damit andeuten, dass der Erfolg jeder Spekulation nicht nur mit einer richtigen Situationseinschätzung der Märkte, sondern zwangsläufig auch mit einer richtigen Einschätzung der eigenen Person verbunden ist. Ich will dazu ein Beispiel aus meiner eigenen Anlagepraxis geben.

Als zu Beginn der achtziger Jahre Ronald Reagan in den USA angetreten war, seine ökonomischen Vorstellungen umzusetzen, begann auch der US-Dollar mit einem enormen Höhenflug, der ihn schließlich von unter 2 D-Mark auf ein Hoch von 3,49 D-Mark führte. Ich war damals – und bin es auch heute noch – begeistert und überzeugt von den Vorstellungen der Reaganschen »Supply-Sider«, die Wirtschaft durch eine radikale Senkung der Steuersätze in Fahrt zu bringen. Aus diesem Grunde betrachtete ich auch den damaligen Dollarkursanstieg gleichsam als »Belohnung« für eine gute Politik.

Als sich dann jedoch die Defizite sowohl des US-Staatshaushaltes als auch der US-Handelsbilanz deutlich ausweiteten, reagierten die Märkte extrem negativ auf jede Nachricht über dieses Zwillings-Defizit (*twin deficit*). Ökonomisch mag diese Bewertung zumindest bezüglich des Handelsbilanzdefizits durchaus gerechtfertigt gewesen sein, sage ich heute. Doch damals empfand ich das als schlichtweg ungerecht. Denn da reißt sich nun endlich einmal ein Land aus der Lethargie, revolutioniert sein Steuersystem, bietet dem politischen Gegner im Kalten Krieg die Stirn – wie wir heute wissen, mit durchschlagendem Erfolg – und kauft überdies noch bereitwillig die Waren, die der Rest der Welt zum Überleben unbedingt exportieren muss.

Und was passiert dann? Es wird von den Märkten abgestraft und von einer Allianz aus oberlehrerhaften Journalisten und bewegungsgehemmten Politikern anderer Staaten zurechtgewiesen. Wo jedoch wären wir denn alle geblieben ohne Reagan? Wir Berliner in einer eingemauerten Stadt, die Börsenhausse ausgeblieben, die südamerikanischen und asiatischen Staaten noch tiefer im Schuldturm und der deutsche Exportüberschuss allenfalls im Mittelfeld der internationalen Liga.

Aber, auch wenn ich überzeugt bin, dass das richtig ist, was ich damals dachte und heute hierzu schreibe, so lag dennoch genau hier ein großer persönlicher Fehler. Denn niemals darf man der Versuchung erliegen, die Märkte mit dem Herzen zu betrachten. Meine Sympathien waren damals jedoch so stark ausgeprägt, dass ich überhaupt nicht auf die Idee kam, dass das, was die Dollarverkäufer sagten, länger anhalten konnte. Der Dollarverfall musste deshalb, da war ich ganz sicher, bald gestoppt werden. Eine törichte Einstellung, wie ich heute weiß. Das Grundübel lag jedoch prinzipiell nicht primär in einer falschen Markteinschätzung. Das kann und wird auch in Zukunft jedem von uns an jedem Tag von Neuem passieren. Nein, es lag vielmehr hauptsächlich darin, aufgrund einer persönlichen Wertschätzung die grundlegende Realität des Marktes einfach nicht (ein)sehen zu *wollen*.

Und genau das ist gemeint mit: Erkenne Dich selbst. Denn wer sich selbst nicht gut genug kennt, wer nicht erkennt, dass er dazu neigt, seine eigene persönliche Sympathie mit der harten ökonomischen Rationalität der Märkte zu vermischen, den kann das richtig teuer zu stehen kommen. Idealismus und Vermögensanlage sind mithin keine guten Partner. Was bedeutet, dass jeder Anleger sich sehr bewusst darüber sein sollte, wie es bei ihm um diese Schnittstelle beschaffen ist.

Es gibt sicherlich noch viele andere Beispiele, die man in diesem Zusammenhang zitieren könnte: »Gutes Geld schlechtem nachzuwerfen« ist auch so ein Fall. Hier ist mir die Pleite der Schiffswerft Bremer Vulkan noch gut in Erinnerung. Denn wie viele Leute haben sich hier bis zum Schluss geweigert, die ökonomische Realität anzuerkennen. Und haben nachgekauft und nachgekauft, um dann letztlich doch alles zu verlieren.

Im Grunde kann man diese Thematik auf den folgenden Nenner bringen: Es gibt zwei grundlegende Typen von Anlegern:

1. den Mitläufer (oder positiver: den »Trendgänger«) und
2. den Besserwisser (den »Contrarian«).

Jeder sollte versuchen herauszubekommen, zu welcher Gruppe von beiden er gehört, um mit diesem Wissen schließlich die eigene Person ein wenig kritisch zu hinterfragen. Dass so etwas natürlich nur bedingt möglich ist, ist völlig klar. Denn eine vollkommene Selbsterkenntnis wäre wieder so ein Fall, der in den Bereich der logischen Unmöglichkeiten gehört. Denn um sich selbst vollständig erkennen zu können, müsste man sich zumindest gedanklich in zwei Teile teilen – und zwar in den Teil, der denkt und in den, über welchen nachgedacht wird. »Teilung« heißt jedoch immer auch »Verfälschung«. Man muss sich also zunächst sich selbst gegenüber verfälschen, um überhaupt die Voraussetzungen zu schaffen, sich selbst erkennen zu können. Doch diese Erkenntnis kann dann natürlich weder vollständig noch richtig sein. Oder, ganz simpel ausgedrückt: Das Auge selbst kann man beim Sehen natürlich nicht beobachten.

Trotzdem ist gerade im Bereich der Börse auch jede noch so rudimentäre Erkenntnis immer noch viel besser als gar keine. Denn das Wissen darum, ein unverbesserlicher »Besserwisser« zu sein, kann einen selbst davor schützen, sich in eine Idee zu »verbeißen«. Nur diese Erkenntnis kann einen folglich dazu bringen, die eigene Fixierung auf ein bestimmtes Szenario gleichsam »aufzubrechen«.

Ganz generell kann man zu diesen zwei entgegengesetzten Typen sagen: Während die Besserwisser im Normalfall eher schon im Abschwung für den Aufschwung kaufen und bereits im Aufschwung im Hinblick auf den bevorstehenden Abschwung verkaufen werden, neigen die Mitläufer im Gegenteil mehr dazu, sich teuer in einen Aufwärtstrend einzukaufen, um dann jedoch bei der Trendumkehr, wenn alle noch optimistisch sind und von einer nur kurzen Korrektur sprechen, nicht rechtzeitig wieder herauszugehen. Und, was allerdings viel deutlicher zählt, erst wieder dann einzusteigen, wenn sich ein neuer Aufwärtstrend gebildet hat, also wiederum sehr spät.

Der Besserwisser, der versucht, kurzfristige Kursschwankungen auszunutzen, kommt also in der Regel tendenziell immer etwas *zu früh*. Der Mitläufer hingegen, der ebensolches versucht, wird dabei eher jeweils etwas *zu spät* dran sein. Denn der eine kauft gegen die herrschende Meinung, während der andere zunächst so lange abwartet, bis sich ein fester Trend etabliert hat. So werden also beide kein vollständig optimales Timing erwischen, was im übrigen sowieso niemand schafft. Im Leben der Börse werden also nicht nur diejenigen, die zu spät kommen, bestraft, sondern auch diejenigen, die zu früh kommen.

Was schließlich auch kein Wunder ist. Denn wäre es in der Tat so einfach, Kursschwankungen exakt auszunutzen, dann würde es schließlich jeder tun. Und niemand müsste sich mehr der – zugegebenermaßen doch recht langweiligen – langfristigen Haltestrategie verschreiben, die allerdings als einzige in der Lage ist, einem auch tatsächlich relativ sichere Kursgewinne zu bescheren.

Wenn man es jedoch absolut nicht lassen und unbedingt versuchen möchte, den Markt auch kurzfristig auszutricksen, dann sollte man zumindest die hier geschilderte Mindestration an Selbsterkenntnis intus haben. Denn wehe dem, der in einer Situation wie der eben geschilderten Dollarkursentwicklung, die für kurzfristig gehalten wird, sich letztlich jedoch als äußerst langfristig entpuppt, nicht in der Lage ist, seinen eigenen Dickkopf erfolgreich zu hinterfragen. Denn geschieht dies nicht, dann wird womöglich etwas rein Subjektives für eine objektive Gegebenheit gehalten. Dann machen wir uns, sprichwörtlich gesagt, etwas vor – und halten das dann auch noch für die Realität.

Am besten wäre natürlich, wenn man den Markt völlig vorurteilsfrei betrachten könnte. Doch dies ist nur eine weitere Geschichte aus dem Land der logischen Unmöglichkeiten. Der Philosoph Karl Popper hat das des Öfteren in ganz einfacher Weise dargestellt und gesagt: Die Vorstellung, dass wir die Eindrücke der Wirklichkeit einfach nur einzufangen haben, ist grundfalsch. Popper nennt dieses Denken das (falsche) »Kübelmodell« der Wirklichkeit und setzt ihm ein aus seiner Sicht realistisches »Scheinwerfermodell« entgegen. Danach müssen wir uns täglich in der Wirklichkeit in der gleichen Weise zurechtfinden, wie wir es mit der Taschenlampe im Dunkeln machen würden. Und das bedeutet: Man kann nur das sehen, worauf man auch die Lampe gerichtet hat.

Das, was nicht im Licht erscheint, wird nicht gesehen – obwohl es zweifelsfrei vorhanden ist.

Übertragen wir das nun auf die Börse, so können wir sagen: Wir nehmen nur diejenigen Meinungen wahr, auf die wir unser Augenmerk gerichtet haben. Und genau diese Ausrichtung hängt viel mehr von uns selbst ab als von den objektiven Gegebenheiten. Denn diese werden erst dann erkannt, wenn wir *vorher* bereits eine gewisse Vorstellung davon gehabt haben. Kluge Köpfe haben diese Tatsache in prägnanten Sätzen verpackt, wovon ich nur zwei hier anführen möchte:[5]

- Der Ausgangspunkt der Suche legt bereits fest, was überhaupt gefunden werden kann.
- Wir können daher im Grunde genommen eigentlich immer nur das erkennen, was wir bereits vorher schon wussten.

Eine unvoreingenommene Betrachtung des Aktienmarktes ist mithin unmöglich. Jede noch so kleine Beobachtung trägt bereits ganz prinzipiell und logisch zwingend ein gewisses Vorurteil in sich. Alles, was wir daher machen können, ist, uns die eigene Voreingenommenheit so gut wie möglich bewusst zu machen.

Die Übereinstimmung mit der eigenen Strategie

Die vorangegangenen Überlegungen haben hoffentlich deutlich gezeigt, dass wir, je mehr wir uns anstrengen, das Börsengeschehen kurzfristig voraussagen zu können, umso mehr Irrwegen dabei zwangsläufig aufsitzen müssen. Ständig bilden wir uns ein, aus dem Markt etwas »herauslesen« zu können, registrieren jedoch so gut wie nie, dass der Hauptteil fast immer ausschließlich aus uns selbst stammt. Nahezu alle Anzeichen für eine bevorstehende Aufwärtsbewegung sind damit zu einem guten Teil stets nur die Spiegelbilder unseres Optimismus und umgekehrt alle vermeintlich zu hörenden »Donnerklänge« auch nur identische Widerspiegelungen unseres eigenen Pessimismus. Und sage nun niemand, er sei prinzipiell dazu in der Lage, genau zu trennen, welche Signale aus dem

Markt stammen und welche hingegen hauptsächlich in ihm selbst fabriziert worden sind.

Deswegen auch mein Plädoyer für eine langfristige Strategie. Aber: Man muss natürlich auch ein »Typ« dafür sein. Was bedeutet, entweder in der Lage zu sein, eiserne Nerven an den Tag zu legen und sich nicht zu ängstigen, wenn es einmal wieder heftig donnert am Aktienmarkt. Oder aber sich so weit weg zu halten, dass man im Extremfall nicht zwangsläufig ständig mit den teilweise sehr heftigen Kursveränderungen konfrontiert ist. Denn je näher jemand mit Augen und Ohren am Marktgeschehen ist, umso zittriger ist beziehungsweise wird er.

Für diese Sichtweise habe ich nicht nur in meiner eigenen Person, sondern auch in den Reaktionen vieler anderer Bestätigung gefunden, die jeweils ein völlig anderes Verhalten an den Tag legen, je nachdem ob sie die Chance haben (und damit dem Fluch unterliegen), stündlich oder sogar minütlich über die Kursveränderungen informiert zu sein, oder vielmehr dem »Luxus der Marktferne« frönen können. Was im übrigen auch alle Untersuchungen zu den Crashs der Jahre 1987 und 1998 aussagen, denn in der Tat haben hier die Privatanleger – weil weiter weg – viel gelassener und damit erfolgreicher reagiert als die Profis, die sich mit ihrer Nase die ganze Zeit über direkt im Schlamassel befunden haben.

Was natürlich nicht verwunderlich ist. Denn selbst wenn der Privatanleger abends in den Nachrichten von einem Kurssturz erfährt, weiß er auf der einen Seite doch sowieso, dass es jetzt im Hinblick auf Kurzfristergebnisse zu spät ist zum Handeln. Und auf der anderen und noch viel wichtigeren Seite: Er ist damit nur *einmal* einem Schrecken ausgesetzt, *nicht* jedoch *permanent*, also den ganzen Tag, wie es bei den Berufsbörsianern der Fall ist. Hier aber höhlt der stete Tropfen der Kursverluste anscheinend selbst den härtesten Stein.

Langfriststrategien sind aus diesem Grunde letztlich auch fast nur von Nicht-Profis durchzuhalten. Die Profis hingegen reden zwar bei Sonnenschein davon, sind jedoch häufig bei extremem Sturmwetter der Meinung, dass es *gerade diesmal* anders kommen wird. Schuld ist hierbei natürlich das Prinzip der »kommunizierenden Röhren«, sprich die Tatsache, dass sich Meinungen unter Menschen ebenso schnell und todsicher ausbreiten wie elektromechanische Wellen oder Grippeviren.

Dabei stirbt man im Normalfall an der Grippe ebensowenig wie an einem Crash. Dennoch ist es zweifellos die bessere Variante, sich gleich von Anfang an der Bazillen zu erwehren. Auf diese Position kann sich jedoch nur derjenige berufen, der sich von der harten Realität der Märkte in den »Elfenbeinturm« der Marktferne und der Langfristbetrachtung zurückziehen kann. Wer hingegen mit einer derartigen Geisteshaltung im direkten Marktgeschehen bei einem Crash verweilen würde, den würde es sicherlich zerreißen – von der herrschenden Marktmeinung und auch vom eigenen Inneren, welches die Marktstimmung mittlerweile bereits vollständig in sich aufgesogen hat.

Wer also täglich, stündlich und minütlich den Eindrücken sinkender Kurse ausgesetzt ist und vielleicht sogar noch über ein Computerprogramm verfügt, welches ihm seine gesamten Kursverluste immer wieder aktuell und auf die D-Mark genau berechnet, der wird die Kraft zum Widerstehen bei Kursverlusten nicht allzu lange besitzen. Und er wird sich früher oder später der an den Märkten aktuell dominierenden Betrachtung anschließen: »Bisher ist es ja immer gut gegangen. Diesmal aber kommt es bestimmt anders.«

Es gibt jedoch noch weitere Eigenschaften, die zur erfolgreichen Durchführung einer Langfriststrategie am Aktienmarkt unbedingt erforderlich sind. Und das sind:

- Man sollte grundsätzlich eher optimistisch veranlagt sein.
- Man sollte insoweit in sich gefestigt sein, eigene Festlegungen im Zeitablauf auch durchzuhalten und dabei nicht allzu viel auf das Gerede der anderen zu geben.
  Da die meisten Anleger permanent mit dem Kaufen und Verkaufen beschäftigt sind, handelt der Langfristinvestor meistens gegen die Mehrheit von ihnen. Er sollte folglich entweder möglichst wenig von seiner Strategie preisgeben oder aber gut damit leben können, für ein bisschen skurril und seltsam gehalten zu

werden. Denn im Aufschwung selbst Kursgewinne von mehreren hundert Prozent nicht zu realisieren und beim Rückschlag nicht nervös zu werden, das wirkt auf die Mehrzahl der Börseninteressierten schon des Öfteren sehr merkwürdig.

- Man muss in der Lage sein, auch in kritischen Phasen die eigenen Emotionen im Zaum halten zu können.
  Andernfalls würde man sich seine eigene Strategie gerade in den Phasen, in denen das Durchhalten am wichtigsten ist, selbst zunichte machen – bei extremen Kurssteigerungen und bei Kursrückgängen.

Nun soll mein Plädoyer für eine Langfriststrategie jedoch keinesfalls heißen, dass einmal gekaufte Aktien nun bis zur Rente nur noch stur liegen gelassen werden sollen. Nein, Umschichtungen sind immer erlaubt und vielfach auch äußerst angebracht. Doch netto sollte man seinen Aktienanteil ohne das Eintreten signifikanter außerbörslicher Gründe nach Möglichkeit niemals deutlich zurückfahren.

Nicht alles auf ein Pferd setzen

»Now I have discovered that some girls are bigger than others« heißt es ganz banal in einem Text des englischen Musikgenies Morrissey. Derartige Banalitäten sind meistens in ganz besonderer Weise dazu geeignet, die Wirklichkeit treffend zu beschreiben. Im übertragenen Sinne habe ich hier ganz Ähnliches mitzuteilen: Langjährige Beobachtungen zeigen, dass manche Aktien stärker steigen als andere. Und dies ist nun mitnichten eine Trivialität.

Im Nachhinein wäre es natürlich immer am besten gewesen, wenn man alles in diese Aktien investiert hätte, die am stärksten gestiegen sind. Doch da bei diesen Aktien gemeinhin das Risiko der Kursschwankungen wesentlich höher liegt, lässt sich eine derartige Strategie leider niemals erfolgreich durchführen. Risikomischung ist deshalb auch die einzige Strategie, die sich seriöserweise empfehlen lässt.

Risikomischung heißt natürlich aber auch, dass man damit niemals Spitzengewinne in einzelnen Jahren erzielen wird. Aber das ist auch nicht der Zweck einer langfristigen Aktienanlage. Denn hier geht es ausschließlich darum, den langfristigen Trend auszunutzen. Weshalb sich deutlich über dem Durchschnitt liegende Gewinne freilich nicht erzielen lassen, dafür jedoch spiegelbildlich weit unter dem Durchschnitt liegende Verluste ebenso unmöglich gemacht werden.

Was es heißt, bei einer Wertpapieranlage bewusst zu streuen beziehungsweise eine sogenannte Diversifizierungsstrategie zu verfolgen, könnte man auch folgendermaßen auf den Punkt bringen: Man kauft neben den im Moment »guten« Aktien absichtlich auch »schlechte«, weil man hofft, dass gerade in den Momenten, wo die guten einmal schlecht laufen, die schlechten gut laufen werden.

Oder anders ausgedrückt: Wenn man sehr viele Aktien besitzt, dann hat man im Vergleich zum Kauf von nur einer oder zumindest von sehr wenigen Aktien *immer* einige dabei, welche den Erfolg nach unten ziehen. Das ist die Sichtweise von oben nach unten. Sie wird jedoch ergänzt durch die diametral entgegengesetzte Betrachtung von unten nach oben. Und plötzlich gibt es hier ebenfalls *immer* einige, die den mageren Erfolg von vielen wieder deutlich nach oben ziehen.

Ganz wie im sonstigen Leben entscheidet auch hier ebenfalls die Perspektive darüber, ob wir uns freuen können oder ärgern müssen. Und wie so oft, so erweist sich auch hier der Mittelweg als die beste Wahl. Denn wer sowohl bei Sonne als auch bei Regenwetter etwas zum Freuen hat, ist sicherlich besser dran als derjenige, der nur zwischen den Extrempunkten »himmelhoch jauchzend« und »zu Tode betrübt« hin und hergerissen wird.

Anlage in so vielen verschiedenen Werten wie überhaupt möglich

Eine breite Streuung einer Aktienanlage erzielt man insbesondere dann, wenn man den Hauptteil seines Kapitals in Aktienfonds oder Indexzertifikaten investiert. Bei einem *Fonds* erwirbt man das Miteigentumsrecht an einem Fondsvermögen, welches ganz unterschiedlich strukturiert sein kann. Mein Ratschlag ist es, hierbei entweder reine Aktienfonds zu kaufen oder aber gemischte Fonds, die sich aus Aktien- und Rentenpapieren zusammensetzen. Reine Rentenfonds hingegen sind eher nicht zu empfehlen, denn die Ausgabeaufschläge und Verwaltungsgebühren kann man sich bei einem Direktkauf von Anleihen oder Bundesschatzbriefen gut ersparen.

Aktien- und gemischte Fonds gibt es natürlich in Hülle und Fülle. Die beste Strategie scheint mir hierbei, sich in entsprechenden Zeitschriften oder bei den Discountbrokern im Internet über die Fonds mit den besten Ergebnissen in den letzten ein, zwei und fünf Jahren zu informieren. Zusätzlich ins Kalkül sollte dabei natürlich sowohl der (einmalige) Ausgabeaufschlag als auch die (jährlich neu anfallende) Verwaltungsgebühr gezogen werden, denn hierdurch kann die Rendite eines Fonds signifikant geschmälert werden.

Eine interessante Informationsquelle ist in diesem Zusammenhang der von der Gesellschaft für Fondsanalyse (GFA) herausgegebene »Fondsguide Deutschland«, welcher jährlich neu über die Anlagegrundsätze, die Fondsstruktur, die größten Fondspositionen sowie die Wertentwicklung in den letzten fünf Jahren aller in Deutschland zugelassenen Investmentfonds berichtet und überdies über ausführliche Ranglisten der einzelnen Fonds hinsichtlich struktureller und regionaler Orientierungskriterien verfügt.

Indexzertifikate hingegen sind Wertpapiere, in denen der Emittent dem Käufer das Recht verbrieft, den Gegenwert eines bestimmten Aktienindex innerhalb einer bestimmten Laufzeit in Geld ausbezahlt zu bekommen. Mit derartigen Zertifikaten »kaufen« Sie in der Tat »den Index«, das heißt, Sie profitieren im Verhältnis von 1:1 von den Kurssteigerungen des DAX, des EuroStoxx oder des S&P 500 Index. Die meisten Indexzertifikate lauten über jeweils ein Zehntel des Indexwertes, so dass der Erwerber von zehn Zertifikaten genau einmal den Indexwert besitzt.

Wer nun jedoch über ausreichend Kapital verfügt, kann natürlich auch selbständig einzelne Aktien kaufen. Vor dem Hintergrund, dass jedoch im DAX 30, im EuroStoxx 50 und im Standard & Poor's Index sogar 500 Aktien enthalten sind, sollte hierbei das breite Streuen nicht vernachlässigt werden. Ein selbstaufgebautes Depot müsste aus meiner Sicht, und hier befinde ich mich erneut in vehementer Opposition zum traditionellen Denken, wenigstens 50 verschiedene Aktien, am besten jedoch bis zu 100 Aktien enthalten. Dies natürlich nicht vom ersten Tag an, im Zeitablauf des sukzessiven Aufbaus jedoch schließlich einmal doch. In diesem Zusammenhang empfehle ich folgende Faustregeln:

1. Der Aktienanteil eines Depots sollte in der Regel zwei Drittel des Depotwertes nicht deutlich übersteigen. Der Rest, also mindestens ein Drittel, wäre idealerweise in Festverzinsliche zu investieren. Oder es wird in größerem Umfang einer oder mehrere gemischte Fonds gekauft, so dass dann natürlich der reine Fondsanteil auch höher liegen kann.
2. Eine gute Regel für den wirklich langfristigen Anleger ist es, den Aktienanteil am Gesamtvermögen stets so groß zu halten, dass er 100 minus dem individuellen Lebensalter beträgt. Im gesamten Erwerbsleben sollte er daher von über 80 Prozent auf unter 40 Prozent sinken, wobei der absolute Betrag, der in Aktien angelegt ist, aufgrund der Wertsteigerungen jedoch trotzdem stets deutlich zunehmen wird.
3. Beim Aktienanteil würde ich den Hauptteil in internationalen Standardwerten investieren sowie einen kleinen Anteil von maximal 10 bis 20 Prozent davon in den Wachstumswerten des Neuen Marktes in Deutschland oder der NASDAQ in den USA.
4. Soll dies über Fonds oder Zertifikate bewerkstelligt werden, dann wählen Sie hierfür die entsprechenden Indexzertifikate beziehungsweise entsprechend klassifizierten Fonds. Die Aussagen über die Anlageziele sowie die potentiell auszuwählenden Aktien können Sie in der Regel den Fondsprospekten entnehmen.
5. Wollen Sie jedoch bei einem größeren Vermögen die Anlage weitgehend ohne Fonds strukturieren, dann habe ich hier eine »Regel gegen den Strich« zu präsentieren. Denn ich bin zutiefst davon überzeugt, dass die konventionelle Strategie, sich auf einige wenige Aktien zu beschränken, nicht so erfolgreich ist wie diejenige, ein extrem breites Spektrum anzufassen.

Die Standardargumente hinsichtlich der Beschränkung auf wenige Werte lauten:

- Jeder Index – und damit auch der durchschnittliche Marktverlauf – lässt sich bereits mit wenigen Aktien erfolgreich nachbilden.
- Alle Aktien, die sich darüber hinaus im Portfolio befinden, »verschleiern« nur den Überblick und bringen keinen weiteren Nutzen, weil man sich dann nicht mehr um jede Gesellschaft einzeln kümmern kann.

Mein *Gegenvorschlag* lautet jedoch: Kaufen Sie so viele Aktien, wie Sie kennen und wie Sie für interessant befinden. Denn: Die konventionelle Strategie mag in der Vergangenheit zwar durchaus richtig gewesen sein. Im Zuge der enormen technischen Innovationen unserer gegenwärtigen Zeit ist jedoch zu beobachten, dass zunehmend mehr *einzelne* Aktien ganz extreme Kurssteigerungen an den Tag legen. Als Beispiel hierfür seien nur die Aktien am Neuen Markt »MobilCom« und »EM.TV« genannt, die binnen eines Jahres sage und schreibe 3 000 Prozent zugelegt haben. Aber auch andere Aktien aus dem Neuen Markt oder dem Internet-Bereich haben hier Kurssteigerungen von mehreren hundert Prozent in einem Jahr gezeigt. Derartige Kursgewinne wird man aber nur dann selbst einfahren können, wenn man sein Netz sehr weit auswirft. Auf jeden Fall wird die mögliche Trefferquote proportional zur Anzahl der sich im Depot befindlichen Titel erhöht.

Betrachten wir dazu einmal ein fiktives und vereinfachtes, aber sicherlich durchaus realistisches Beispiel: Angenommen, von 100 Aktien würden in einem guten Jahr durchschnittlich 90 um 8 Prozent steigen, sich fünf verzehnfachen, vier um 50 Prozent verlieren und eine durch Konkurs einen Totalverlust erleiden.

Wer nun aufgrund der Ratschläge von Banken und Wissenschaft sein Depot auf maximal zehn Werte konzentriert, wird hierbei – rein statistisch gesehen – alle »Ausreißer« erfolgreich vermeiden beziehungsweise verpassen. Dabei jedoch bei einem Depotvolumen von 100 000 D-Mark den ordentlichen Kursgewinn von 8 000 D-Mark in diesem Jahr einfahren.

Wer hingegen nicht nur zehn, sondern tatsächlich 100 Werte besitzt, in der dann allerdings homöopathischen Dosierung von durchschnittlich nur 1 000 D-Mark pro Position, der ist bei allen Extremen dabei. Was bedeutet: Eine Pleite mit Totalverlust, viermal die Hälfte verloren, dann aber auch, wenn er natürlich nicht zu früh verkauft hat (!), fünfmal eine Verzehnfachung. Das sind dann alleine schon 45 000 D-Mark an Gewinn. Insgesamt käme man bei einem derartigen Portfolio auf einen Gesamtwert von 149 200 D-Mark und damit auf eine Rendite von fast 50 Prozent.

Nun mögen in der Realität hiervon durchaus noch Abstriche zu machen sein, beispielsweise im Hinblick auf eine geringere Trefferquote und vielleicht auch einem höheren Verliereranteil. Doch das ändert nichts an der Grundaussage: Nur aufgrund der Vielfalt der Positionen ergibt sich eine realistische Chance, auch einen oder mehrere der ganz großen Gewinner zu besitzen. Und diese wird es gerade im Zuge der momentanen technologischen Revolution in Zukunft sicherlich noch in verstärkter Form geben. Mehr dazu dann jedoch erst in Teil III dieses Buches.

Schaffen Sie es hingegen mit Ihren eigenen Rücklagen nicht, ein derart großes und positionsreiches Portfolio aufzubauen, dann schlage ich folgende Struktur des Aktienanteils Ihres Portfolios vor:

- 50 oder 60 Prozent ein oder mehrere konservative Fonds mit Schwerpunkt auf deutschen und europäischen Aktien,
- 30 oder 20 Prozent ein oder mehrere Aktienfonds mit internationaler Ausrichtung und Schwerpunkt dabei auf Nordamerika,
- 20 Prozent maximal in einem spekulativeren Fonds, der auf Aktien im Bereich neuer Technologien in den USA, dem Neuen Markt in Deutschland und den sonstigen Wachstumsmärkten in Europa konzentriert ist.

Auch hierzu ein Beispiel: Der November 1998 ist der DAX im Vergleich zum Jahresanfang um 13 Prozent und der MSCI-Weltindex um 3 Prozent angestiegen. Sollten Sie jetzt Ihr Aktienportfolio je zur Hälfte in Fonds investiert haben, die diese beiden Indices genau nachbilden – oder sogar die Indexzertifikate selbst gekauft haben –, dann haben Sie dabei eine durchschnittliche Rendite Ihres Aktienportfolios von 8 Prozent erreicht: Übertragen auf das obige Beispiel hieße das: Aus den 50 000 D-Mark im DAX werden 56 500 D-Mark und aus den weltweit investierten 51 500 D-Mark, zusammen also 108 000 D-Mark und damit eine Rendite von 8 Prozent.

Haben Sie nun jedoch, wie oben empfohlen, zwar 50 Prozent in einem DAX-Fonds, aber nur 30 Prozent in einem weltweit orientierten, dafür jedoch 20 Prozent in einem Fonds für neue Technologien investiert, dann könnte die Rechnung folgendermaßen aussehen (wobei ich hier die Performance des zu diesem Zeitpunkt besten Aktienfonds in Deutschland, dem DAC Fonds, zugrunde legen möchte):

Es ergäben sich wiederum 56 500 D-Mark aus 50 000 D-Mark für den DAX, dann allerdings nur noch 30 900 D-Mark aus 30 000 D-Mark für den MSCI-Weltindex, dafür jedoch 39 000 D-Mark aus 20 000 D-Mark beim DAC-Fonds. Denn dieser Fonds hat in der Tat von Januar bis November 1998 95 Prozent an Wert zugelegt.[6] Zusammen ergäben sich damit 126 400 D-Mark, was einer Rendite von 26,4 Prozent gleichkommt.

Nun ist dies sicherlich ein Extremfall, der nicht jedes Jahr vorkommen wird und sich sicherlich auch einmal, dann allerdings hoffentlich in etwas moderater Form, ins Gegenteil verkehren kann. Dieser Fall soll jedoch deutlich machen, wie man bereits mit einem relativ geringen spekulativen Anteil doch recht deutlich an extremen Kurssteigerungen einzelner Marktsegmente partizipieren kann. Um eine Rendite erreichen zu können, die deutlich besser als die der großen Aktienindices liegt, muss man also keine »Kamikaze-Strategie« fahren. Es genügt vielfach, ein konservatives Portfolio mit ein paar starken Gewürzen zu garnieren.

Deshalb mein Rat: Nähren Sie sich redlich und kaufen Sie für den Großteil des Vermögens, welches Sie in Aktien anlegen wollen, große und konservative Standardaktien, also die Blue Chips, die sich letztlich auch in allen bedeutenden Aktienindices wiederfinden. Und in eine »zweite Schatulle« packen Sie ruhig einmal etwas hinein, was extrem zukunftsbezogen ist, zum Beispiel aus den Bereichen neue Technologien, Telekommunikation, Medien, Internet oder Biotechnologie. Und notfalls, wenn diese Spekulation nicht sogleich aufgeht, dann machen Sie die Schatulle wieder zu – und schauen erst in ein paar Jahren wieder nach. Ich würde mich sehr wundern, wenn Sie dann nicht sehr positiv überrascht wären.

Derart kann man sein Depot »dynamisieren«, was bedeutet, dass eine gute Chance besteht, im Aufschwung mit der eigenen Rendite die meisten der hochbezahlten Fondsmanager hinter sich zu lassen. Nicht alle, aber einen großen Teil. Es bedeutet natürlich auch, dass im Krisenfall das Portfolio spiegelbildlich dazu etwas risikoreicher wird. Aber ich denke, diesen hypothetischen Preis sollte diese Maßnahme allemal wert sein.

Die obige Strategie gewinnt immer dann, so lange es mehr Kursaufschwünge als –abschwünge gibt. Und sie gewinnt umso deutlicher, je mehr Aktien junger und innovativer Unternehmen an der Börse plaziert und ins eigene Portfolio aufgenommen werden. Weil derartige technologieorientierte Gesellschaften in der Regel einen deutlich höheren Wachstumsgrad als die etablierten Unternehmen besitzen und daher auch kursmäßig einen weitaus höheren Anteil an »Ausreißern« nach oben beinhalten, als dies bei konventionellen Unternehmen der Fall ist.

Im Hinblick auf das mögliche Risiko denken Sie bitte nur an die folgende Überlegung: Wer seinem Depot zehn Technologieaktien beimischt, von denen sich nur eine einzige verzehnfacht, der könnte damit bereits den Totalverlust aller anderen ausgleichen. In der Realität jedoch wird es meistens wesentlich besser aussehen.

Zeitliche Streuung

Nicht nur die Verteilung der Anlagesumme auf viele verschiedene Werte ist unbedingt notwendig, auch die zeitliche Streuung der Anlagezeitpunkte erweist sich als sehr ratsam. Dies gilt ganz besonders für den Fall, wenn jemand einen größeren Betrag anzulegen hat. Denn wer hier sofort alles auf einmal investiert, ist der Zufälligkeit des Augenblicks in ganz extremer Weise ausgeliefert. Das würde bedeuten, dass weniger die Strategie als vielmehr der augenblickliche Zufall von Glück oder Pech sich für den Anlageerfolg als ausschlaggebend erweisen würde.

Viel sicherer ist es daher auch, größere Summen stets in mehrere kleinere Beträge aufzuteilen und nach einem vorher festgelegten Schema, am besten in monatlich oder vierteljährlich gleichbleibenden Raten anzulegen. Der Vorteil dieser Vorgehensweise ergibt sich dadurch, dass derart die »natürlichen« Schwankungen des Marktes für die eigenen Anlageziele ausgenutzt werden können. In der Literatur nennt sich diese Methode »Cost-Averaging«, was so viel heißt wie »Durchschnittskostenmethode«.

Als ganz entscheidend für den Anlageerfolg erweist sich dabei, dass zu den vorgegebenen Terminen stets *gleichbleibende* Summen in Aktien angelegt werden. Der positive Effekt auf den Anlageerfolg ergibt sich beim Cost-Averaging ausschließlich aus der Tatsache, dass bei schwankendem Kursverlauf in den Wellentälern für den gleichen Betrag jeweils *mehr* Aktien gekauft werden können, weshalb der durchschnittliche Einstandspreis in der Regel viel günstiger als bei einer Einmalinvestition ist. Aber mehr noch: Zusätzlich beinhaltet dieses Modell so etwas wie eine kleine »Zauberei«. Schließen die Aktienkurse in einem Jahr nicht gerade auf dem Jahrestiefstkurs, dann wird man im Normalfall nicht nur bei steigender, sondern sogar bei *fallender* Börse gute Gewinne erzielen können.

Betrachten wir hierzu eine Person, die zehn Mal pro Jahr zu festgelegten Terminen jeweils 300 D-Mark in Aktien spart und dafür stets in voller Höhe Anteile eines fiktiven Aktienfonds kauft. Im Folgenden werden nun drei Fälle unterschieden, eine steigende, eine parallel gerichtete und eine fallende Börsenentwicklung. In allen Fällen jedoch wird der Preis des Fonds zum Anfang der Periode bei 25 D-Mark liegen.

In dem in Abbildung 4.1 (S. 147) dargestellten Fall steigender Börsenkurse nimmt es natürlich nicht Wunder, dass der Anleger aus seinen eingesetzten 3 000 D-Mark bei einem Endstand von 3 600 D-Mark mit 25 Prozent einen guten Gewinn eingefahren hat. Erstaunlicher hingegen ist es schon, dass auch im zweiten Fall sich seitwärts bewegender Aktienkurse (Abbildung 4.2, S. 148), bei denen der Fondsanteil zum Jahresschluss wieder auf sein Ausgangsniveau von 25 D-Mark pro Anteil zurückgefallen ist, mit einem Plus von 20 Prozent ein nicht viel geringerer Gewinn eingetreten ist.

Völlig rätselhaft hingegen wird auf den ersten Blick der Fall 3 (Abbildung 4.3, S. 149) erscheinen, in welchem trotz eines Kursverlustes des Fonds im Jahresverlauf von 25 D-Mark um sage und schreibe 50 Prozent auf 12,50 D-Mark für die *Gesamt*anlage dennoch immer noch ein Gewinn von 14 Prozent herausgesprungen ist. Ursächlich hierfür ist natürlich, wie schon an der veränderten graphischen Darstellung zu erkennen ist, die hier gewählt wurde, um ein »Verschwinden« der Kursentwicklung hinter der Anzahl der gekauften Anteile zu verhindern, dass der extreme Kursverfall des Fonds bis auf ein Niveau von 5 D-Mark pro Anteil zu einer derartig hohen Stückzahl beim Kauf neuer Anteile geführt hat, dass letztlich dadurch sogar ein Gewinn erzielt werden konnte.

Dieses Beispiel wirkt nun vielleicht etwas konstruiert, denn bei einem langsamen Abbröckeln der Kurse, also einer stetigen Abwärtstendenz, wäre freilich auch in diesem Fall ein Verlust eingetreten. Dennoch denke ich, dass dieser Fall wunderbar demonstrieren kann, was tatsächlich damit gemeint ist, dass ein Langfristinvestor, der regelmäßige Beträge seines Einkommens spart und am Aktienmarkt anlegt, einen kurzfristigen Crash der Kurse eigentlich wenig zu fürchten hat.

Ganz im Sinne des Fondsmanagers Heiko Thieme, der beim Ausmalen derartiger Crash-Szenarien den besorgten Anlegern stets mit den Worten kontert: »Und wenn es denn wirklich noch einmal einen Crash gibt, dann fallen Sie ruhig auf die Knie und danken dem Himmel. Denn so billig werden Sie nie wieder in den Markt hineinkommen.«

Sich selbst binden

Wer sich für einen Ansparvertrag wie den eben dargestellten entscheidet, hat sich mithin selbst gebunden. Nun ist dies selbstverständlich keine Bindung im juristischen Sinne, denn bei besonderen

Abbildung 4.1

„Cost-Averaging" im Aufwärtstrend des Aktienmarktes

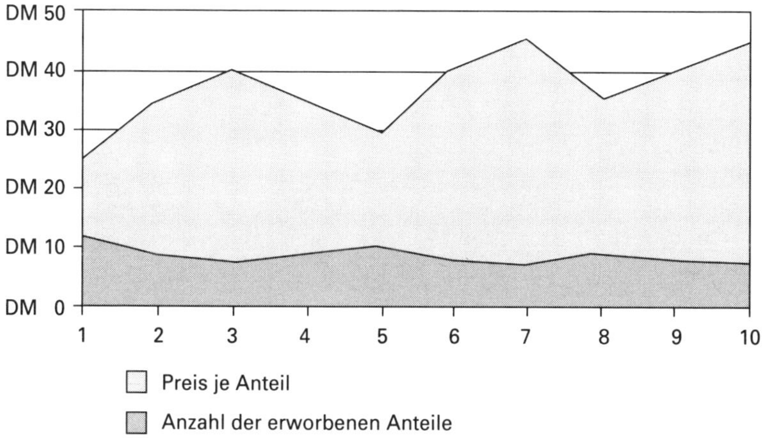

monatlicher Anlagebetrag (DM)	Preis je Anteil	Anzahl der erworbenen Anteile
300,00	25,00	12,00
300,00	35,00	8,57
300,00	40,00	7,50
300,00	35,00	8,57
300,00	30,00	10,00
300,00	40,00	7,50
300,00	45,00	6,67
300,00	35,00	8,57
300,00	40,00	7,50
300,00	45,00	6,67
Einsatz 3000,00		Summe 85,55
Gesamtwert Jahresende	3759,64	
		GEWINN 25 %

Ereignissen können alle derartigen Selbstbindungen natürlich sofort wieder gelöst werden. Zwei Situationen sollten in diesem Zusammenhang auf jeden Fall angesprochen und unterschieden werden:

1. Das in Aktien investierte und noch zu investierende Vermögen wird anderweitig benötigt.

Abbildung 4.2

„Cost-Averaging" im Seitwärtstrend des Aktienmarktes

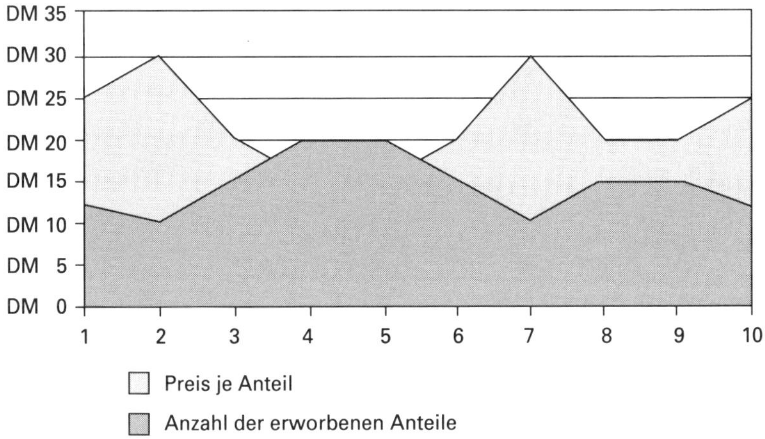

monatlicher Anlagebetrag (DM)	Preis je Anteil	Anzahl der erworbenen Anteile
300,00	25,00	12,00
300,00	30,00	10,00
300,00	20,00	15,00
300,00	15,00	20,00
300,00	15,00	20,00
300,00	20,00	15,00
300,00	30,00	10,00
300,00	20,00	15,00
300,00	20,00	15,00
300,00	25,00	12,00
Einsatz 3000,00		Summe 144,00
Gesamtwert Jahresende	3600,00	
		GEWINN: 20 %

Ist beim Anleger plötzlich eine Notlage eingetreten, welche die sofortige Auflösung der Aktienposition angeraten erscheinen lässt, dann sollte das auch getan werden. Denn die Alternativlösung, die Aktien weiter zu halten und anstelle eines Verkaufs lieber einen Kredit aufzunehmen, stellt unter dem Strich eine Aktienspekulation auf Kredit dar, die jedoch *in keinem Falle* anzuraten ist.

Abbildung 4.3

„Cost-Averaging" im Abwärtstrend des Aktienmarktes

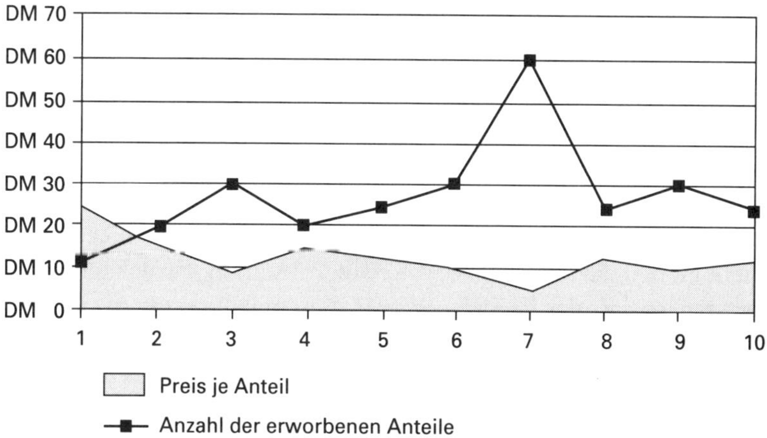

monatlicher Anlagebetrag (DM)	Preis je Anteil	Anzahl der erworbenen Anteil
300,00	25,00	12,00
300,00	15,00	20,00
300,00	10,00	30,00
300,00	15,00	20,00
300,00	12,50	24,00
300,00	10,00	30,00
300,00	5,00	60,00
300,00	12,50	24,00
300,00	10,00	30,00
300,00	12,50	24,00

Einsatz	3000,00	Summe	274,00
Gesamtwert Jahresende	3425,00		
		GEWINN:	14 %

Denn hier kann es passieren, dass ein kreditbelastetes Portfolio bei einer kurzen, aber heftigen Abwärtsbewegung plötzlich unterbesichert ist. Das heißt: Die als Kreditsicherheit geltenden Aktien verlieren so viel an Wert, dass die Beleihungsgrenze unterschritten ist. Auch wenn durchaus davon auszugehen ist, dass in kurzer Zeit ein Wiederanstieg der Kurse eintreten wird, so wird die Bank zum

Zeitpunkt der Feststellung der Unterbesicherung diese Hoffnung jedoch niemals interessieren.

Sie wird daher den Kreditnehmer zur Stellung weiterer Sicherheit auffordern. Sollte ihm dies jedoch nicht möglich sein, so muss mit einer sogenannten Zwangsliquidation gerechnet werden. Das heißt: Die Aktien werden umgehend »bestens« am Markt veräußert, um mit dem Erlös den Kredit abzudecken. Dies ist nun das schlimmstmögliche Szenario, das man sich als Anleger überhaupt vorstellen kann. Denn hier wird in den meisten Fällen auf oder zumindest nahe dem Tiefpunkt verkauft. Oft reicht der Gegenwert nicht einmal dazu aus, um den Kredit vollständig zurückzahlen zu können, so dass der Kreditnehmer in diesem Falle keine Aktien und auch kein Geld mehr besitzt, dafür jedoch auf einem Berg von Schulden sitzen bleibt. Und steigen die Aktien anschließend wieder an, so kann er nicht mehr davon profitieren. Im Gegenteil: Das einzige, was hier noch ansteigt, sind die durch Zins und Zinseszins ständig weiter wachsenden Schulden.

Einen Aktienkauf auf Kredit sollte man daher in keinem Fall und unter keinen Umständen eingehen. Der große Vorteil der langfristig orientierten Anlagestrategie, kurzfristige Abschwünge durchhalten beziehungsweise dabei sogar noch weitere Aktien hinzukaufen zu können, kann sich hierbei in sein genaues Gegenteil verwandeln. Denn plötzlich könnte man *gezwungen* sein, genau im Tiefpunkt einer temporären Baisse und damit zu den ungünstigen Konditionen verkaufen zu müssen.

Das heißt: Ein Verkauf von Aktien, deren Halten eigentlich langfristig vorgesehen war, aufgrund von anderweitigen Notlagen, ist mithin vollkommen in Ordnung. Hier sollte also in jedem Fall die Selbstbindung gelöst werden.

Vielfach ist jedoch der Grund zur Aufgabe der Selbstbindung ein anderer.

2. Die meisten Strategien werden in »guten« Zeiten entworfen. Kommen dann jedoch einmal Schwierigkeiten auf die Börse zu, dann werden viele Anleger unruhig und sagen sich: *Bisher* ist es ja immer gut gegangen, *diesmal* jedoch wird es mit Sicherheit anders werden.

Hiermit sind wir dann jedoch bereits wieder im Reich der Gefühle und haben eine Abkehr von der Ratio vollzogen. Die Vernunft ist zwar in der Regel langweilig, wenig prickelnd und fürchterlich unangenehm, hat sich am Aktienmarkt jedoch letztlich stets als unschlagbar erfolgreich erwiesen.

Oftmals dominieren kurzfristige Gefühle über langfristige Vernunft

Das Hinwegsetzen spontaner Gefühle über langfristige Vernunftabwägungen kann sicherlich zu den schönsten menschlichen Erlebnissen führen. Es kommt nur darauf an, in welchem Bereich man sich gerade tummelt. Denn wer sich mit derart nüchternen Themen wie der Vermögensanlage beschäftigt, sollte sich hier eher blockieren. Aufgrund von emotionalen Entscheidungen kann man vielleicht kurzfristig einmal das große Los ziehen, langfristig jedoch wird eine derartige „Strategie" immer unbefriedigend bleiben.

Beim Thema »Emotionen« sind wir im Bereich der Psychologie, die sich mit den Vorgängen unseres Seelenlebens auseinandersetzt. Doch bereits eine erste Auseinandersetzung mit der Psychologie zeigt, dass auch diese Wissenschaft nicht anders als alle anderen Wissenschaften gezwungen ist, *gesetzmäßige* Zusammenhänge über das menschliche Verhalten aufzustellen beziehungsweise aufzudecken. Damit jedoch befindet sich die – in Börsenkreisen oftmals als »Wunderwaffe« betrachtete – Psychologie in keinster Weise in exponierterer Stellung als die Wirtschaftswissenschaft oder die Börsenkunde. Sie kann in diesem Zusammenhang zwar ihren Beitrag leisten, weitergehende Ergebnisse hingegen sind von ihr nicht zu erwarten.

In der Literatur gibt es im Hinblick auf die Börsenpsychologie die »Theorie der gelernten Sorglosigkeit«. Diese besagt, dass Menschen in Situationen, in denen sie über eine bestimmte Zeitspanne hinweg keine negativen Erfahrungen machen, zu einem überoptimistischen Verhalten neigen und folglich dazu tendieren werden, sei es auf Kredit oder durch Requirierung sämtlicher verfügbarer Mittel, im Aufschwung unter dem Einfluss der Marktstimmung mehr zu investieren, als sie das ursprünglich vorhatten.

Ist nun dieser Theorie eine gewisse Plausibilität ganz sicher nicht abzusprechen, so denke ich dennoch, man sollte ihr eine zweite entgegensetzen, die vielleicht »Theorie des gelernten Sorgenmachens« heißen könnte und die im Grunde genommen das genaue Gegenteil davon aussagt: Denn vielfach ist bei starken Kursaufschwüngen kein Überoptimismus, sondern vielmehr ein zunehmender Pessimismus unter denjenigen Anlegern zu beobachten, die bereits auf guten Gewinnen sitzen und aus Angst vor zukünftigen Einbußen mit steigendem Kursniveau immer stärker geneigt sein werden, sich von ihren Beständen zu trennen.

Psychologische Studien des Anlegerverhaltens zeigen, dass in der Regel Anleger, die sich mit ihren Aktien gegenüber ihrem Einstiegskurs im Gewinn befinden, eher zu pessimistischem Verhalten neigen, während diejenigen, die sich im Minus befinden, eher Optimismus an den Tag legen. Auch Gefühle können sich daher durchaus antizyklisch zu den Kursbewegungen verhalten. Hat man Recht, dann befürchtet man, dieses bald wieder verlieren zu können. Liegt man hingegen schief, so glaubt man, dass dieser Zustand sicherlich bald ein Ende finden sollte. Die Zahl der möglichen Schieflagen ist nahezu unendlich groß, dennoch kann man alle Fälle ganz grob in zwei Kategorien unterteilen:

1. Die Kurse steigen – und man selbst besitzt keine Aktien.
2. Die Kurse fallen – und man ist voll eingedeckt mit Aktien.

Welche Situation ist nun schlimmer? Ich denke, der Fall (1) ist der gravierendere. Er erweist sich jedoch prinzipiell als leichter korrigierbar, da er in der Regel langsamer abläuft als die Situation (2). Das heißt: In der Aufwärtsbewegung hat man gemeinhin Zeit, Entscheidungen auch noch etwas später zu treffen, während es in der Abwärtsbewegung meistens derart schnell geht, dass kaum Zeit zum Reagieren bleibt.

Aber ist dem wirklich so?

Für den bekannten professionellen Langfristinvestor Warren Buffett wird eine Antwort auf diese Frage keinen Moment des Zögern bedeuten. Denn Buffetts zwei oberste Regeln für ein erfolgreiches Anlageverhalten lauten:

1. Verliere niemals Geld.
2. Vergiß niemals die Regel (1).

Für diese Sichtweise sprechen nun natürlich in gewissem Maße bereits die Regeln der Prozentrechnung, die ein Rückgewinnen stets schwieriger machen als ein Verlieren. Schließlich erfordert ein Kursverlust von 20 Prozent schon einen Anstieg um 25 Prozent, um ihn wieder auszugleichen – und ein Rückgang um 50 Prozent gar einen Wiederanstieg um 100 Prozent.

Andererseits offenbart natürlich auch die Ansicht von André Kostolany viel Weisheit, der seinerseits stets betont, dass, *wer die Aktien nicht hat, wenn sie fallen, sie auch dann nicht haben wird, wenn sie steigen.* Der beste Vorschlag jedoch, dieser Malaise erfolgreich zu entgehen, stammt von einem Nicht-Börsianer, nämlich dem Literaten Karl Kraus, der einmal gesagt hat: Wenn ich zwischen zwei Übeln zu wählen hätte, dann würde ich keines von ihnen beiden wählen.

Nur wenige schaffen es, sich auf Dauer dem Pessimismus zu entziehen

Aktienmärkte können, darauf ist hier schon des Öfteren hingewiesen worden, nur dann funktionieren, wenn es zu einem Aufeinandertreffen von Optimisten und Pessimisten kommt. Die Einigkeit hinsichtlich der Einschätzung der Zukunft ist daher mit der Existenz von Aktienmärkten unvereinbar, weshalb ein gewisses Maß an Pessimismus für die Gewährleistung eines geordneten Marktgeschehen stets zwingend erforderlich ist. Betrachtet man die Börse daher einmal aus einer rein zyklischen Perspektive, so kann man so etwas wie einen »Zyklus des Pessimismus« konstruieren.

- Ein Börsenaufschwung ist dann am sichersten, wenn der Pessimismus relativ groß ist. Das sagen die Optimisten, weil sie zu dem Zeitpunkt, in dem sie noch in der Minderheit sind, stets die Meinung vertreten werden, dass die Mehrheit sich irren wird. Welches in einem späteren Zeitpunkt dieses Zyklus dann allerdings nicht mehr der Fall sein wird.

- In idealtypischer Weise baut sich der Pessimismus im Börsenaufschwung jedoch ab. Jeder Aufschwung gerät also zu irgendeinem Zeitpunkt an einen Punkt, der meistens »Fahnenstange«, »Dienstmädchenhausse« oder auch »Kaufpanik« genannt wird.
Derartige Beschreibungen bezeichnen mithin Situationen, in denen die Optimisten deutlich an Dominanz gewonnen haben, weil die Pessimisten sich vollständig von ihren Beständen getrennt haben, mit deren »Hergabe« sie den Aufschwung noch bremsen konnten. Doch wer soll nun den Optimisten noch Aktien verkaufen, wenn die Pessimisten weitgehend den Markt verlassen haben? Genau, jetzt müssen die Optimisten durch in die Höhe getriebene Preise Vertreter ihrer eigenen Gruppe zum Verkauf bewegen.
- Damit jedoch gerät jeder Markt in eine schwierige Situation, welche die modernen Systemtheoretiker als »Enantiodromie« bezeichnen. Dieser Begriff stammt aus der Heraklitschen Philosophie und beschreibt den Prozess des »Umschlagens« der Dinge in ihr Gegenteil. Und hierbei, so sagen die Systemtheoretiker, wird die Wahrscheinlichkeit für ein Umschlagen immer größer, je extremer sich eine Situation im Zeitablauf zuspitzt.
Dies ist schließlich auch stets an den Wendepunkten der Aktienmärkte zu beobachten. Denn scheint zunächst der Optimismus, ablesbar an Kurszielen und anderweitigen Prognosen in den Medien, ins schier Grenzenlose zu steigen, so kann bereits der berühmte »Flügelschlag des Schmetterlings« ein Umkippen der Stimmung bewirken. Mit dem Resultat, dass der vorher deutlich vorherrschende Optimismus plötzlich in eine deutliche Dominanz des Pessimismus umschlägt.
- Diesem zeitlichen »Ablaufplan« wohnt eine gewisse Tragik inne. Wer hier ausschließlich sein Fähnchen nach dem Wind hängt, ist schlecht bedient. Denn zu der Zeit, in welcher der Aufschwung noch vollständig »gesund« ist, wird natürlich noch relativ viel von den Pessimisten zu hören sein. Viele Anleger werden sich daher noch nicht trauen, bei den Aktien zuzufassen. »Noch ist nicht die Zeit für die Privatanleger, zu kaufen« heißt es dann immer in den Marktberichten im Fernsehen.

- Wenn dann jedoch diese Anlegergruppe sich endlich in großer Zahl trauen wird, in den Markt zu gehen, ist es meistens zu spät und der vorübergehende Trendwechsel steht relativ bald bevor. Kommt er dann wirklich, so sind es oftmals gerade diese Anleger, die sich ihre Kursverluste betrachten, Angst bekommen und folglich parallel zum sich nun wieder deutlich aufbauenden Pessimismus zu der Meinung gelangen werden, dass die Pessimisten diesmal wahrscheinlich wirklich einmal Recht bekommen werden.

Man sollte sich daher auch, wenn man denn überhaupt kurzfristig handeln muss, auf jeden Fall *gegen* die herrschende Meinung stellen – und dann kaufen, wenn der Pessimismus besonders hoch ist, *nicht* jedoch dann, wenn der Optimismus aus allen Ritzen der Börse dringt. In derartigen Zeiten sollte man folglich auch lieber einmal etwas herausgeben. Die Wirklichkeit zeigt jedoch, dass das Anlegerverhalten sich nicht danach richtet. Denn, so ist es unisono von allen Anlageberatern zu hören, nichts verkauft sich besser als eine steigende Aktie. Und nichts ist sicherlich schwerer anzupreisen als Aktien in einem fallenden Markt. Doch gerade hier warten natürlich die großen Chancen.

Das von mir vertretene Modell der Selbstbindung hat diese Antizyklik jedoch bereits in sich verankert. Sichtbar wird dies in der Methode des Cost-Averaging, bei der in der extremen Hausse nur noch relativ wenige Aktien oder Fondsanteile dazugekauft werden, in einer Kursdelle jedoch dafür umso mehr.

Abwarten können

Die bisherigen Überlegungen haben gezeigt, dass die meisten Anleger, mich natürlich eingeschlossen, sich den Großteil der erlittenen Verluste und entgangenen Gewinne selbst zugefügt haben. Weil sie zu ungeduldig und emotional gehandelt haben, also nicht das Verstreichen der Zeit *für* sich genutzt, sondern *gegen* die Zeit gespielt haben. In vielen Fällen ist anscheinend blinder Aktionismus Trumpf. Oder das, was von Hayek die »Anmaßung von Wissen« genannt hat: Denn glauben wir nicht alle immer wieder, neunmalklug zu sein und den Markt auch kurzfristig voraussagen zu können? Obwohl der Markt doch überhaupt *nur deshalb* existiert, *weil* gerade dies eben *nicht möglich* ist.

Es spricht also aus dieser Sicht vieles dafür, das gute altenglische Motto »Abwarten und Tee trinken« auf diesen Zusammenhang zu übertragen. Denn selten genug sind unsere Erfolge beim Versuch, die Marktschwankungen für unsere Ziele ausnutzen zu können, auch tatsächlich vorzeigbar. Nicht ohne Grund »verorten« sich deshalb auch die großen Aktienfonds stets an einem der vielen internationalen Aktienindices. Denn hierbei kann Güte nicht absolut gemessen werden, sondern relativiert sich als Abweichung vom Durchschnitt. So wird denn auch in Wirklichkeit über die großen und erfolgreichen Spekulationen meistens wesentlich mehr geredet, als es diese tatsächlich gegeben hat.

Viel zu oft kommt gerade in den Anfangsphasen von großen Kursaufschwüngen das »große Kribbeln« auf, wenn die Anleger wie Fondsmanager, die bereits längerfristig investiert sind, mit Wohlgefallen auf die bis dahin angelaufenen Buchgewinne ihrer Portfoliopositionen blicken und anfangen, nervös zu werden. Nervös, dass die bisherigen schönen Gewinne wieder zerschmelzen könnten.

An dieser Stelle gebe ich ganz offen zu, dass auch für mich hier regelmäßig der schwierigste Teil jedes Börsenzyklus kommt. Ich habe deswegen auch meine Strategie, wie ich gleich ausführlicher darlegen werde, dahingehend etwas modifiziert, dass ich nunmehr dafür plädiere, bei extremen Marktanstiegen sukzessive den Aktienanteil des Gesamtportfolios genauso schematisch herunterzufahren, wie er vorher aufgebaut worden ist. Ziel dieser Operation ist es, eine Manövriermasse aufzubauen, die man bei den anschließend möglichen Kursturbulenzen wieder für neue Käufe einsetzen kann. Denn jeder »Crash« ist nur noch halb so schlimm, wenn man über ein bisschen »Cash« verfügt, den man wieder anlegen kann.

Keine Regel ohne Ausnahme

Die Volatilität, das heißt die Schwankungsbreite der Aktienkurse, hat in den letzten Jahren enorm zugenommen. Lagen noch in den achtziger Jahren die täglichen Schwankungen der einzelnen Aktien wie der Indices normalerweise im Bereich von deutlich unter einem Prozent, so sind heutzutage Veränderungen von 2 bis 3 Prozent beim DAX oder beim Euro-Stoxx sowie 5 bis 10 Prozent selbst bei den großen Blue Chips durchaus an der Tagesordnung. An richtig hektischen Tagen kann auch eine große Aktie schließlich einmal über 10 Prozent gewinnen oder verlieren sowie ein Aktienindex sich um mehr als 5 Prozent verändern.

Der Grund hierfür liegt, wie schon ausgeführt, hauptsächlich in der immer größeren Gleichförmigkeit des Denkens der Marktakteure aufgrund signifikanter Veränderungen der Informationsbereitstellung und –verarbeitung auf der einen und des »Gleichlaufs« des indexorientierten Fondsmanagements auf der anderen Seite. Derartig vehemente Aufwärtsbewegungen wie insbesondere in den Jahren 1997 und 1998 hat es folglich vorher in »normalen« Zeiten auch fast niemals gegeben, wie dies umgekehrt aber auch für Einbrüche von fast 40 Prozent gilt, die dann jedoch binnen Wochen fast wieder aufgeholt werden konnten. Diese Veränderung, denke ich, sollte der Anleger als Tatsache akzeptieren und versuchen, sie in seiner Anlagestrategie zu berücksichtigen. Mein Grundsatz hierbei lautet: Je verrückter die Meute wird, umso größer sollte der Vermögensanteil des Anlegers werden, der hierbei *dagegen*hält.

Sollte also feststellbar sein, dass eine Aufwärtsbewegung am Aktienmarkt deutlich zu Übertreibungen neigt, so würde ich anfangen, den monatlichen Anspar- und Anlageprozess vorübergehend umzukehren. Das heißt, die vorher fest terminierten Wertpapierkäufe in dieser Zeit *nicht* durchzuführen, dafür jedoch *in gleicher Höhe* regelmäßig in die steigenden Kurse hinein Verkäufe zu tätigen – und zwar so lange, bis 10 Prozent, höchstens jedoch 15 Prozent des ursprünglichen Aktienanteils in Form von Bargeld angesammelt ist.

Wie jedoch lässt sich feststellen, ob ein Aktienmarkt sich in einer negativen oder positiven Übertreibungsphase befindet? Meine ehrliche Antwort hierauf lautet: Ich habe keine Ahnung. Man kann höchstens versuchen, sich an dieses Thema heranzutasten. Als *Faustregel* hierfür könnten folgende Betrachtungen dienen:

- Schwenkt die öffentliche Meinung bei steigendem Kursniveau deutlich erkennbar vom Pessimismus zum Optimismus über, dann könnte das ein erstes Anzeichen sein.
- Fangen zudem die Blue Chips an, die Kurssteigerungen junger Technologieunternehmen, die in der Regel wesentlich heftiger verlaufen, gleichsam »nachmachen« zu wollen, dann ist weitere Vorsicht geboten.

Das alles haben wir gerade im Jahr 1998 in besonderer Deutlichkeit erlebt. Nach einem tollen Aktienjahr 1997 mit Kursgewinnen von fast 50 Prozent im DAX, legte der Index im ersten Halbjahr 1998 erneut um 50 Prozent zu. Das heißt: *Alle* großen deutschen Aktien legten im Schnitt in deutlich weniger als zwei Jahren um mehr als 100 Prozent zu. Wären es nur einige, dann müsste das nicht unbedingt ein Warnzeichen sein. Sind es hingegen nahezu alle, dann würde ich tatsächlich mit meinem »Umkehrprogramm« beginnen.

Keine Regel ohne Ausnahme also. Aber wiederum auch *keine* Regel *für* die Ausnahme. Oder besser: Schon eine Regel für die Ausnahme, aber keine starre Regel dafür, *wann* diese Ausnahmesituation gegeben ist. Denn hier endet der Bereich von strenger Wissenschaft und Rationalität, und es beginnt das Reich der Erfahrung und der Spürnase. Hier gibt es nichts mehr, was unbedingt feststehend ist. Oder, wie Wittgenstein es schon vor langer Zeit gesagt hat: »Worüber wir nicht reden können, darüber müssen wir schweigen ... Es gibt jedoch Unaussprechliches. Das zeigt sich. Es ist das Mystische.«

Alle Aktien, die ich jemals verkauft habe, stehen heute höher

Was ist von einer Aktie zu halten, die sich in der Vergangenheit wesentlich besser entwickelt hat als der Markt? Und was von einem Fonds, der immer Spitzenplätze belegt hat? Wird dies nun auch in der Zukunft so sein oder ist vielmehr zu erwarten, dass nunmehr das genaue Gegenteil eintritt? Oder: Wie sinnvoll ist es eigentlich, überhaupt Aktien zu verkaufen?

Meine persönliche Antwort aus über 20 Jahren Börsenerfahrung steht bereits in der Überschrift zu diesem Abschnitt: Es gibt wenige Aktien, die ich bisher verkauft habe und die heute nicht deutlich höher stehen als zum damaligen Verkaufszeitpunkt. Nun wird das natürlich dadurch aufgewogen, dass auch die dafür getätigten anderen Investments sich nicht immer schlecht entwickelt haben.

Ich glaube jedoch, dass sich in diesem Zusammenhang in den letzten Jahren ein deutlicher Wandel in unseren Börsenlandschaften ergeben hat: Hoch bewertete oder vermeintlich »teure« Aktien tendieren im Zeitablauf eindeutig dazu, noch »teurer« zu werden. Niedrig bewertete Aktien hingegen holen diese Kluft nicht auf, ganz im Gegenteil sogar, da diese ständig größer wird. Gut ersehen kann man dies an der Entwicklung des DAX und des MDAX, welcher viele kleinere Aktiengesellschaften beeinhaltet, die sich jedoch bei weitem weder dem Grad der Aufmerksamkeit noch dem Niveau der Bewertung der Aktien des DAX erfreuen können.

Hierzu gab es einmal eine »Regel«, die aussagte, dass in jedem Börsenzyklus die großen Werte, die Blue Chips, zwar immer zuerst hervorpreschen, im Verlaufe jedoch stets wieder von den Nebenwerten eingeholt werden. Dies Regel scheint nun jedoch seit einiger Zeit ihre Gültigkeit völlig eingebüßt zu haben. Zwei Entwicklungen könnten hierfür ursächlich sein:

- Die Fondsmanager, denen zunehmend die Verwaltung der immer größer werdenden Privatvermögen angedient wird, kaufen bevorzugt diese großen Werte, da sie erstens sowieso an den entsprechenden Aktienindices gemessen werden und andererseits auch auf ein größeres Handelsvolumen und damit eine bessere Liquidierbarkeit setzen.
- Hier zeigen sich bereits deutliche Auswirkungen der Globalisierung, denn die multinationalen Konzerne können sowohl Produktion, Beschaffung und Absatz weltweit ausrichten als auch in idealer Weise vom internationalen Steuerwettbewerb profitieren.

Wohingegen der Mittelstand in seinem Heimatland wie eine Maus, vor deren Loch die Katze sitzt, gleichsam »eingelocht« ist.

Die Zeiten des »Bottom-fishing«, so heißt das Suchen nach »zurückgebliebenen« und »unterbewerteten« Aktien, scheint also zunächst einmal der Vergangenheit anzugehören. Denn die Lektion der letzten Jahre, die der Markt uns gelehrt hat, heißt ganz eindeutig: Was bereits teurer ist, wird noch teurer. Was hingegen heute billig ist, wird auch morgen billig bleiben.

Vor diesem Hintergrund wäre es also anzuraten, nicht nervös zu werden und gerade diejenigen Aktien, die in der jüngeren Vergangenheit am meisten gestiegen sind, *nicht* zu verkaufen. Aber diese Nerven hat nun einmal nicht jeder. Die Hauptsache ist jedoch, dass selbst dann, wenn die besten »Renner« verkauft werden, wenigstens weiterhin in Aktiengesellschaften investiert wird, die in den großen Indices repräsentiert sind, und sonstigen Papieren mit guter Zukunft – und auf jeden Fall auch bei Verkäufen einzelner Aktien *nicht netto* aus dem Aktienmarkt ausgestiegen wird.

Mein genereller Vorschlag in diesem Zusammenhang lautet denn auch: Wer nervös wird, weil eine einzelne Aktienposition gleichsam in den Himmel geschossen ist, sollte dann, wenn er aus der Spekulationsfrist heraus ist, ruhig 50 Prozent davon glattstellen – und den Gegenwert in eine oder mehrere andere Aktien mit vergleichsweise ähnlicher bis noch besserer Perspektive umschichten.

Diese 50:50-Strategie hat den unschätzbaren Vorteil, dass man hiermit letztlich alles richtig gemacht hat. Denn steigt die Aktie anschließend weiter an, dann war es richtig, eine Hälfte behalten zu haben. Fällt sie jedoch zurück, dann war es richtig, eine Hälfte verkauft zu haben. Und so etwas ist durchaus beruhigend und schafft Selbstvertrauen, welches man im harten Börsengeschäft durchaus gut brauchen kann, gerade wenn es darum geht, eigene Ansichten und Positionen gegen die herrschende Stimmung durchzuhalten.

Ähnlicher »Beruhigungspillen« kann man sich natürlich auch in anderer Hinsicht bedienen. Erwartet man einen Kursrutsch (Gefühl), will jedoch der einen Strategie nicht abschwören (Ratio), dann bietet es sich durchaus an, einmal einen kleinen Teil des Depots über eine Verkaufsoption (Kauf eines Put) abzusichern. Denn bereits ein einziger, winziger Put gibt das gute Gefühl, dann, wenn der Aufschwung weitergeht, nicht signifikant weniger zu verdienen, im möglichen Abschwung jedoch immerhin neben einem kleinen finanziellen Gewinn auch noch den intellektuellen Erfolg einfahren zu können, doch Recht gehabt zu haben.

Im Grunde genommen ist dies jedoch eine kurzsichtige Strategie. Nur in den seltensten Fällen gelingt es nämlich tatsächlich, mit einer Absicherungsstrategie auch wirklich Gewinn zu erzielen. Denn fängt der Anleger aufgrund von sich andeutenden Turbulenzen an, über eine derartige Absicherung nachzudenken, dann ist es meistens sowieso schon zu spät, das heißt, das Ende der Kurzfrist-Baisse steht kurz bevor.

Hinzu kommt, dass zu diesem Zeitpunkt aufgrund der hohen Volatilitäten die Absicherungskosten, also die Aufgelder der Optionen, bereits derart teuer sind, dass der bevorstehende Kursrutsch schon extreme Ausmaße annehmen müsste, um wirklich Gewinn zu bringen. Gerade am Neuen Markt gibt es daher auch keinerlei vernünftige Möglichkeit, sich seriös gegen Kursabschwünge abzusichern. Hier kehren sich die Erfolge der hohen Kurssteigerungen im Fall der gewünschten Absicherung fast in einen Fluch um. Denn trotz mittlerweile zahlreich vorhandener Put-Optionsscheine auf Aktien des Neuen Marktes würde sich für einen Anleger eine derartige Absicherung erst dann lohnen, wenn der Kurs der betreffenden Aktie um 40 bis 50 Prozent sinken würde. Und das wollen wir doch nun wirklich nicht hoffen.

In Märkten mit extrem hohen Kursschwankungen ist mithin eine Absicherungsstrategie meistens viel zu teuer. Und, was auch nicht vernachlässigt werden darf: Alle Gewinne aus Absicherungsgeschäften unterliegen wie alle anderen Gewinne aus Aktientransaktionen ebenfalls dann der Spekulationssteuer, wenn zwischen Kauf und Verkauf (bzw. Ausübung) nicht mehr als zwölf Monate vergangen sind.

Da Absicherungsgeschäfte etwa in Form des Kaufs von Put-Optionsscheinen jedoch mit der Länge der Laufzeit immer teurer werden, befindet sich der Anleger stets in einer Zwickmühle: Entweder er kauft eine überproportional teure Option, die dann entweder den Totalverlust oder die steuerfreie Vereinnahmung des Gewinnes bedeutet, oder aber er gibt weniger für Absicherung aus und muss dann allerdings den Gewinn voll versteuern. Unser antiquiriertes Steuerrecht läßt mithin keine effizienten Lösungen zu.

Keine konkreten Ziele setzen

Sich Ziele im Leben zu setzen ist sicherlich eine außerordentlich positive Charaktereigenschaft. Denn nur nach einem Ziel kann man auch streben und nur an einem Ziel lässt sich der persönliche Erfolg vermessen. Nun ist die Börse zwar ganz ähnlich wie das Leben selbst ein »offenes System«, dessen zukünftige Entwicklung unvorhersehbar ist, dennoch aber ist es an der Börse ungleich schwerer, sich konkrete Ziele zu setzen.

Natürlich kann man sich die Erzielung bestimmter jährlicher Zuwachsraten vornehmen oder aber auch seine Ziele an bestimmten Aktienindices messen. Doch hierbei stellt sich die Frage nach der Sinnhaftigkeit eines derartigen Vorgehens. Auch in Bezug auf den zweiten Punkt würde ich hier eher vorsichtig sein. Sicherlich kann es interessant sein zu schauen, wie der eigene Erfolg im Vergleich zum Indexverlauf ausgefallen ist. Dies sich jedoch explizit als Ziel zu setzen, halte ich für unsinnig. Denn als Privatanleger ist man niemandem eine Auskunft schuldig, weshalb solche Vergleiche eigentlich nicht nötig sind. Sie sind im Normalfall sogar eher schädlich, weil ein explizites Ziel immer dann zu einem Problem wird, wenn es (vorzeitig) erreicht wird.

Was macht man zum Beispiel, um einmal die Prognosen für das Jahr 1999 zu betrachten, wenn man für das Jahr 1999 ein Platzen der »Internet-Blase« vorausgesagt hat und nun bereits zum Ende Januar feststellen kann, dass die Internetaktien in diesem Jahr schon um 50 Prozent gegenüber ihrem Höchststand zurückgefallen sind, nun aber wieder rapide ansteigen? Ich denke, hier bleiben nur zwei mögliche Wege: Erstens ein dummes Gesicht zu machen und zweitens beim nächsten Mal keine derartigen Zielvorstellungen mehr zu formulieren.

Da die zukünftige Entwicklung an den Börsen stets unvorhersagbar ist, bringt man sich durch zu feste Zielvorstellungen nur selbst in die Bredouille. Denn je fester die Zielvorstellungen, umso schwieriger ist das Operieren mit ihnen. Viel besser hingegen ist es, die *Strategie* vorher festzulegen und dann einfach einmal zu schauen, was passiert. Flexibilität ist mithin nicht nur bei den Aktiengesellschaften Trumpf, sondern sollte es auch bei deren Eigentümern sein, nämlich bei den Anlegern.

Das Für und Wider von Kurszielen

Wenn ich an das Thema »Kursziele« denke, dann komme ich wohl nicht an dem legendären Freitag, den 13. März 1998 vorbei. An diesem Tag schaffte der damalige »Guru« des Neuen Marktes Egbert Prior mit der Nennung eines Kurszieles von 2 000 D-Mark für die Aktie von MobilCom in einer Fernsehsendung zweierlei: Erstens diese Aktie am folgenden Montag um fast 100 Prozent ansteigen und dieses Kursziel damit bereits einen Tag nach der Verkündigung der Prognose sichtbar werden zu lassen – und zweitens sich deswegen auch noch ein Ermittlungsverfahren einzufangen.

Nun wird zwar die Nennung von Kurszielen nicht immer mit Gefängnis bestraft, was jedoch, denke ich, im Grunde genommen eigentlich schade ist. Denn alle Kursziele können prinzipiell nur aus zwei verschiedenen Quellen stammen, die sich letztlich jedoch relativ wenig nehmen:

- Kursziele können aus den Berechnungen mathematischer Modelle stammen. Dann haben sie in der Regel zwei Stellen nach dem Komma – und sind Unsinn.
- Kursziele können aber auch frei erfunden sein. Dann lauten sie in der Regel auf einen glatten Betrag – und sind ebenfalls Unsinn.

Kursziele sind deswegen kontraproduktiv für jede Aktienanlage, weil sie auf der einen Seite das Wissen von Unwissbarem suggerieren und auf der anderen Seite durch die vermeintliche Exaktheit ihrer Berechnung selbst Einfluss auf die Kursbildung nehmen können. Siehe dazu nur das obige Beispiel Prior. In diesem Sinne spricht also nur dann einiges für die Nennung von Kurszielen, wenn eine Gruppe von Marktteilnehmern hiermit einen signifikanten Einfluss auf eine Aktie nehmen will. Kursziele verbreiten aus meiner Sicht also stets einen etwas faden Beigeschmack.

Es ist noch niemand daran gestorben, dass er Gewinne mitnahm, an der Wiederanlage jedoch schon viele

Es ist wirklich ein schöner Spruch, den jeder Anleger sicherlich schon häufig von seinem Anlageberater gehört hat: »Na, dann nehmen Sie doch einfach einmal ein paar Gewinne mit, daran ist bisher noch niemand gestorben.«

Wenn ich das höre, muss ich immer an den Fall Microsoft denken. Denn wer hier in der Vergangenheit Gewinne mitgenommen hat, wird sich heute schwarz ärgern. Was sind hier für Millionenvermögen von Einzelnen durch ihre Nervosität verschenkt worden. Denn wer im Jahre 1986, als Microsoft an die Börse ging, nur 100 Aktien zum Schlußkurs des ersten Börsentages gekauft hätte, der hätte pro Aktie 28 US-Dollar bezahlt, also insgesamt 2 800 US-Dollar eingesetzt. Doch was hätte dieser Anleger gemacht, wenn diese 2 800 US-Dollar auf 5 600, 14 000 oder gar 28 000 US-Dollar angewachsen wären? Keine Frage, er hätte sich sicherlich gesagt: An Gewinnmitnahmen ist noch niemand gestorben. Recht hätte er natürlich gehabt, denn eine Verzehnfachung des Einsatzes ist schon ein vortreffliches Ergebnis. Und wenn er dann weiter so verfahren wäre und ein paar gute, aber auch ein paar schlechte Griffe getan hätte, dann wäre er heute bei einem durchschnittlichen Anlageerfolg im High-Tech-Bereich von 20 Prozent im Jahr heute bei gut 200 000 US-US-Dollar angelangt.

Diese bereits sensationelle Steigerung einer Versiebzigfachung in knapp 15 Jahren hätte er jedoch deutlich geschlagen, wenn er seine Microsoft-Aktien bis heute gehalten hätte. Denn aus den damaligen

100 Stück wären im Zuge von Aktiensplits heute insgesamt 7200 Aktien geworden, die bei einem Kurs von 150 US-Dollar gegenwärtig über eine Million US-Dollar wert sein würden. Es ist also nicht immer richtig, Gewinne mitzunehmen. Aber einen derartig langen Atem bei Microsoft, da gehe ich jede Wette ein, haben sicherlich wirklich nur Bill Gates und ein paar seiner Mitarbeiter aufgebracht.

Letztlich ist das natürlich auch mehr als gerecht. So ist der Vermögenszuwachs von Microsoft nämlich auf wesentlich mehr Köpfe verteilt worden, weil jeder Anleger stets nur ein paar bis ein paar hundert Prozent der Kursgewinne für sich vereinnahmt und die weiteren stets dem nächsten Besitzer überlassen hat.

Andererseits gibt es umgekehrt natürlich auch Technologieunternehmen wie beispielsweise die niederländische SAP-Konkurrenz Baan, die nach extrem steilem Höhenflug anschließend um etwa 85 Prozent ins schier Unermessliche stürzte ist. Fast wie der Dow Jones Index in den Jahren 1930 bis 1933.

Es gibt mithin auch hier keine Regel, die einem sagt, ob es richtig oder falsch ist, einen »Highflyer« im Portfolio aufgrund seiner erzielten Kursgewinne nun herauszuwerfen. Auf jeden Fall irrational wäre es jedoch, eine überproportional im Kurs gestiegene Aktie während der Spekulationsfrist zu verkaufen. Denn die Steuerzahlung lässt sich gemeinhin durch keinerlei anderweitigen Kursgewinn wieder ausgleichen. Beim Thema »Steuer« handelt es sich ohnehin um ein Tabuthema der Börse – und dies gerade im Hinblick auf die enormen Kurssteigerungen am Neuen Markt sowie aller anderen Technologiewerte. Deswegen hierzu im Folgenden ein deutliches *Beispiel.*

Der progressive Einkommensteuertarif in der Bundesrepublik bewirkt, dass jeder Arbeitnehmer wie Selbständige relativ schnell einen Grenzsteuersatz von 50 Prozent und darüber erreicht. Das heißt, Spekulationsgewinne innerhalb der nunmehr auf ein Jahr verlängerten Spekulationsfrist werden in der Regel mit mindestens 50 Prozent besteuert, da sie stets auf das Einkommen aus der Erwerbstätigkeit »draufgeschlagen« werden. Gegenwärtig ist diese Grenze bereits bei einem monatlichen Bruttoeinkommen von gut 7000 D-Mark erreicht.

Ein Grenzssteuersatz von 50 Prozent heißt nun jedoch, dass eine Aktie, die bereits um 100 Prozent gestiegen ist, einen Kursverlust bis zum Ende der Spekulationsfrist von 25 Prozent erleiden könnte, um den Verkäufer nach dem Ende der Spekulationsfrist nicht schlechter zu stellen. Konkret: Wer diese Aktie innerhalb der Spekulationsfrist verkauft, weil er einen kurzzeitigen Kursrutsch erwartet, sie anschließend jedoch wieder zurückkaufen will, der wird erst dann einen Gewinn machen, wenn es ihm gelingt, sie um mehr als 25 Prozent billiger zurückzukaufen.

Bei noch höheren Kursgewinnen wird der zum Mitnehmen und Wiedereinsteigen notwendige Kursrutsch natürlich immer gewaltiger, wie Abbildung 4.4 deutlich aufzeigt. Hier nun kann man in der Tat folgende Regel aufstellen: High-Tech-Aktien sind zwar volatil, aber der Privatanleger, der bereits 100 Prozent oder mehr im Plus ist, *kann* innerhalb der Spekulationsfrist eigentlich *nicht* verkaufen.

Und selbst wenn es einem Anleger gelingen sollte, nach einem hohen Kursgewinn zu verkaufen und schließlich unterhalb des »Breakeven« wieder zurückzukaufen, so wird dieser Anleger, wenn es sich dabei um eine relevante Größenordnung gehandelt hat, spätestens

Abbildung 4.4

Die Auswirkungen der Spekulationssteuer

Kursgewinn der Aktie	minimal erforderlicher Kursrutsch für versteuerten Tradinggewinn innerhalb der Spekulationsfrist
100 %	25 %
200 %	33 %
300 %	37 %
400 %	40 %
900 %	45 %

Quelle: Eigene Berechnungen

im darauffolgenden Jahr von den Steuer*voraus*zahlungen auf die Einkommensteuer stranguliert werden. Denn Steuervorauszahlungen für das neue Jahr werden nach deutschem Fiskalgebrauch stets an den tatsächlich gezahlten Steuern des Vorjahres ausgerichtet.

Dies ist nun eine fast ungeheuerliche doppelte Benachteiligung des Privatanlegers gegenüber den Fonds, die für Spekulationsgewinne keinerlei Steuern zahlen. Der Privatanleger wird anscheinend also hierzulande in dieser Hinsicht nicht für mündig gehalten, oder die Politik hat schlichtweg vor der Lobby der Investmentgesellschaften gekuscht.

Wer also ausschließlich kurzfristig am Aktienmarkt agieren und jeweils schnelle Gewinne realisieren möchte, für den verbietet es sich fast, dies selbständig zu unternehmen. Viel besser wäre es, einen aggressiven Trading-Fonds zu kaufen, der derartige Geschäfte stets steuerfrei durchführen kann, womit diese schließlich demjenigen Anleger, der die *Fondsanteile* selbst länger als zwölf Monate hält, letztlich steuerfrei zufließen. Es ist schon skurril, zu welchen Konstellationen das Steuerrecht führen kann.

Andererseits hat die Spekulationsfrist für den Privatanleger natürlich auch einen ungemein »therapeutischen« Effekt. Denn sie könnte ihn dazu motivieren, die Gewinner im Depot zu behalten und die Verlierer jeweils relativ rasch wieder herauszuwerfen. Hiermit würde er nahezu zwangsläufig sein Depot auf Qualität trimmen und sich darüber hinaus noch so etwas wie einen »Verlustvortrag« aufbauen, schließlich sind alle Spekulationsverluste stets gegen Spekulationsgewinne aufrechenbar.

Bisher galt diese Regelung allerdings nur für Gewinne und Verluste aus ein und demselben Jahr. Doch rückwirkend zum 1.1.1999 gibt es jetzt die Möglichkeit, alle Spekulationsverluste auf spätere Jahre vorzutragen.

Dadurch werden natürlich im nächsten Crash durch Realisierung von Spekulationsverlusten und sofortigem Rückkauf vergleichbarer Aktien wunderbare neue Steuersparmodelle möglich.

Teil III
Der Blick in die Zukunft:
Können die Aktienkurse weiterhin steigen?

5.
Die Wirtschaft als Schneeball und die Börse als Lawine

Die bisherigen Ausführungen haben aufgezeigt, dass es trotz aller Zweifel über die Existenz von Gesetzmäßigkeiten an der Börse langfristig doch einen stabilen Zusammenhang gibt, auf den man sich einigermaßen verlassen kann. Und dieser lautet: Wächst die Wirtschaft, dann steigen auch die Aktienkurse.

Alle anderen Gesetzmäßigkeiten, wie zum Beispiel der Korrelation von Börsenkursentwicklung und Geldmenge sowie von Börsenkursentwicklung und Unternehmensgewinnen habe ich hingegen bisher weitgehend angezweifelt. Ich gehe nicht so weit, behaupten zu wollen, dass die Geldmengenentwicklung und die Unternehmensgewinne keinerlei Einfluss auf die Börsenentwicklungen haben würden. Mir kommt es vielmehr darauf an zu zeigen, dass die tatsächlichen *Wirkungsmechanismen* hierbei jedoch andere sind!

Ich möchte daher in diesem Kapitel die Bedingungen des Zusammenhanges von Wirtschafts- und Börsenentwicklung einmal genauer unter die Lupe nehmen und dabei versuchen, die folgenden Fragen zu beantworten:

- Warum wächst die Wirtschaft stetig weiter?
- Sind dennoch Grenzen des Wachstums denkbar?
- Warum steigen hierbei die Aktienkurse stetig an?

Es wird sich dabei zeigen, dass es durchaus möglich ist, ein stimmiges Gesamtbild zu zeichnen, welches die Korrelation von Wirtschafts- und Börsenentwicklung sehr gut erklären kann, dabei jedoch völlig auf alle Betrachtungen von »Liquiditätsströmen«

verzichten kann – und zwar sowohl von denen, die es tatsächlich gibt, als auch von solchen, die nur in der Phantasie eines falschen Bildes von der Wirklichkeit herumgeistern.

In den darauf folgenden Kapiteln möchte ich schließlich meine persönliche – wie ich denke, gut begründete – Einschätzung der Zukunft unser Wirtschaft und Börse darlegen. Hierbei wird sich ergeben, dass es neben einem Weiterbestehen der langfristigen Parallelentwicklung von Wirtschaft und Börse durchaus gute Gründe gibt, die uns heute davon ausgehen lassen sollten, dass die Entwicklung zumindest im nächsten Jahrzehnt noch deutlich besser ausfallen sollte als in diesem und im letzten. Ich werde hierbei nicht unterschlagen, dass die Zukunft natürlich keineswegs frei von Risiken ist. Ich denke, dass es die gewaltigen Veränderungen in der Altersstruktur aller westlichen Industriestaaten sein werden, die hierbei für die meisten »Turbulenzen« positiver wie negativer Art verantwortlich zeichnen werden. Betroffen ist hiervon in ganz besonderer Weise Europa. Doch Europa befindet sich, wie der US-amerikanische Politologe Irving Kristol am 2. Februar 1998 im Wall Street Journal sicherlich zu Recht feststellte, »... in einem Zustand der Verleugnung der gesamten demographischen Fragestellung. Denn niemand will darüber etwas hören und niemand will darüber ernsthaft nachdenken. In Wahrheit ist Europa also schlichtweg nicht in der Laune, Probleme anzugehen, die weiter als die Nasenspitze entfernt sind.«

Den Kopf in den Sand stecken können jedoch ausschließlich Politiker, die nur bis zur nächsten Wahl denken, sowie Unternehmer und Spekulanten, deren Zeithorizont ebenfalls nur bis zur nächsten Veröffentlichung von Unternehmenszahlen reicht. Der erfolgreiche langfristige Anleger hingegen muss sich wesentlich weitreichendere Gedanken machen.

Die Wirtschaft muss immer weiter wachsen

Mit Ausnahme ganz weniger Jahre sind die Volkswirtschaften der westlichen Industrieländer und mit ihnen auch der überwiegende

Teil aller Volkswirtschaften der Erde ständig weiter gewachsen. Woran liegt das? Ist hierfür ausschließlich der *Wunsch* der meisten Menschen verantwortlich, es sich stetig besser gehen zu lassen, oder steckt hinter diesem Phänomen ein Mechanismus, der *erzwingt*, dass dieses Ergebnis nicht nur ein schöner Erfolg, sondern *zwangsläufig* das Resulat jedes Wirtschaftsprozesses sein muss?

Die wichtigsten Punkte sind in diesem Buch schon genannt worden. Ich möchte sie hier jedoch noch einmal aus einer etwas anderen Perspektive aufbereiten: Die wichtigste Tatsache allen Wirtschaftens ist, dass bei jeglichen wirtschaftlichen Handlungen stets *Zeit vergeht.* Dies klingt zwar trivial, jedoch wird der Zwang zum Wirtschaften in verstreichender Zeit von den Wirtschaftswissenschaften schlichtweg nicht thematisiert. Jegliche Zeit, die in den Modellen der Wissenschaft vergeht, ist ausschließlich *logische* Zeit. Innerhalb einer rein logischen Zeit wird zwar überall gearbeitet, fleißig gespart, viel investiert und auch kräftig konsumiert. Aber all dies geschieht *freiwillig*. Das heißt: Die Entscheidung, zu arbeiten oder nicht zu arbeiten, zu investieren oder nicht sowie zu konsumieren oder zu sparen, geschieht ausschließlich aufgrund von *Preisabwägungen.*

Die Wirklichkeit hingegen ist anders. Sie ist für die Konsumenten anders, weil diese zumindest auf jeden Fall essen *müssen*. Das heißt: Jeder Konsument ist hoch *verschuldet*, weil er es sich selbst gegenüber schuldig ist, sich am Leben zu erhalten. Und wer essen muss, *muss* konsumieren und muss arbeiten, egal wie hoch der Lohn ist.

Die Wirklichkeit ist auch für die Unternehmen anders. Denn auch sie sind in der Regel verschuldet, allerdings nicht sich selbst gegenüber, sondern gegenüber ihren Kapitalgebern. Und die Kapitalgeber erwarten entweder bei der Hergabe von Eigenkapital eine exzellente Gewinnentwicklung, die sich in hohen Kursgewinnen der Aktie beziehungsweise in einer guten Dividende niederschlägt, oder aber andererseits bei der Gewährung von Krediten die Zahlung von Zins und Tilgung.

Das heißt also: Jedes Unternehmen wird nicht nur aus den Motiven der Gewinnmaximierung heraus stets mehr erwirtschaften, sondern es ist vielmehr durch die Kapitalgeber dazu *gezwungen*, mehr aus der Produktion herauszuholen, als in sie hineingesteckt haben. Jede Volkswirtschaft, die auf Basis von Privateigentum organisiert ist, muss deshalb ständig wachsen. Die dem Kapitaleinsatz gegenüberstehende Verschuldung legt dem Unternehmer die Verpflichtung auf, neben der Einspielung der Kosten und seinem Unternehmergewinn auch immer noch den Anteil der Kapitalgeber zu erwirtschaften.

Und das geht eben nur durch Wachstum! Temporäre Ausnahmen sind hier sicherlich möglich. Auch kann ein Unternehmen in der ersten Wachstumsphase über »zinsloses« Kapital verfügen, da Dividenden erst später zu zahlen sein werden. Aber mehr als Sonderfälle sind diese Situationen nicht.

Auch eine staatswirtschaftlich organisierte Volkswirtschaft wird sich dieser Logik nur entziehen können, indem dann, wenn kein Mehrprodukt realisiert werden kann, denjenigen, die in der Vergangenheit Vermögen gebildet haben, eine adäquate Verzinsung dieses Vermögens verweigert wird. Das mag nun, wie wir in der Realität gesehen haben, zwar in vielen Fällen eine Weile gutgehen, muss jedoch spätestens in dem Moment scheitern, in dem die Altersversorgung aufgrund der Nichterwirtschaftung von Zinsen auf den Kapitalstock mit nicht mehr tolerierbarer Rate aus dem laufenden Sozialprodukt entnommen werden muss.

Privateigentümergesellschaften oder das, was man gemeinhin als kapitalistische Gesellschaften bezeichnet, gleichen damit, auch wenn das sicherlich niemand gerne hören mag, durchaus einem »Schneeballsystem«. Ein solches System muss ständig weiter wachsen, sonst bricht es zusammen – wobei natürlich in der Höhe der Wachstumsrate schon ein deutlicher Unterschied zu organisierten Schwindelveranstaltungen besteht. Denn bei derartigen Schneeballsystemen, bei denen die Auszahlungen für die ersten Einzahler stets aus den Einzahlungen neuer »Mitspieler« bestritten werden, benötigen zu ihrem Funktionieren exponentielle Wachstumsraten. Demgegenüber erweist sich eine normale Wirtschaft auch bei einem nur geringfügigen linearen Wachstum als durchaus gut funktionsfähig. Aber, und das ist das Wichtigste: Wachsen muss auch sie stets! Denn was würde passieren, wenn es einmal nicht mehr vorwärts gehen würde? Sofort gäbe es eine kritische Situation auf dem Aktienmarkt und einen Zusammenbruch der Kreditmärkte:

1. Die Aktienbesitzer werden grundsätzlich nur diejenigen Aktien halten wollten, von denen sie sich auch eine positive Zukunft erhoffen, weil sie davon ausgehen, dass allein diese Aktien sich auch in Zukunft zu guten Kursen an andere Anleger weiterverkaufen lassen. Der Grund hierfür liegt in der hier schon vielfach beschriebenen »stillschweigenden Konvention«, nach der es im Normalfall die Parameter »Umsatz« und »Ertrag« sind, anhand derer die Anleger ihre Entscheidungen treffen.

Eine Stagnation von Umsatz und Ertrag der Aktiengesellschaften wird daher einen deutlichen Druck auf die Aktienkurse ausüben und die Finanzierungskosten zukünftiger Investitionen deutlich verteuern. Investitionen könnten dadurch ganz unterbleiben oder aber deutlich schlechtere Ergebnisse abwerfen. Beides wird nun nicht zu einer weiteren Expansionsstrategie Anlass geben, sondern eher eine vorsichtige Gangart in Verbindung mit einem geringeren Wachstum angeraten erscheinen lassen.

2. Unternehmen, die sich ihr Kapital weitgehend nicht über Aktien, sondern über Anleihen und sonstige Kredite verschafft haben, werden hingegen durch die Schwierigkeit, Zins und Tilgung dafür aufbringen zu müssen, noch viel schneller und viel stärker in die Krise geraten. Und Kredite, die nicht mehr bedient werden können, werden notleidend und damit sofort fällig.

Ein Stillstand oder ein Nullwachstum bringt damit eine Volkswirtschaft in eine ähnlich kritische Lage wie einen Fahrradfahrer, der anhalten muss, dabei jedoch weder sich irgendwo festhalten kann, noch die Füße aus den Pedalen bekommt. Denn auch für ihn existiert ausschließlich die Option weiterzufahren, wenn er nicht umkippen möchte. Während der Fahrradfahrer aber nur umfällt, könnte die Wirtschaft hingegen ihre Dynamik vollständig behalten und allein ihre Bewegungsrichtung ändern: Die vorherige Aufwärtsspirale der Wirtschaft würde sich dann in eine rasante und sich selbst verstärkende Abwärtsspirale von Kreditzusammenbrüchen verwandeln. Ein historisches Beispiel hierfür haben wir in den dreißiger Jahren erlebt, welches wohl recht deutlich gemacht hat, dass es ohne ein dauerndes »Mehr« einfach nicht weitergehen kann.

Genau diese Gefahr macht nun auch die Schuldenkrise in der Dritten Welt so gefährlich. Denn wenn niemand mehr bereit ist, das »Mehr« vorzufinanzieren, dann könnte ganz schnell aus dem »Mehr« ein »Weniger« werden – Prozesse, deren dauerhafte Festsetzung wir derzeit in Osteuropa durchaus schon beobachten können. Wohingegen in Asien sicherlich der Optimismus angebracht ist, dass man sich von der Abstrafung durch die westlichen Vermögenseigentümer in absehbarer Zeit wieder erholen wird, auch wenn man sich schließlich eine Treppenstufe tiefer wiederfinden könnte.

Sind Grenzen des Wachstums denkbar – und wie realistisch sind sie?

In den siebziger Jahren, als der Geist der Achtundsechziger langsam in die Gesellschaft einsickerte, die Ölkrise uns relativ hart traf und der Club of Rome einen baldigen Verbrauch der natürlichen Rohstoffe prognostizierte, kursierte die Idee des »Nullwachstums« der Wirtschaft in allen Gazetten. Diese Idee basierte auf der Vorstellung, dass es wünschenwert wäre, vom »Immer-schneller-immer-weiter-und-immer-mehr« abzukommen und die Volkswirtschaft auf dem erreichten Niveau gleichsam »festzuschreiben«.

Nun mag man gerade aus einer etwas romantischen Perspektive heraus unserer heutigen Wirtschaftsgesellschaft mit ihrer Ökonomisierung aller Tatbestände und ihrem ausgeprägten Wachstumsdenken durchaus kritisch gegenüberstehen. Doch auch bei möglicher emotionaler Übereinstimmung mit dieser Kritik muss dennoch eines ganz deutlich gesagt werden: Ein generelles Nullwachstum ist mit der Funktionsweise eines kapitalistischen Wirtschaftssystems schlichtweg nicht vereinbar. Denn eine derart organisierte Wirtschaft *muss* einfach ständig weiter wachsen, um nicht (an sich selbst) zugrunde zu gehen. Bleibt die Frage, ob dies denn immer möglich sein wird. Denn prinzipiell gibt es zwei Dinge, die dem entgegenstehen könnten: Ersten, wir *wollen* nicht weiter wachsen und zweitens, wir *können* nicht weiter wachsen.

Was auf den ersten Punkt betrifft, so hat die Bundesrepublik Deutschland zum Anfang des Jahres 1999 ein interessantes »Realtime-Experiment« gemacht, welches jedoch nicht zuletzt durch den Rücktritt von Finanzminister Lafontaine gezeigt hat, dass eine extrem wirtschaftsfeindliche Politik anscheinend über keinen längeren Zeitraum durchzusetzen ist. Alle Versuche, das Wachstum der Wirtschaft, welches zwangsläufig immer mit dem Wohlstand weiter Teile der Bevölkerung gekoppelt ist, administrativ aufzuhalten, werden sich wohl auf Dauer als undurchführbar erweisen.

Die zweite Möglichkeit, nicht mehr wachsen zu können, muss man hingegen ernster nehmen. Auch hier lässt sich eine sinnvolle Unterteilung vornehmen, denn eine zwangsläufige Beendigung eines wirtschaftlichen Wachstumsprozesses könnte entweder von der *Unmöglichkeit zur Produktion* oder von der *mangelnden Konsumentennachfrage* verursacht sein.

Auch hier ist der erste Kontext bereits angesprochen worden. Dieser ist eng verbunden mit den Thesen des 1968 gegründeten Club of Rome und seiner weltweit bekannten Veröffentlichung »Die Grenzen des Wachstums«. Basis dieses Berichtes ist ein von einer Forschungsgruppe des Massachusetts Institute of Technology (MIT) entworfenes »Weltmodell«, mit Hilfe dessen man anhand einer Computersimulation für die Zeitspanne der Jahre 1900 bis 2100 die Entwicklung unserer Gesellschaften und Wirtschaften untersucht hat.

Auf einen einfachen Nenner gebracht, lautete das Ergebnis: Die Bevölkerungen, die Industrialisierung und die Umweltverschmutzung nehmen immer weiter zu, die Rohstoffreserven hingegen werden immer weniger. Folglich ist das Ende abzusehen. Oder aber anders ausgedrückt: Wir wachsen uns zu Tode.

Nun besitzen jedoch »Weltmodelle« genau denselben Defekt wie alle »Börsenmodelle« auch. Und dieser lautet: Das, was bei der ganzen Rechnerei *heraus*kommt, ist keineswegs neu, sondern nurmehr das Resultat dessen, was bereits *hinein*gesteckt wurde. Der Grund dafür liegt darin, dass tatsächliche Entwicklungen sich prinzipiell niemals im Voraus erkennen lassen.

So konnte denn auch zu Beginn der siebziger Jahre, als die Erdölpreise steil in die Höhe schossen, niemand ahnen, dass der Preis pro Barrel, der im Jahre 1979 in der Spitze über 40 US-Dollar notierte, zum Ende des Jahres 1998 bereits wieder auf ein einstelliges Niveau zurückgefallen sein würde – und das trotz mehrerer hundertprozentiger Preisanstiege fast aller sonstigen Güter in diesem Zeitraum. Hätten also dieser Preisverfall und das damit einhergehende Nachlassen der Bemühungen um Energieeinsparungen zu einem Schrumpfen der Erdölvorräte führen müssen, so zeigte sich jedoch, dass anscheinend die Reserven im Gegenteil immer weiter zunahmen. Dies geschah zwar nicht aufgrund einer magischen Selbstreproduktion des Erdöls, sondern vielmehr aufgrund völlig neuer Technologien, mit denen man wesentlich tiefer bohren und vor allem auch Öl in den Weltmeeren finden und abbauen konnte.

Kurzum: An ein Ende des Wachstums aufgrund der Erschöpfung dringend erforderlicher Bodenschätze ist aus zweierlei Gründen überhaupt nicht zu denken: Erstens führen immer bessere Analysemethoden dazu, dass laufend neue Quellen erschlossen werden, die vorher in unserer Wahrnehmung definitiv noch nicht vorhanden waren. Und zweitens stärken neue technische Verfahren zwar sehr langsam, aber doch stetig unseren Glauben an einen Ersatz der bisherigen durch andere, »künstliche« Energieträger in der Zukunft.

Bleibt noch das Umweltproblem, welches sicherlich gerade im Zuge der fortschreitenden Industrialisierung der Dritten Welt nicht auf die leichte Schulter zu nehmen ist. Aber dennoch wird auch eine weltweit dramatische Umweltverschmutzung nicht in der Lage sein, der Weltwirtschaft eine Grenze des Wachstums zu setzen. Denn hier gilt, obwohl das zunächst sicherlich paradox klingt, vielmehr der umgekehrte Zusammenhang: Je mehr wir die Natur verändern, umso mehr werden wir unternehmen müssen, um unsere Lebensbedingungen aufrecht erhalten beziehungsweise noch weiter verbessern zu können.

Denken wir in diesem Zusammenhang doch einmal ganz extrem: Selbst wenn wir die Umwelt in den nächsten Jahrzehnten oder Jahrhunderten so weit ruinieren würden, dass die gesamte Erdoberfläche nur noch aus Wüsten bestünde, würde das dennoch mitnichten ein Ende des Wachstums bedeuten. Denn deutete sich ein derartiges Szenario tatsächlich an, würden die Menschen sofort damit beginnen, künstliche Lebensräume unter Glas, unter der Erde oder sonstwo zu entwickeln. Die Welt wäre dann zwar in der Tat von einem harten Schicksal heimgesucht, welches andererseits jedoch einen enormen neuen Wachstums- und Innovationsprozess in Gang setzen würde. Dieses Beispiel kann mithin nur verdeutlichen, dass selbst extrem problematische Zukunftsszenarien trotzdem kein zwangsläufiges Ende des Wachstums mit sich bringen müssen.

Dies führt hinüber zur *zweiten Seite* des Wirtschaftens: der Thematik der *Konsumentennachfrage*. Wäre die Erschließung eines neuen Lebensraumes im Falle einer Umweltkatastrophe nun sicherlich ein Fall, der den Konsumenten überhaupt keine Wahl ließe, dieses neue Gut nun nachzufragen oder nicht, weil sie es schon aus reinen Überlebensgründen *zwangsläufig* nachfragen müssten, so ist jedoch auch im Hinblick auf die freiwilligen Konsumentscheidungen aus meiner Sicht kaum eine Sättigungsgrenze denkbar.

Alle Unterkonsumptionstheorien, wie sie uns von den klassischen Nationalökonomen her bekannt sind, denen zufolge eine Volkswirtschaft ab einem bestimmten Punkt in einer latenten Nachfrageschwäche ihre Begrenzung findet, scheinen in der heutigen Zeit keine Grundlage mehr zu finden. Das mag hauptsächlich daran liegen, dass die Innovationszyklen immer kürzer werden. Wer hätte vor zwanzig Jahren schon daran geglaubt, dass er einmal zu Hause mit einem eigenen Gerät Fernsehaufzeichnungen würde machen können? Oder wer hat vor zehn Jahren schon geahnt, dass er heute unbedingt ein Faxgerät benötigen würde? Beziehungsweise vor fünf Jahren, als Mobiltelefone noch groß und schwer waren wie Mühlsteine, dass gegenwärtig ein Handy für jedermann fast zur Norm gehört? Obwohl es doch eigentlich gar nicht mehr zu sagen gibt als vorher.

Dieser auf den einzelnen Wirtschaftsteilnehmer ausgerichteten positiven Sichtweise ist nun jedoch eine andere entgegenzusetzen, die eine deutlich negative Sprache spricht. Und das ist die schon angesprochene und im nächsten Kapitel diskutierte verheerende demographische Komponente, welche gegenwärtig in nahezu identischer Form alle westlichen Industrieländer auszeichnet.

Das soll heißen: Wir werden immer weniger. Um folglich die Höhe unserer Wirtschaftsleistung zu halten und noch steigern zu können, müssen die »Übrigbleibenden« umso stärkere Zuwächse ihrer Konsumnachfrage zeigen. Hierzu sind jedoch Einkommenssteigerungen in ähnlicher Größenordnung notwendig, was bedeutet, dass bei einer produktivitätsorientierten Lohnpolitik die Produktivität der Wirtschaft in einem Umfange zunehmen muss, dass daraus nicht nur die Lohnzuwächse, sondern zusätzlich noch die Bevölkerungsabnahme »finanziert« werden kann.

Gemäß einer Studie des Instituts für Arbeitsmarkt- und Berufsforschung der Bundesanstalt für Arbeit (IAB) wird in diesem Zusammenhang bereits im Zeitraum der Jahre 1996 bis 2010 das Erwerbspersonenpotential in der Bundesrepublik von 41,1 Millionen auf 38,6 Millionen zurückgehen, was einem jährlichen Rückgang von 150 000 oder 200 000 entspricht. Das macht immerhin bereits jetzt ein knappes halbes Prozent der Arbeitskräfte pro Jahr aus, wird jedoch in den Folgejahren noch wesentlich dramatischer werden.

Andererseits ist natürlich auf derart lange Zeiträume in keinster Weise abzuschätzen, wie sich – gerade im Zuge der technologischen Revolution, in der wir uns gerade befinden – die Produktivität der Wirtschaft, das Denken, die Präferenzen und die Nachfrage der Haushalte entwickeln werden. Denn, wie der Philosoph sagen würde: Weder Produktionsverfahren noch Bedürfnisse oder Wünsche *sind*, sondern sie *werden*. Das heißt, sie wachsen stets mit dem jeweiligen Level des bisher Erreichten mit, erweisen sich jedoch hinsichtlich ihrer konkreten Höhe als keiner Gesetzmäßigkeit unterworfen.

Wenn die Wirtschaft wächst, steigen auch die Aktienkurse

Obwohl gute Gründe dafür sprechen, dass unsere Volkswirtschaften auch in Zukunft weiter wachsen und mithin die Aktienkurse weiter steigen werden, so bleibt dennoch die Frage nach dem letzten »Warum« bisher unbeantwortet.

Auf den ersten Blick spricht zwar vieles dafür, dass es einerseits die mit einer wachsenden Wirtschaft stets verbundene steigende Geldmenge ist, welche die Wirtschaftssubjekte im Endeffekt verstärkt Aktien nachfragen lässt. Andererseits ist es ebenso plausibel, dass die im Zuge einer wachsenden Wirtschaft sich verbessernden Gewinne der Unternehmen den entscheidenden Auslöser für die Kurssteigerungen am Aktienmarkt darstellen. Dennoch haben meine bisherigen Überlegungen aufgezeigt, dass beide Begründungen sich bei näherer und streng logischer Betrachtung relativ schnell in ein Gestrüpp von Verwicklungen verstricken.

Dazu offenbart sich noch eine weitere Schwierigkeit, wenn man einmal ganz nüchtern ausschließlich die Angebots- und Nachfragebedingungen am Aktienmarkt betrachtet. Es wird dann deutlich, dass eine wachsende Wirtschaft *sowohl* das *Angebot* an Aktien *als auch* die *Nachfrage* danach stets anwachsen lässt, so dass a priori eigentlich kaum auszumachen ist, in welche Richtung der Zug abgehen wird:

1. Je stärker die Wirtschaft wächst, umso eher werden die Unternehmen neue Finanzierungen benötigen und sich diese über die Emission von Aktien besorgen. Eine gute Konjunktur führt damit in der Regel zu einem *Anstieg des Angebots* an Aktien.
2. Spiegelbildlich dazu werden jedoch die Haushalte und Unternehmen bei einer stark wachsenden Wirtschaft über steigende Einkommen verfügen, aus welchen schließlich auch steigende Ersparnisse resultieren werden, von denen wiederum Teile am Aktienmarkt investiert werden und somit zu einer *Erhöhung der Nachfrage* nach Aktien führen.

Ein Anstieg von Angebot *und* Nachfrage kann jedoch sowohl in einem Kursaufschwung als auch in einem Abschwung oder einer

Seitwärtstendenz des Aktienmarktes münden. Betrachten wir hierzu die empirischen Zahlen für die Bundesrepublik Deutschland, dann zeigt sich, dass beispielsweise im Jahr 1998 einer privaten Ersparnis von knapp 250 Milliarden D-Mark, von denen 5,2 Milliarden D-Mark direkt in Aktien und 42,4 Milliarden D-Mark in Investmentzertifikaten angelegt wurden, ein Emissionsvolumen von nur 5,5 Milliarden D-Mark gegenüberstand. Die Aktienkurse mussten hierbei also, wenn wir einmal vom Ausland sowie von den Bestandsveränderungen der einzelnen Gruppen abstrahieren, fast zwangsläufig steigen, da die neue Nachfrage das neue Angebot bei weitem übertraf.

Andererseits verbietet sich natürlich eine derartig vereinfachende Betrachtungsweise, da die Aktienbewertung letztlich *niemals* allein von dem *neuen* Angebot und der *neuen* Nachfrage bestimmt wird, sondern gerade die Summe aller Umschichtungen der *Altbestände* von Aktien im Zentrum der Aufmerksamkeit steht. Denn die Aktienkurse werden in der Hauptsache durch die täglich hunderttausendfach getätigten *Vermögens*anlageentscheidungen (Umschichtungen der Bestände zwischen den Wirtschaftssubjekten) »gemacht« und nicht durch die neu hinzukommenden Ersparnisse (Stromgrößen). Die Stromgröße Ersparnis, und hierbei insbesondere derjenige Teil, der schließlich am Aktienmarkt investiert werden soll, ist daher zwar ein wichtiger Einflussfaktor für die Entwicklung der Aktienmärkte, letztlich ist die Börse jedoch immer nur: *das große Spiel um den Bestand aller Aktien*.

Diese Überlegungen geben aber dennoch einen Aufschluss über die Größenordnungen, um die es hierbei geht. Die jährlichen Ersparnisse von 250 Milliarden D-Mark entsprechen nahezu 20 Prozent der gesamten Börsenkapitalisierung in der Bundesrepublik Deutschland. Und richten wir nun einmal den Blick weg von den Strom- auf die Bestandsgrößen, dann ergeben sich sofort noch völlig andere Größenordnungen. Denn nach den letzten Zahlen der Deutschen Bundesbank betrug das gesamte Privatvermögen in der Bundesrepublik Deutschland Ende 1997 13,885 Billionen D-Mark und damit fast das Zehnfache der gesamten Marktkapitalisierung deutscher Aktien. Womit alleine das Geldvermögen mit gut 5 Billionen D-Mark schon ungefähr das Dreieinhalbfache davon ausmacht.

Ersparnisse stellen einen Vermögenszuwachs dar, der *zunächst* in Form von Bargeld oder Sichtguthaben auftritt, *anschließend* jedoch sukzessive anderen Anlageformen zugeführt wird. In der Bundesrepublik wanderten hiervon im Jahr 1997 42 Prozent zu den Versicherungen und Bausparkassen, 26 Prozent in Wertpapiere, 12 Prozent als eigenfinanzierter Anteil in Immobilienprojekte und 3 Prozent in sonstige Anlageformen. Der Rest von 17 Prozent hingegen verblieb auf diversen Konten bei Banken und Sparkassen.

Da nun sowohl die Anlagen bei Bausparkassen und Versicherungen als auch die in Wertpapieren zu großen Teilen dem Aktienmarkt zugute kommen, zeigt sich hier schon, wie dieses System es *aus sich heraus* bewerkstelligt, dass mit dem Zugang von *neuem* Vermögen in der Regel auch eine Werterhöhung des Gesamtbestandes des *bisherigen* Vermögens verbunden ist.

Wir können damit also feststellen: *Geld* kann zwar nicht an die Märkte fließen, *Ersparnisse* hingegen in einem gewissen Sinne doch. Der Kauf von Aktien stellt nämlich eine *Verwendung* von Ersparnissen dar, die hinterher kein zweites Mal wieder einer derartigen Verwendungsform zugeführt werden können. Dies ist der große Unterschied zwischen einer *Stromgröße*, wie dies bei den Ersparnissen der Fall ist, die sich jeweils nur auf die Dauer einer bestimmten Periode beziehen, und den *Bestandsgrößen* »Geld« und »Aktien«, deren Höhe sich hierbei nicht ändert.

Die sich durch dieses gesamte Buch durchziehende »Paradoxie des Fließens« löst sich damit auf: Hohe Werte der Stromgröße »Ersparnis« können durchaus für so etwas wie ein Fließen an die Märkte sprechen, korrekter ausgedrückt jedoch: für einen Kaufdruck, der zu höheren Kursen führt, da die bisherigen Besitzer derjenigen Aktien, in denen diese Ersparnisse jetzt investiert werden sollen, nur durch ein Hochbieten der Kurse auch erfolgreich zu deren Verkauf bewegt werden können.

Hier macht es also noch ein gewissen Sinn, von Zuflüssen zu sprechen, beim Geld hingegen gilt dies – mit Ausnahme der Mittelzuflüsse bei den Investmentfonds – nicht. Eine Erhöhung der

Geldmenge ist damit für einen Aufschwung an der Börse weder erforderlich noch hat sie den von vielen Seiten behaupteten zwangsläufig kurstreibenden Effekt auf die Aktien. Denn jeder, der seine Ersparnisse oder sein Vermögen, welches sich noch in »Geldform« auf Bankkonten befindet, in Aktien umwandeln möchte, der *besitzt* ja dieses Geld bereits – und muss es sich folglich *nicht* erst beschaffen.

Geld ist also immer genügend vorhanden! Es kann daher auch niemals die Restriktion von Aktienkäufen sein, in der Regel selbst dann nicht, wenn diese auf Kredit erfolgen.[1] Entscheidend für jeden Aktienkauf wie für jede Kreditvergabe zum Zwecke des Aktienkaufes ist vielmehr stets die *Vermögenslage* des Käufers der Aktien sowie die des möglichen Kreditnehmers.

Ein Aktienkauf kann daher nur an einem zu kleinen Vermögen oder an einem zu geringen Kreditspielraum einzelner Personen scheitern, *niemals* jedoch am Geld. Denn Geld in Form von Sichtguthaben ist stets beliebig schaffbar. Geld (Sichtguthaben) ist damit nicht mehr als das Schmiermittel, welches hier für jede Umschichtung erforderlich ist. Und dieses »Schmiermittel« lässt sich beliebig strecken. So wie jede Geldmenge beliebig dadurch »vergrößert« werden kann, indem sie einfach öfter benutzt wird, sich also ihre Umlaufgeschwindigkeit erhöht.

Dreht man diese Sichtweise nun um, dann kann man sagen: Wenn immer genug Geld in Form von Sichtguthaben vorhanden ist, weil sowohl dessen Menge als auch dessen Umlaufgeschwindigkeit sich beliebig ausdehnen kann, dann können Geldmengenänderungen auch nicht die Ursache von steigenden Aktienkursen sein. Doch was dann?

Dazu muß es das *Vermögen* des privaten Sektors sein! In diesem Vermögen finden wir das entscheidende *Übertragungsglied* der Effekte einer wachsenden Wirtschaft auf die langfristig parallel dazu ansteigenden Aktienkurse. Denn allein von einem wachsenden Vermögen geht der *Diversifizierungsdruck* aus, das heißt der Druck, die Vermögenszuwächse nicht nur in Geld zu halten, sondern auch auf andere Anlageformen zu verteilen, der den existierenden Bestand an Aktien (sowie die Neuemissionen) ständig an Wert zunehmen lässt.

Nun ergibt sich dieser Effekt strenggenommen bereits bei einer stagnierenden Wirtschaft mit positiven Ersparnissen und gleich bleibenden Aktien- und Bondkursen. Allerdings ist es fraglich, ob eine stagnierende Wirtschaft nicht zu fallenden Aktienkursen führen würde, welche schließlich den Vermögenszuwachs aufgrund der Ersparnistätigkeit deutlich überkompensieren könnten.

Alle Vermögenszuwächse des privaten Sektors können sich prinzipiell aus folgenden Quellen speisen:

- »Zufluss« von neuem Vermögen in Form von Ersparnissen. Dies können sowohl Ersparnisse aus dem laufenden Einkommen als auch Erträge in Form von Zinsen und Dividenden auf den bisherigen Vermögensbestand sein.
- Bewertungsänderungen aufgrund von Kurssteigerungen des bisherigen Bestandes an Vermögen.

Erklärbar wird daraus auch das Phänomen, dass die Aktienkurse in der Regel stärker ansteigen, als die Zuwachsrate der Wirtschaft es »erlauben« würde. Denn Ersparnisse in der Bundesrepublik in der Größenordnung von mindestens 10 Prozent des Volkseinkommens zuzüglich einer Rendite auf Aktien in Höhe von über 10 und auf festverzinsliche Wertpapiere von über 6 Prozent pro Jahr lassen das Vermögen deutlich stärker ansteigen, als dies beim Sozialprodukt der Fall ist.

Wir schieben also gleichsam im Zeitablauf einen immer größeren Bestand an Vermögen vor uns her. Diese Vermögenszuwächse fallen bei den Haushalten und Unternehmen in der Regel in Form von Sichtguthaben an – also Geld im weitesten Sinne – und veranlassen ihre Besitzer, sich nach anderen Anlageformen umzuschauen, wobei dem Aktienmarkt eine immer bedeutendere Rolle zukommt. Man könnte nun einwenden, dass in jeder Volkswirtschaft natürlich allen hier betrachteten und zum Geldvermögen zählenden Vermögenspositionen (wie Geld, Bankguthaben, festverzinsliche Wertpapiere, Investmentzertifikate, Aktien sowie Guthaben bei Versicherungen und Bausparkassen) stets Verbindlichkeiten in gleicher Höhe entsprechen müssen.

Das wiederum bedeutet: Die vorangegangenen Überlegungen

beziehen sich auf das *Brutto-*, nicht jedoch auf das Nettovermögen des privaten Sektors einer Volkswirtschaft. Das Nettogeldvermögen in jeder Wirtschaft ist und muss stets null sein. Denn nehmen für die einen die Vermögenspositionen zu, dann steigen spiegelbildlich dazu für die anderen die Verpflichtungspositionen. Der Nettoeffekt der Vermögenszunahme auf den Aktienmarkt müsste daher in jedem Fall null sein, da das Vermögen netto eben nicht zunimmt und auch überhaupt nicht zunehmen kann. Wie kommt es nun aber dennoch zu den behaupteten Kurssteigerungen? Zwei Punkte scheinen mir in dieser Hinsicht die Hauptrolle zu spielen:

1. Großenteils stellen die dem Nettovermögen gegenüberstehenden Verbindlichkeiten zwar im bilanztechnischen Sinne Verbindlichkeiten dar, sind jedoch de facto eigentlich gar keine Verbindlichkeiten. Ich denke hierbei zunächst in der Hauptsache an das Eigenkapital der Aktiengesellschaften und das von der Notenbank emittierte Zentralbankgeld. Das Eigenkapital auf der Passivseite der Bilanz der Aktiengesellschaften muss ebensowenig jemals zurückgezahlt werden, wie das Bargeld auf der Passivseite der Notenbankbilanz jemals zu einer Rücknahmepflicht seitens der Notenbank führen kann.

Das heißt, ganz grob gesprochen, dass diesem Bruttovermögen in den Händen der Privaten, die sich dadurch »reicher« fühlen, letztlich keine Verpflichtungen gegenüberstehen, die einen anderen sich »ärmer« fühlen lassen. Hier gibt es also eine gewisse Asymmetrie, bei der das Nettovermögen in der Gesamtwirtschaft zwar nicht zunimmt, die Wirtschaftssubjekte sich netto aber dennoch »reicher« fühlen als vorher.

Interessant ist hierbei nun, dass sich innerhalb dieses Schemas endlich auch eine klare Trennungslinie zwischen »Geld« und »Nichtgeld« beziehungsweise eine verbesserte Einschätzungsmöglichkeit von denkbaren Effekten von Geldmengensteigerungen ergibt. Denn während Geldmengensteigerungen durch Erhöhungen der Sicht- oder Termineinlagen, wie vorher schon gesagt, keinerlei Effekt auf den Aktienmarkt ausüben, weil ihnen spiegelbildlich immer gleichhohe Verbindlichkeiten gegenüberstehen, so sind Erhöhungen der Zentralbankgeldmenge, also des Bargeldes, hingegen stets als wirksame Vermögenserhöhung zu interpretieren.[2]

»Motiviert« demnach in der Regel jeder Vermögenszuwachs den Empfänger zur Diversifikation, so steht jedem potentiellen Aktienkäufer dabei immer ein potentieller Verkäufer gegenüber, der spiegelbildlich durch die Zunahme seiner Verbindlichkeiten eine ebensolche »Demotivation« zum Aktienkauf erhalten hat wie der Käufer eine Motivation. Ein gutes Beispiel hierfür mag die Einräumung von Sichtguthaben für einen Haushalt (im Kreditwege) durch eine Geschäftsbank abgeben: Während der Haushalt hiermit nun Aktienkäufe tätigen kann, muss die Geschäftsbank spiegelbildlich dazu Reserven aufbauen, um im Falle des Barabzuges auch weiterhin liquide bleiben zu können. Die einzige Ausnahme ist – wie gesagt – dann gegeben, wenn der Gegenpart der Haushalte die Notenbank ist. Denn hier fällt die »Demotivation« dadurch weg, dass der Bargeldbestand für die Notenbank – ganz im Gegensatz zu den Sichteinlagen der Geschäftsbanken – *keine* Verbindlichkeit im strengeren Sinne darstellt.

Ein weiterer Einwand gegenüber der hier vertretenen Sichtweise könnte nun auch lauten, dass die Erklärung langfristiger Aktienkurssteigerungen durch Vermögenszuwächse insoweit zirkulär ist, da diese Vermögenszuwächse selbst hauptsächlich durch Aktienkurssteigerungen bewirkt sind. Ein gewisses zirkuläres Element ist hier natürlich nicht zu verleugnen, doch entspricht gerade dieses insoweit der Realität, als hierdurch eine weitere plausible Erklärung für das Phänomen geliefert wird, dass die Hausse stets die Hausse nährt.

Aber so weit muss man gar nicht gehen. Betrachtet man nur einmal die *Volkswirtschaftliche Gesamtrechnung* des Statistischen Bundesamtes, der sich einzig die notwendigen Zahlen für die Bundesrepublik entnehmen lassen, dann zeigt sich, dass die Erhöhung der Nettoforderungen beziehungsweise des Nettovermögens der privaten Haushalte stets in etwa mit der Höhe der Ersparnisse übereinstimmt, Aktienkursgewinne hier also *unberücksichtigt* bleiben. Werden sie zur Abschätzung der tatsächlichen Vermögenszunahme der Privaten, wie sie sich in Wirklichkeit und außerhalb der volkswirtschaftlichen Statistik ergibt, hinzugezählt, dann wird sich der hier behauptete Wirkungsmechanismus nur noch verstärken.

2. Ein weiterer Effekt – und vielleicht sogar der stärkste – im Hinblick auf die Zunahme des Vermögens des privaten Sektors einer Volkswirtschaft ist das Auftreten des Staates. Denn verschuldet sich dieser, dann muss er zu diesem Zwecke Staatsanleihen emittieren, die in der Regel von den Banken und Haushalten gezeichnet werden und sich folglich in deren Besitz befinden.

Auch hier ist es nun wieder das gleich Spiel wie eben: Dem Vermögenszuwachs »Staatsanleihen« steht auf der anderen Seite die Verbindlichkeit »Staatsverschuldung« gegenüber. Doch: Wer fühlt sich hierfür eigentlich verantwortlich? Wer fühlt sich dafür verantwortlich, diese Verbindlichkeiten eines Tages einmal abtragen oder zumindest bedienen zu müssen?

Niemand, so behaupte ich, fühlt sich hierfür zuständig. Denn da der Staat selbst seine Einnahmen nur von den Steuerbürgern bezieht, wäre eine Verantwortlichkeit für die Staatsschulden nur dann vorhanden, wenn die Haushalte und Unternehmen ihrerseits erwarten würden, zukünftig einmal diese Verbindlichkeiten aus ihren Ersparnissen zurückzahlen zu können. Doch dies ist nun definitiv nicht der Fall! Hier gilt sogar das genaue Gegenteil davon: Alle Bürger gehen unisono davon aus, zukünftig eher mehr denn weniger vom Staat zu bekommen (auch in Form von Zinszahlungen auf Staatspapiere), aber doch um Gottes Willen nicht dessen Anleihen zurückzahlen zu müssen.

Die ständige Zunahme der Staatsverschuldungs respektive die stetige Erhöhung des Umlaufs von Staatsanleihen macht folglich, wie es Paul C. Martin schon immer behauptet hat, uns alle reicher, ohne jemand anderen spiegelbildlich dazu ärmer zu machen.[3] So lange der Staat also weiterhin seine Schulden vergrößert und das Publikum darauf vertraut, seine Anleihen auch zurückbezahlt zu bekommen, werden wir *zwangsläufig* immer reicher. Denn der Staat setzt sich hiermit gleichsam über jegliche wirtschaftliche Schwerkraft hinweg und präsentiert uns das Perpetuum mobile, welches auch ohne Antrieb niemals aufhört zu laufen.

Das nicht zuletzt durch Zins und Zinseszins verursachte immer schnellere Anwachsen der Staatsschulden beschafft dadurch über eine gigantische Vermögenszunahme dem Aktienmarkt einen regelrechten »Turbo«. Nun hat jedoch die Staatsverschuldung nur auf die Vermögensentwicklung einen positiven Effekt. Im Hinblick auf die wirtschaftliche Entwicklung hingegen bedeutet der ständig steigende Anteil der staatlichen gegenüber den privaten Schulden, dass der Schulden*druck* und damit gleichzeitig auch die wirtschaftliche *Dynamik* ständig weiter abnimmt.

Nicht durch Zufall gehen daher die explodierenden Staatsschulden der letzten Jahre und Jahrzehnte sowohl mit einem ständigen Rückgang der Wachstumsraten der Wirtschaft auf der einen als auch einer deutlichen Beschleunigung der Vermögensgewinne auf der anderen Seite einher. Die gegenwärtig zu beobachtende und vielgescholtene Entwicklung von steigender Arbeitslosigkeit und *gleichzeitig* steigenden Aktienkursen erfährt hierdurch also eine alternative Erklärung, die zudem nicht auf die gängigen Klischees der Diskussion um den Shareholder value zurückgreifen muss. Denn hier ist nicht der Aktionär, sondern der Staat der Börsewicht.

Schwierigkeiten wird es jedoch in dem Moment geben, in welchem ein Land plötzlich aus dem Kartell der Schuldenmacher austritt, wie wir es gegenwärtig bei den USA erleben, die bereits im Jahr 1998 gute Überschüsse in ihrem Haushalt ausweisen konnten. Aber auch hier wird die Kette des Schneeballsystems bestimmt nicht so bald reißen, denn dem einerseits negativen Vermögenseffekt steht umgekehrt der positive Effekt gegenüber, dass aufgrund des zukünftigen »Seltenheitswertes« von US-Staatsanleihen deren Kurse deutlich steigen und damit die Renditen weiter fallen werden, was letztlich dem Aktienmarkt zugute kommen wird.

Es wäre nun jedoch vermessen, behaupten zu wollen, dass sich hierbei gleichsam eine »Eins-zu-eins-Übereinstimmung« von Vermögensveränderungen und Aktienkursschwankungen beobachten lassen wird. Das würde schon aus dem Grunde scheitern, weil das Vermögen des privaten Sektors innerhalb unserer statistischen Aggregate bei positiver Ersparnis stets nur wachsen kann – und somit Aktienkursrückgänge zum Undenkbaren mutieren würden.

Das Vermögensargument gibt vielmehr eine Erklärung für den *langfristigen* Anstieg der Aktienkurse und stellt damit eine Theorie dar, welche die vielen Inkonsistenzen, die bei allen anderen hier geschilderten Erklärungsversuchen auftauchen, erfolgreich vermeiden kann. Alles *Kurzfristige* hingegen ist ausschließlich Psychologie.

Zum Schluss dieses Abschnitts seien nun noch einmal einige der wichtigsten Ereignisse an den Aktienmärkten kurz genannt und aus Sicht des Arguments der Vermögenszunahme betrachtet:

1. Seit wann haben wir die große Hausse an den Aktienmärkten? Seit es in den achtziger Jahren mit der weltweiten Staatsverschuldung richtig losging – und infolgedessen die Vermögen der Privaten rapide anstiegen.
2. Warum gab es den Crash 1987 in New York? Weil die stark an Wall Street engagierten ausländischen Anleger durch die Abwertungsstragie der US-Administration deutliche Einbußen ihres Vermögens befürchten mussten.
3. Warum war die Börse in Japan nicht nur im Jahre 1998 so schwach, obwohl die Geldmenge dort rapide gestiegen ist? Weil die Geldmengenentwicklung für den Aktienmarkt nur sekundär wichtig ist. Viel wichtiger sind hingegen das Vermögen und die Möglichkeiten, gegen die Verpfändung von Vermögen einen Kredit zu bekommen. Doch beides lag in Japan völlig am Boden.
4. Und warum gab es den weltweiten Crash 1998? Wo doch die Geldmenge das ganze Jahr 1998 hindurch weltweit kontinuierlich gestiegen ist? Auch hier ist die Antwort die gleiche: Vergessen wir die Geldmenge und schauen wir lieber auf die Angst der Anleger vor Vermögensverlusten und die daraus resultierenden Sicherungsstrategien. Denn wer den weltweiten »Credit Crunch« fürchtet, den Zusammenbruch der Kreditvergabe, der wird einen Teufel tun und Aktien möglicherweise kaufen – selbst dann, wenn diese Angst möglicherweis irrational ist und die Liquidität aus allen Ritzen fließt.

6. Die demographische Komponente der westlichen Industrieländer treibt die Aktienkurse

Es ist mittlerweile nahezu überall gängige Meinung, dass die gesetzliche Rentenversicherung, also unser vielbeschworener »Generationenvertrag«, aufgrund des sich deutlich abschwächenden Bevölkerungswachstums in Zukunft keine ausreichende Versorgung der alten Menschen mehr wird bewerkstelligen können. Folglich müsste daher jeder, so wird uns derzeit von allen Seiten in einer erstaunlichen Allianz von Laien und Experten geraten, der heute noch unter 40 Jahre alt ist, weitgehend selbst für sein Alter vorsorgen.

Doch auch hier wird leichtfertig der Fehler gemacht, die *zweite Seite* der Bilanz einfach stillschweigend zu unterschlagen. Denn eine nähere Betrachtung dieser Thematik zeigt, dass eine zurückgehende Bevölkerung, wie wir sie gegenwärtig nahezu überall in den industrialisierten Ländern erleben, für *jede* Form der Alterssicherung ein Problem darstellt: Nicht nur ein Umlagesystem, wie wir es heute haben, wird dadurch in Schwierigkeiten gebracht, sondern auch ein Kapitaldeckungs- oder Ansparsystem, wie es für die Zukunft angestrebt wird.

Dass der Staat für die meisten seiner heute arbeitenden Mitbürger im Alter nicht in der Weise wird sorgen können, wie das in der Vergangenheit der Fall war, ist heutzutage sicherlich Allgemeingut geworden. So hielten nach einer Emnid-Umfrage von Anfang 1998 bereits über drei Viertel der Achtzehn- bis Fünfzigjährigen die künftige gesetzliche Rente nicht mehr für ausreichend und rechnen mit beträchtlichen Einbußen im Alter.

»Eigenvorsorge« heißt daher das Stichwort, welches unsere Zukunft in extremer Weise prägen wird. Die Banken- und Versicherungsbranche wittert denn auch bereits ein riesiges Geschäft mit einer ganzen Generation. Denn die materiellen Voraussetzungen für die Übernahme von Eigenverantwortung sind prinzipiell so gut wie nie zuvor. Schließlich verfügen die Bundesbürger insgesamt über ein Vermögen von deutlich über 10 Billionen D-Mark, wovon allerdings ein großer Prozentsatz in Häusern, Wohnungen und langlebigen Konsumgütern wie etwa Autos steckt.

Der Hintergrund der ganzen Malaise um die gesetzliche Rentenversicherung liegt zum großen Teil im sogenannten »Pillenknick« begründet: Während die Geburtenrate in fast allen westlichen Industrieländern seit Beginn dieses Jahrhunderts, und nur kurzzeitig unterbrochen von den zwei Weltkriegen und der großen Weltwirtschaftskrise, kontinuierlich angestiegen ist, hat in den sechziger Jahren ein bemerkenswerter Trendwechsel eingesetzt. Begünstigt durch den neuen Wohlstand und die verbesserten Verhütungsmaßnahmen ist seit dieser Zeit die Geburtenrate deutlich rückläufig, weshalb zukünftig immer weniger Junge immer mehr Alte zu ernähren haben werden. Derzeit ist diese Situation noch relativ erträglich, denn die geburtenstarken Nachkriegsjahrgänge, in den USA »Baby Boomer« genannt, sind derzeit in etwa 25 bis 45 Jahre alt, befinden sich damit mitten im Erwerbsleben und sind prinzipiell in der Lage, die Zahl der Alten noch relativ gut versorgen zu können.

Prinzipiell jedenfalls. Denn die hohe Arbeitslosigkeit treibt hier gleichsam einen Keil in den Generationenvertrag hinein, da nur diejenigen, die auch in Lohn und Brot stehen, in der Lage sind, ihren Obolus zum Generationenvertrag beizusteuern. Doch es wird noch wesentlich schlimmer kommen; denn wollen schließlich die Baby Boomer einmal selbst in Rente gehen, werden zu ihrer Versorgung nur noch die geburtenschwachen Jahrgänge der Post-Pillenknick-Ära zur Verfügung stehen.

Hierzu hat das Prognos-Institut errechnet, dass im Jahr 1992 die 24- bis 59-jährigen als das eigentlich beitragzahlende Potential noch 51 Prozent der Bevölkerung ausgemacht haben. Deren Anteil wird jedoch kontinuierlich schrumpfen, um im Jahre 2040 schließlich nur noch zwischen 43 und 44 Prozent auszumachen, wohingegen die Anzahl der zu versorgenden über Sechzigjährigen bis zu dieser Zeit von gegenwärtig 20,4 auf 31,7 bis 33,7 Prozent angewachsen sein wird.

Klingen nun diese Prozentzahlen noch nicht sehr dramatisch, so lässt sich aus dem Herunterrechnen auf eine Person jedoch bereits das ganze Ausmaß dieser gigantischen Verschiebung erkennen: Finanzierten vor der Einführung der dynamischen Rente im Jahr 1957 noch drei Beitragszahler eine Altersrente, so müssen hierfür heute bereits zwei Beitragszahler aufkommen. Und bis zum Jahr 2040, so ergibt sich aus der Hochrechnung, wird sich diese Relation auf ein Verhältnis von eins zu eins heraufgeschraubt haben. Wenn der »Generationenenvertrag« der gesetzlichen Rentenversicherung allerdings nicht vorher einseitig gekündigt wird.

Gibt es nun, so muss man fragen, keinerlei Alternativen, diese Kalamitäten doch irgendwie zu umschiffen? Ich denke nicht. Denn das einzige, was in dieser Situation wirklich helfen kann, ist auf der einen Seite ein deutlich verbessertes Wirtschaftswachstum, welches zu mehr Arbeitsplätzen und damit auch zu einer steigenden Zahl von Beitragszahlern führen wird, sowie auf der anderen Seite, gleichsam als Fortschreibung dieses Prozesses in die weitere Zukunft, entweder ein deutlicher Wiederanstieg der Geburtenrate oder eine ebenso deutlich zunehmende Einwanderung.

Beide Punkte erweisen sich jedoch als wenig wahrscheinlich hinsichtlich ihres Eintretens. Der zunehmende Wohlstand der Bundesbürger führt zwar, wie im letzten Kapitel aufgezeigt wurde, zu einer verstärkten Nachfrage nach Aktien, aber eher weniger einem stärkeren Wunsch nach Kindern. Und im Hinblick auf die Einwanderungsproblematik steht die Bundesrepublik wohl vor einer nicht einfachen Wahl: Denn, so scheint es zumindest gegenwärtig, entweder werden wir mit der Aufrechterhaltung des Generationenvertrages Schwierigkeiten bekommen oder aber uns mit dem Phänomen der von vielen Bürgern empfundenen »Überfremdung« noch viel weitgehender zu beschäftigen haben.

Auch eine sofortige Umstellung des Rentensystems von der Umlagefinanzierung auf die Kapitaldeckung ist nur schwerlich möglich.

Das liegt nicht nur an der grundsätzlich aus einer schrumpfenden Bevölkerung erwachsenden Schieflage jeder Volkswirtschaft, sondern auch an der Tatsache, dass die heutigen Beitragszahler damit in doppelter Weise gesetzlich zu Einzahlungen gezwungen sein würden: nämlich einmal im Zuge der Umlage für die heutigen Rentenempfänger und zum anderen im Hinblick auf die Deckungssumme, aus der schließlich ihre eigene Rente einmal gezahlt werden soll.

Es ist daher bereits jetzt abzusehen, dass auch zukünftig weiterhin am gegenwärtigen Rentenmodell nur »herumgeflickt« werden wird. Doch dies liegt weder am Unwillen noch an einer vermeintlichen Unfähigkeit der Politiker, sondern es geht eben schlichtweg einfach nicht anders. Nirgendwo existiert eine Patentlösung für die derzeit anstehende Aufgabenbewältigung, da diese wahrlich der Quadratur des Kreises gleichkäme.

Die jetzigen Alten müssen nicht zuletzt schon aus dem Grunde ordentlich versorgt werden, weil sie einerseits den Boden für den heutigen Wohlstand gelegt und andererseits selbst durch den Krieg weitgehend ihrer Ersparnisse beraubt worden sind – und folglich nur in beschränktem Umfang selbst für ihr eigenes Alter Vorsorge treffen konnten. Das heißt: Die Umlagefinanzierung, die wir heute haben, hätte es *in jedem Falle* geben müssen, und ob es realistisch gewesen wäre, von einer demokratisch gewählten Regierung bereits in den »fetten« sechziger und siebziger Jahren vorausschauend eine Umstellung auf die Kapitaldeckung zu erwarten, möge lieber jeder für sich selbst beantworten.

Ich denke hierbei eher an den Slogan, ein bisschen mehr Demokratie (beim Geldausgeben) zu wagen, und schaue auf unsere Staatsverschuldung, um ganz klar zu dem Urteil zu kommen: In einer Demokratie ist ökonomisch vorausschauendes Denken eher die Ausnahme. Denn bei allen Steuer- und Abgabenerhöhungen oder Leistungskürzungen seitens einer Regierung wird in jedem Falle die Opposition immer ein Gegenkonzept vorlegen, welches aufzeigt, dass die Einschränkungen für den Bürger überhaupt nicht nötig sind. Damit wird nach der Einstellung der Bürger geschielt, die in jedem Falle die heutigen Süßigkeiten auch der größten Tafel Schokolade von morgen vorziehen.

Wir alle sind also Schuld daran – und können es uns folglich auch nicht so einfach machen, mit dem Finger auf »die Politiker« zu zeigen. Wir sollten jedoch versuchen, diesen »Webfehler« unserer Gesellschaft in aller Deutlichkeit wahrzunehmen und folglich jeder für sich nach der Maxime zu handeln: Wenn die Gemeinschaft ein Problem nicht zufriedenstellend lösen kann, dann muss es halt jeder für sich selbst anpacken.

Die geburtenstarken Jahrgänge der Nachkriegszeit sorgen für ihr Alter vor

Bei einer vollständigen Umstellung des gegenwärtigen Umlagesystems auf ein System mit Kapitaldeckung könnte, so hatte bereits eine Expertenkommission unter Vorsitz des ehemaligen Arbeitsministers Blüm ausgerechnet, der »Deckungsbeitrag« nicht ohne volkswirtschaftliche Verwerfungen sicher und ertragbringend angelegt werden. Denn hierbei ergäbe sich je nach Modellvariante ein kumulierter Anlagebetrag von 1,5 bis 10 Billionen D-Mark in den nächsten Jahrzehnten.

Betrachten wir hierbei die gegenwärtige Marktkapitalisierung des deutschen Aktienmarktes zum Jahresende 1998 in Höhe von ungefähr 1,8 Billionen D-Mark sowie von 12 Billionen US-Dollar in den Vereinigten Staaten, dann lässt sich bereits erahnen, was hier auch ohne den gesetzlichen Zwang zur Kapitaldeckung auf die Aktienmärkte zukommen wird. Derzeit wird auch in den USA bereits darüber diskutiert, die Haushaltsüberschüsse nicht zu Steuersenkungen, sondern zur »Sanierung« der Sozialversicherung zu verwenden und dabei zumindest teilweise am Aktienmarkt anzulegen.

Im Raum steht hierbei ein Anteil in einer Größenordnung von 700 Milliarden US-Dollar, der über die in den nächsten 15 Jahren zu erwartenden Haushaltsüberschüsse in Höhe von 4,47 Billionen US-Dollar sukzessive am Aktienmarkt investiert werden könnte. Hierüber wird natürlich noch erbittert gestritten; dennoch gibt die Größenordung von knapp 6 Prozent der gesamten Marktkapitalisierung aller US-Aktien alleine für die in den USA vergleichsweise gering ausgeprägte staatliche Gesundheits- und Altersversorgung bereits einen Einblick in die gigantischen Dimensionen dieser Thematik.

Im Grunde genommen gibt es in diesem Zusammenhang zwei Effekte, die sich gegenseitig noch verstärken:

1. Die privaten Haushalte verfügten zum Ende des Jahres 1997 nach Berechnungen der Deutschen Bundesbank über ein Geldvermögen in Höhe von exakt 5,175 Billionen D-Mark, welches jedoch nur zu einem sehr geringen Teil in Aktien angelegt ist, sondern sich hauptsächlich auf niedrig verzinslichen Bankkonten befindet.

Die Zahlen sind erschreckend, schlummern doch mit 1,916 Billionen D-Mark 37 Prozent davon bei Banken und mit 1,336 Billionen D-Mark bei Bausparkassen und Versicherungen nahezu die doppelte Summe der Marktkapitalisierung deutscher Aktien im Bereich äußerst magerer Renditen. Hier wird sich die Notwendigkeit zu extremen Umschichtungen zwangsläufig ergeben, denn in vielen Fällen wird die Verzinsung dieser Bankeinlagen schlichtweg nicht ausreichen, um den gewohnten Lebensstandard im Alter auch nur annähernd halten zu können.

2. Deshalb wird es für viele Haushalte erforderlich sein, von den laufenden Ersparnissen immer größere Teile an der Börse zu investieren, schlichtweg um eine angemessene Rendite auf ihr Kapital zu erzielen.

Aber auch hier ist das Bild nicht unbedingt ermutigend, selbst wenn sich in den letzten Jahrzehnten ein deutlicher Umdenkprozess ergeben hat. Blieben nämlich im Zeitraum von 1960 bis 1969 noch über 56 Prozent der laufenden Ersparnisse auf den Bankkonten liegen, so waren es im Zeitraum von 1990 bis 1997 nur noch knapp 33 Prozent. Wobei der Aktienanteil sich von mageren 4 Prozent auf (inklusive der Investmentfonds) wesentlich bessere 16 Prozent im selben Zeitraum erhöhen konnte, damit jedoch immer noch wesentlich schlechter liegt als der Anteil der Versicherungen, der parallel dazu von 16 auf fast 30 Prozent angewachsen ist.

Es steht uns in dieser Hinsicht also noch einiges bevor. Und beide Effekte, die Umschichtungen bereits vorhandener Vermögen sowie die Anlage neuer Ersparnisse, sollten der Börse in den nächsten zehn Jahren eine deutlich verstärkte Nachfrage nach Aktien bescheren. Wobei sich natürlich wiederum die alte und gewöhnlich vernachlässigte Fragestellung ergibt: Wie ist es zu bewerkstelligen, dass die bundesdeutschen Haushalte, die gegenwärtig mit nur ungefähr 6 Prozent am Aktienbesitz die im internationalen Vergleich weitaus niedrigste Quote besitzen, diesen Anteil deutlich erhöhen können? Denn wer soll, so muss man fragen, den Privatanlegern diese ganzen Aktien überhaupt verkaufen?

Ich sehe hierbei zwei Wege: Auf der einen Seite könnten die Banken in dem Moment, in dem die Anleger aufgrund eines veränderten Ertragsbewusstseins massiv ihre Guthaben abziehen, gezwungen sein, sich auch in zunehmendem Maße von ihren Firmenbeteiligungen in Form von Aktienbesitz zu trennen. Und auf der anderen Seite wird hoffentlich der Neuemissions-Boom anhalten. Denn dies wäre in der Tat der »Königsweg« zu einem höheren prozentualen Aktienbesitz der privaten Haushalte, wenn hierdurch neue und junge börsennotierte Unternehmen zu ihrem Kapital kommen, mit dem schließlich wieder neue Arbeitsplätze geschaffen werden.

Die Entwicklungen in den ersten zwei Jahren am Neuen Markt weisen in aller Deutlichkeit auf ein derartiges Szenario hin. Denn hier sind es anscheinend gerade die jungen und neuen Aktionäre, welche die Aktien gezeichnet haben und halten. Wobei jedoch der eine oder andere Spekulationsexzess schon manchmal Anlass zu der Sorge gibt, dass das zarte Pflänzchen der neuen Aktienkultur in Deutschland irgendwann doch einmal unter den Rasenmäher gelangen könnte.

Auch wenn also guter Anlass zu der Hoffnung besteht, dass aufgrund dieser beiden Wege ständig genug »neue« Aktien auf den Markt kommen, um die zunehmende Nachfrage zu befriedigen, so ist dennoch auch Skepsis angebracht. Denn: Trotz aller Bemühungen, so behaupte ich, wird es in den nächsten Jahren nicht gelingen, das Aktienangebot analog zur deutlich verstärkten Nachfrage auszudehnen. Was bedeutet: Es *wird* und es *muss* weiterhin starke

Preissteigerungen am Aktienmarkt geben. Dies hat nun primär überhaupt nichts mit Spekulation zu tun, sondern resultiert im weitesten Sinne aus der fast »mechanisch« zu betrachtenden Notwendigkeit zur Altervorsorge der extrem geburtenstarken Jahrgänge.

Meine persönliche Angst, wie ich schon angedeutet habe, besteht darin, dass irgendwann einmal ein größerer Unfall passieren könnte, ein kurzzeitiger völliger Amoklauf eines oder mehrerer Aktienmärkte, der für das gesamte System unserer Vermögenssicherung und Altersversorgung signifikante Auswirkungen zeitigen würde. Und diese Angst habe ich gerade deshalb, weil ich weiß, dass die Aktienmärkte den vielbeschworenen »fundamentalen Anker«, den viele hier in der Not am Werke sehen, in Wirklichkeit überhaupt *nicht* besitzen.

Aus historischer Perspektive müßte dabei natürlich kein dauerhafter Schaden zurückbleiben, *wenn* nur die Wirtschaft weiter wächst. Denn, wie wir gesehen haben, sind die Aktienmärkte bisher noch nach jedem Crash, der keine deutlichen wirtschaftlichen Auswirkungen nach sich zog, wieder zur Normalität weiter ansteigender Kurse zurückgekehrt. Dennoch ist nicht auszuschließen, dass ein gravierender, wenn auch kurzfristiger und fundamental nicht »gerechtfertigter« Einbruch für viele Marktteilnehmer und gerade die Alterssparer ein traumatisches Erlebnis darstellen könnte, welches sie schließlich dazu führen könnte, niemals wieder Aktien anzufassen.

Wir müssen daher immer beachten: Der Aktienmarkt ist ein »Schneeballsystem« und wird auch immer eines bleiben. Denn es wird ständig um den Gesamtbestand an Aktien gespielt: Hier das Geld, dort die Aktien – und die Börse legt in jeder Sekunde die jeweilige Austauschrate fest. Gewinnen kann man natürlich am besten dann, wenn die Schwankungen besonders groß sind, wobei es für den professionellen Spieler letztlich völlig egal ist, ob die Aktien hierbei in den Himmel oder in den Keller getrieben werden.

Es erweist sich gerade daher als prinzipiell gefährlich, auf kurze Frist zu investieren. Langfristig jedoch gibt es trotz aller möglicher Turbulenzen zu einem Engagement am Aktienmarkt keine Alternative. Denn den immer wieder gesuchten vermeintlich festen Anker wird man weder am Aktienmarkt noch sonstwo im Leben und erst recht nicht in der Wissenschaft und in der Philosophie finden. Ich hoffe daher, dass der Schneeball nicht zu schnell wächst, dass er nicht zu schnell zu mächtig wird, weil sich dann die Wahrscheinlichkeit eines Absturzes signifikant erhöhen würde.

Wenn wir einmal die konkreten Fakten der demographischen Komponente in der Bundesrepublik Deutschland betrachten, dann wird noch deutlicher, welche »Welle« hier auf den deutschen Aktienmarkt zurollen wird. Abbildung 6.1 zeigt den Altersaufbau der Bundesrepublik Deutschland und weist aus, dass der überwiegende Teil unserer Bevölkerung zwischen 25 und 45 Jahren als ist. Das bedeutet, dass diese geburtenstarken Jahrgänge der Baby Boomer noch etwa zwanzig bis vierzig Jahre im Arbeitsprozess verbleiben und nur in dieser Phase die Gelegenheit haben werden, für ihr Alter vorzusorgen.

Gehen wir nun zusätzlich davon aus, dass alle Bürger, die derzeit über vierzig sind, auf jeden Fall noch in den uneingeschränkten Genuß der staatlichen Rentenversorgung kommen werden und überdies in den Jahren geringerer Arbeitslosigkeit schon einige Reserven ansammeln konnten, dann konzentriert sich die gesamte Aufmerksamkeit auf den Gipfelpunkt der Alterspyramide, nämlich die heute etwa 35jährigen. Sie und alle Alterklassen im Bereich von plus und minus fünf Jahren werden den kommenden Aktienboom am stärksten »anheizen«.

Diese jungen, aber nicht mehr ganz jungen Leute, werden in der Mehrzahl in den kommenden Jahren ihre primären Konsumbedürfnisse wie Wohnungseinrichtung, Auto, Kleidung etc. weitgehend gestillt haben. Kinder werden in den meisten Fällen auch bereits da sein, so dass sich in diesem Bevölkerungskreis das Thema zunehmend auf den Bereich der Alterssicherung konzentrieren wird.

Die wichtigsten Jahre sind hierbei sicherlich die nächsten zehn bis fünfzehn Jahre sein, denn bis dahin ist der Gipfel der demographischen Komponente gleichsam wie in einem Gletscher zum Alterspunkt von fast 50 »durchgerutscht«. Und bis dahin, so wird die Mehrheit dieser Altersgruppe denken, muss die Hauptlast der lan-

Abbildung 6.1

Die Bevölkerungspyramide in der Bundesrepublik Deutschland 1998

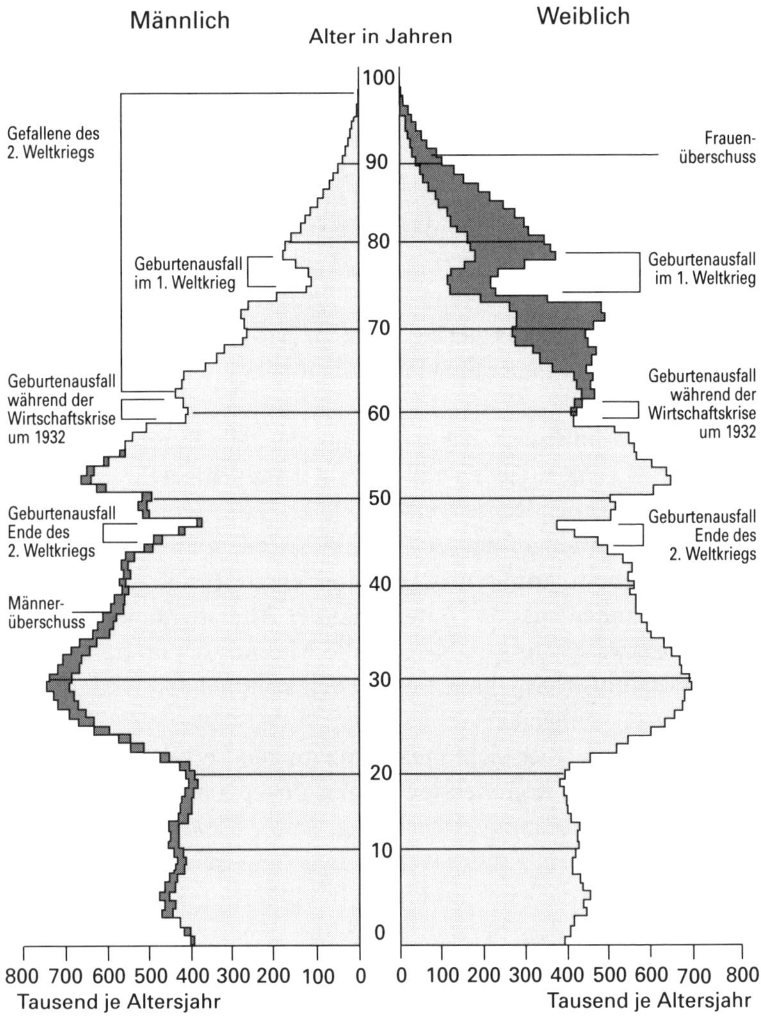

Quelle: Statistisches Bundesamt, *Statistisches Jahrbuch* 1998

gen Wegstrecke zur Vermögensansammlung bereits erledigt sein. Für diese Zeit ist aus der rein demographischen Sicht mit außerordentlich deutlich ansteigenden Aktienmärkten zu rechnen.

Die Baby Boomer werden im Zuge ihrer Altersversorgung also gezwungen sein, ständig höhere Preise für die existierenden Aktien zu bezahlen, um damit die bisherigen Eigentümer zur Abgabe dieser Papiere zu motivieren. Diese Entwicklung wird mithin den privaten Ansparprozess noch zusätzlich deutlich unterstützen. Allerdings auch nicht ganz ohne Risiko. Denn bereits in den nächsten Jahren werden sich relativ geburtenstarke Jahrgänge bereits zur Ruhe setzen. Im Hinblick auf diese Altersgruppe ist jedoch nicht davon auszugehen, dass hier ein signifikanter Anteil des Aktienbesitzes konzentriert ist, der nunmehr, zur zusätzlichen Finanzierung des Alters, auf den Markt geworfen werden würde.

Anschließend müsste dann allerdings – zumindest in dieser Hinsicht – tatsächlich so etwas wie eine »Jubelhausse« ausbrechen. Denn im Jahre 2005 werden die durch den Geburtenausfall des Zweiten Weltkriegs bedingten zahlenmäßig extrem schwachen Jahrgänge sechzig Jahre alt. Und das bedeutet: In dieser Zeit ist mit deutlich unterdurchschnittlichem Entsparverhalten am Aktienmarkt zu rechnen.

Der US-Amerikaner Harry S. Dent hat ein exzellentes Buch zu diesem Thema geschrieben, welches nunmehr auch in deutsch erhältlich und jedem Leser sehr zu empfehlen ist.[1] In diesem Buch führt Dent nicht nur die Ereignisse am Aktienmarkt, sondern die gesamte wirtschaftliche Entwicklung auf die demographische Komponente zurück, betreibt also gleichsam so etwas wie »Economics by demographics«, welches sich der gängigen Modelltheorie unseres ökonomischen Denkens völlig entzieht. Die Aussagen sind denn auch dementsprechend spektakulär, wobei sich Dent in der Tat bereits auf eine erstaunliche historische Evidenz berufen kann.

Dent zählt in diesem Zusammenhang in den USA drei »Wellen« zahlenmäßig starker Jahrgänge in diesem Jahrhundert, die in ihrer Zeit jeweils das Geschehen in Wirtschaft und Börse deutlich bestimmt haben. Denn überall wo diese geburtenstarken Jahrgänge aufgetreten sind, haben sie eine Spur der Inflation hinterlassen, bei den Kosumgütern, bei den Immobilien, aber auch bei den Aktien. Diese drei Wellen sind:

1. Die »Henry-Ford-Generation«, deren Kopfzahl hauptsächlich durch die starken Einwanderungswellen bestimmt wurde und die das Geschehen in Wirtschaft und Börse in den »goldenen Zwanzigern« geprägt hat.
2. Die »Bob-Hope-Generation«, die Alten von heute, die sich als bisher einzige Generation in der Geschichte wohlhabend vom Arbeitsprozess zurückziehen konnten, vorher jedoch in der Zeit vom Zweiten Weltkrieg bis in die späten sechziger Jahre Wirtschaft und Börse gleichzeitig angetrieben hat.
3. Die »Baby-Boom-Generation«, welche zwar irgendwann einmal das staatliche Altersversorgungssystem sprengen, vorher jedoch noch den größten Boom der Geschichte herbeiführen wird, den sie dann allerdings konsequent zum Aufbau ihrer eigenen Altersversorgung zu nutzen hat.

Dieser Boom wird sich auf zwei Ebenen abspielen: beim Konsum, also in der Wirtschaft, und an der Börse. Und die positiven Einwirkungen auf den Aktienmarkt werden wiederum zweierlei Ursachen haben: Auf der einen Seite steht der *indirekte* Effekt über die steigenden Umsätze und Gewinne der Unternehmen auf Basis der sich verstärkenden Nachfrage und auf der anderen Seite der *direkte* Effekt aufgrund der ebenfalls zugenommenen Notwendigkeiten zur Altersversorgung.

Im Hinblick auf den ersten Effekt macht Dent folgende verblüffende Rechnung auf: Er sieht die amerikanische Durchschnittsfamilie im Alter von 46,5 Jahren an ihrem Konsumhöhepunkt angekommen und legt nun einfach die Charts des Dow Jones Index und die um 46,5 Jahre in die Zukunft verschobene Kurve der *Geburten*zahlen übereinander. So kommt er schließlich zu dem fast sensationellen Ergebnis einer weitgehenden Übereinstimmung dieser Kurven im Zeitraum von 1953 bis heute, sowie der sich daran anschließenden Prognose, dass, sollte dieser »Zusammenhang« bestehen bleiben, der Dow Jones Index bis zum Jahr 2010 auf mindestens 21 500 Punkte steigen müsste, da dort die demographische Entwicklung ihr Maximum finden wird.

Trotz dieses spektakulären Ergebnisses erweist sich diese Rechnung dennoch als einigermaßen konservativ. Denn eine gute Verdoppelung in elf Jahren ergäbe sich bereits bei einem *jährlichen* Anstieg um nur 7 bis 8 Prozent. Historisch gesehen wären dies jedoch eher unterdurchschnittliche und enttäuschende Gewinne für gute Wirtschaftsjahre, in denen sonst stets zweistellige Zuwächse die Regel waren. Für Dent stellt die 21 500-Punkte-Prognose daher auch nur das »Worst-case«-Szenario seiner Einschätzung dar. Das optimistischere hingegen lautet: 35 000 Punkte im Jahr 2010. Und das wäre immerhin eine satte Vervierfachung gegenüber der heutigen Basis.

Keine Altersvorsorge ohne Aktie

Es gibt zahlreiche Meinungen über die Wirtschaft und die Börse, die zunächst plausibel klingen, sich bei genauerer Betrachtung jedoch als vollkommen verfehlt darstellen. Viele davon sind hier bereits geschildert worden. Eine weitere möchte ich nunmehr hinzufügen, denn die Kritik daran eignet sich hervorragend dazu, aufzeigen zu können, wie nahezu jegliche Ersparnis in irgend einer Weise direkt oder indirekt der Börse zugute kommt.

Oft wird behauptet, dass das Kapital, welches von den Unternehmen investiert wird, produktiv verwendet ist, das Kapital hingegen, mit dem die Anleger Aktien gekauft haben beziehungsweise welches auf dem Sparbuch liegt, unproduktiv ist. Nicht zuletzt findet sich diese Sichtweise auch in der Steuerreform der Bundesrepublik Deutschland des Jahres 1999 wieder, in der es eine explizite Trennung von »aktiven« und »passiven« Einkommensarten geben soll, welche sich in Bezug auf die Steuersätze sowie die Berücksichtigung von Verlusten deutlich voneinander unterscheiden werden.

Unter »aktiven« Einkünften werden hierbei zum Beispiel Einkommen aus gewerblicher, land- und forstwirtschaftlicher sowie sonstiger selbständiger und unselbständiger Tätigkeit subsumiert. In der Kategorie der »passiven« Einkommensarten hingegen finden sich die Einkommen aus Vermietung, Verpachtung, Kapitalvermögen und Renten wiederfinden. Interessanterweise weist diese Unterscheidung deutliche Parallelen zur Marxschen Wirtschaftssicht auf: der einen Seite die »ehrliche« körperliche Arbeit und auf der anderen Seite die »passive« Rolle der Großgrundbesitzer, des Handels und der Banken. Nun hat heutzutage sowohl die Wirtschaftstheorie die Unzulänglichkeiten der klassischen Arbeitswertlehre durch die Ausformulierung einer subjektiven Nutzentheorie erfolgreich überwunden als auch die Realität kapitalistischer Volkswirtschaften gezeigt, dass wirtschaftlicher Wert ebenso aus Produktionsprozessen wie auch aus dem Angebot von Handel und Dienstleistungen entstehen kann.

Zudem scheint auch hier der weitverbreitete Unwille, die (finanzielle) *Rückseite* dieser Prozesse gleichwertig zu betrachten, daran Schuld zu sein, die *Identität* der Kapitalverwendung von Unternehmen und Haushalten vielfach nicht sehen zu wollen. Denn es gibt in Wirklichkeit keinen Unterschied in der Kapitalverwendung zwischen beispielsweise einer Realinvestition, der Zeichnung einer Aktie und der Anlage auf dem Sparbuch. Das angesparte Kapital kommt vielmehr immer und in jedem Fall der Wirtschaft zugute, da anders die Erträge hierauf niemals erwirtschaftet werden könnten. Denn nur bei Dagobert Duck dient Geldvermögen dem ausschließlichen Zweck, täglich darin zu baden. In der Realität hingegen funktioniert dies nicht, da hier jede Bilanz immer eine zweite Seite besitzt.

Alle bei den Banken eingezahlten Gelder stellen für diese Institute nur so etwas wie einen »durchlaufenden Posten« dar, einerseits gebucht als Verbindlichkeit gegenüber dem Kunden auf der Passivseite, andererseits jedoch auch als Vermögensgegenstand auf der Aktivseite. Nun kann es sich jedoch keine Bank der Welt, die auf ihre Einlagenverbindlichkeiten Zinsen zu zahlen hat, leisten, dieses Geld einfach liegen zu lassen. Sie hat dieses Geld vielmehr selbst auszuleihen, was bedeutet, dass die zinslose Geldhaltung zum überwiegenden Teil in eine zins- oder dividendentragende Anlageform zu wandeln ist. Hiermit schließt sich dann der Kreis: Zins oder Dividende kann und wird nur derjenige bezahlen, der die erhaltenen Mittel real investiert hat. Daraus wird nun folgendes deutlich:

- Jedes Vermögen, welches einen Ertrag in Form von Zins oder Dividende erbringt, *muss* stets in der Wirtschaft investiert sein.
- Die Vorstellung, dass Vermögen oder Kapital anstatt in der Realwirtschaft investiert zu sein, ausschließlich »an die Finanzmärkte fließen« könnte, ist *falsch*.
- Ausnahmen hiervon sind allenfalls in zwei Fällen möglich, die jedoch *niemals* den Normalfall darstellen werden: einerseits im Rahmen eines betrügerischen »Schneeballsystems«, bei dem die Auszahlungen an die »alten« Spieler ausschließlich aus den Einzahlungen der »neuen« getätigt werden, oder andererseits bei der Spekulation auf Kursgewinne existierender Vermögenswerte. Wobei auch letzteres nichts anderes als ein Schneeballsystem darstellt, das entweder betrügerisch ist oder durch kurzfristigen Zufall zum Erfolg führt, weshalb auch keinem Anleger im voraus eine seriöse Festlegung gegeben werden kann.

Alle Ersparnisse der Vergangenheit, also der gesamte riesige Vermögensbestand, den die Anleger heutzutage ihr Eigentum nennen und vor sich herschieben, erweisen sich mithin als nahezu vollständig in der Realwirtschaft investiert. Wobei diese Aussage streng genommen sogar für den unverzinslichen Bargeldbestand gilt, da diesem – mit Ausnahme der Goldreserven und der ausgeschütteten Zentralbankgewinne – stets zinstragende Vermögensgegenstände auf der Aktivseite der Zentralbankbilanz entsprechen, deren Zinsen jetzt allerdings auch dieser zufallen.

Jede Vermögensmehrung wird also, wie bereits gezeigt wurde, entweder direkt oder indirekt stets auch in irgendeiner Weise dem Aktienmarkt zugute kommen.

Am klarsten ersichtlich ist dieser Effekt natürlich dann, wenn der Anleger davon direkt Aktien sowie Aktien- oder gemischte Fonds kauft. Aber es geht noch viel, viel weiter: Auch der Abschluss einer Lebensversicherung in Verbindung mit der regelmäßigen Einzahlung der Beiträge wirkt positiv auf den Aktienmarkt. Schließlich sind alle Lebensversicherungsunternehmen gezwungen, Teile ihres Kapitalstocks am Aktienmarkt zu investieren, um eine Rendite erwirtschaften zu können, die sie einerseits den Anlegern bereits zugesagt haben, andererseits jedoch als zusätzlichen Gewinnanteil benötigen, um mit den eigenen Angeboten nicht denen der Konkurrenz gegenüber zurückbleiben zu müssen, die bereits stärker am Aktienmarkt engagiert ist.

Aber auch bei einer Anlage in Spar- oder Sichteinlagen wird dieser Einfluss auf den Aktienmarkt noch zu spüren sein, obwohl er sich deutlich geringer darstellt. Denn die Banken werden, wie bereits gesehen, diese Mittel entweder selbst wieder ausleihen, wovon stets Teile beispielsweise über Effektenkredite den Weg zu den Aktienmärkten finden werden, oder aber im Rahmen ihres Eigenhandels direkt dort investieren.

Übrig bleibt damit noch die Wirkung auf den Aktienmarkt durch Sparen in Immobilien. Selbst hier wird es keinen Effekt von null geben, weil stets zu analysieren ist, welcher Verwendung die Verkäufer beziehungsweise Erbauer dieser Immobilien ihre Einnahmen respektive Erträge letztlich zuführen werden. Denn kauft der Verkäufer einer Immobilie für den Verkaufserlös zu 100 Prozent Aktien, so ist folglich eine Ersparnis, die eigentlich vollständig dem Immobilienerwerb galt, im Endeffekt doch in vollem Umfange dem Aktienmarkt zugute gekommen.

Vom Versagen und Nichtversagen des gesetzlichen Umlagesystems

Eine private Altersversorgung ohne ein Investment in Aktien, so hat gerade erneut der Bundesverband Deutscher Investmentgesellschaften e.V. (BVI) ausgerechnet, wäre kaum zu bezahlen. Denn selbst wer 45 Jahre lang den Höchstbetrag nach der Beitragsbemessungsgrundlage in die gesetzliche Rentenversicherung einbezahlt hat, dessen monatlicher Rentenanspruch beliefe sich nur auf rund 3 840 D-Mark. Ein letztes Jahresbruttogehalt von 100 000 D-Mark würde sich daher zum Zeitpunkt der Rente in ein Einkommen wandeln, welches nur noch etwa 42 Prozent dieses Betrages ausmachen würde. Das ist zwar immer noch nicht wenig, aber schon ein herber Sprung nach unten.

Würden hingegen zwei Drittel des letzten Gehaltes als Altersversorgung erwartet, so ergäbe dies eine »Versorgungslücke«, die sich nur durch einen Anstieg der Sparrate um vier Prozent schließen ließe, was, auf alle Erwerbstätigen in der Bundesrepublik hochgerechnet, insgesamt einen Betrag von 100 Milliarden D-Mark pro Jahr ausmachen würde – allerdings nur dann, wenn signifikante Beträge davon auch am Aktienmarkt angelegt werden würden.[2]

Nun ist es zwar zunächst plausibel, erweist sich bei näherer Betrachtung jedoch als illegitim, innerhalb einer Volkswirtschaft mit einer negativen demographischen Komponente einfach das Versagen einer umlagefinanzierten Rentensicherung dem vermeintlichen Erfolgssystem »Kapitaldeckung« gegenüberzustellen. Denn im Grunde genommen leiden beide Systeme in etwa ähnlichem Ausmaß an einer zurückgehenden Bevölkerung. Das allerdings macht das Problem in keiner Weise einfacher, sondern vielmehr noch deutlich schwieriger, da hierdurch die vermeintliche Wahlmöglichkeit zu einer bloßen »Illusion der Alternativen« verkommt.

Zumindest in einer geschlossenen Volkswirtschaft muss eine zurückgehende Bevölkerung stets auch Auswirkungen auf das Sozialprodukt und damit auf die Ergebnisse der Unternehmen zeigen. In der Vergangenheit ergaben sich deutliche Übereinstimmungen von Wirtschafts- und Bevölkerungswachstum. Es ist daher aus heutiger Sicht noch nicht abschließend entscheidbar, ob es gelingen könnte, bei einer abnehmenden Anzahl von Konsumenten den Konsum pro Kopf so zu steigern, dass trotzdem die Gesamtsumme der produzierten Waren und Dienstleistungen stetig weiter zunehmen und dabei auch noch abgesetzt werden kann. Denn genau das wäre zum reibungslosen Funktionieren des vielpropagierten Anspar- oder Kapitaldeckungsverfahrens der Alterssicherung unbedingt erforderlich. Ein Ansparen oder Ansammeln von Kapital zur Altersversorgung kann immer nur dann erfolgreich sein, wenn folgende Probleme gelöst werden:

1. Das Kapital muss zumindest seinen Wert behalten, besser jedoch noch steigern. Was nichts anderes bedeutet als: Das Kapital muss auch in der Zukunft mindestens genauso produktiv eingesetzt werden können wie zum Zeitpunkt des Ansammelns oder Ansparens.
   Sind hierbei bereits die Schwierigkeiten erkennbar, die eine zurückgehende Bevölkerung im Hinblick auf die Produktivität des Kapitalstocks einer Volkswirtschaft bereitet, so wird dieser Themenkomplex in dem Moment noch virulenter, in welchem das »angehäufte« Kapital von der älteren Generation zur Finanzierung der Altersruhe »verzehrt« werden soll.
2. Angesammeltes oder angespartes Kapital lässt sich nämlich nicht, wie von vielen Protagonisten eines derartigen Modells stillschweigend angenommen wird, direkt »entsparen« oder »verzehren«. Denn weder Aktien noch Unternehmen, Häuser oder Geld lassen sich direkt konsumieren. Besitzt man derartige Vermögensgüter, dann lässt sich nur dann von diesen Reserven leben, wenn man zu jedem Zeitpunkt auch jemanden findet, der sie einem *abkauft* beziehungsweise gegen das Geld Güter *abliefert*.
3. Leidet eine Volkswirtschaft nun unter der Last einer schrumpfenden Bevölkerung, so werden die jungen Generationen in der Regel wenig Sinn dafür haben, existierende Kapitalien zu hohen Werten zu übernehmen. Denn sie werden selbst bisher nur wenig Gelegenheit gehabt haben, ihrerseits einen ähnlichen Prozess der Vermögensbildung zu durchlaufen, wie es bei den vorangegangenen geburtenstarken Jahrgängen der Fall war.
4. Eine zurückgehende Bevölkerung wird folglich nicht nur die Ökonomie, sondern insbesondere auch den Aktienmarkt negativ tangieren. Es könnte sich daher auch für die heutige Generation der »Ansparer« einmal als schwierig erweisen, die *geplanten* Kapitalgewinne ihrer Eigenvorsorge tatsächlich auch einmal *realisieren* zu können.

Als Quintessenz ergibt sich damit: Im Gegensatz zu unserer konventionellen Denkweise funktioniert nicht nur unsere staatliche

Rentenversicherung aufgrund eines Generationenvertrages, sondern auch der Prozess des Ansparens mit anschließendem Verzehr von Kapital stellt sich nur im Rahmen eines *impliziten Generationenvertrages* als gangbarer Weg dar.

Ist es nun schon schwer, durch Ansparen Kapital zu bilden und fürs Alter zurückzulegen, so kann es sich später einmal als noch viel schwerer erweisen, dieses Kapital schließlich wieder zu »verflüssigen«.

Treten mithin also einmal tatsächlich die Bedingungen ein, aufgrund derer wir heute einen »Crash« der gesetzlichen Rentenversicherung prognostizieren, dann wird es um die private Vorsorge auch nicht viel besser stehen.

Der vermeintliche »Trade-off« zwischen maroder Umlagefinanzierung der Renten und gesunder Eigenvorsorge oder Kapitaldeckung existiert damit in Wirklichkeit eigentlich überhaupt nicht.

Zwei Punkte sind hierbei noch zu diskutieren. Und das ist auf der einen Seite die Tatsache, dass die obigen Aussagen strenggenommen nur für eine geschlossene Volkswirtschaft Gültigkeit haben. In der Realität können jedoch sowohl die Unternehmen als auch gesamte Volkswirtschaften versuchen, zunehmend andere Absatzmärkte zu erschließen, als nur auf die inländischen zu vertrauen. Bei den meisten ist dies ja bekanntlich bereits Alltag, weswegen hier auch das Nationalitätsprinzip eigentlich bereits der Vergangenheit angehört. Dennoch ist ein Problem relativ schwer zu umschiffen: Um in diesem Zusammenhang so etwas wie einen »Ausgleich« zu bewerkstelligen, müsste es gelingen, die potentiellen Konsumenten westlicher Industrieprodukte in den bevölkerungsreichen Ländern der Dritten Welt auch mit dem nötigen Einkommen auszustatten. Großer Optimismus ist hier allerdings bisher nicht auszumachen, denn gerade die Asienkrise hat seit 1997 sehr klar gemacht, dass eine dynamische Einkommensbildung dieser Länder stets zu außenwirtschaftlichen Turbulenzen führt.

Denn jede gleichmäßige Entwicklung und Einkommensbildung in diesen Ländern benötigt Ruhe an der Devisenfront. Ruhe an der Devisenfront gibt es jedoch nur bei stabilen Handelsbilanzüberschüssen. Stabile Handelsbilanzüberschüsse dieser Länder jedoch sind wiederum zumindest mittelfristig schon aus zwei Gründen relativ unwahrscheinlich: Denn erstens wollen die Industrieländer schon heute lieber dorthin etwas verkaufen als von dort zu kaufen. Und zweitens führt neuer Wohlstand in liberalen Systemen stets und immer zum Importsog.

Internationale Stabilität, welche die notwendige Grundlage für jeglichen erfolgreichen »Ausgleich« der wirtschaftlich-demographischen Ungleichgewichte bildet, wäre damit letztlich nur zu erreichen, indem alle Welthandelsländer als Gesamtheit Exportüberschüsse und damit Währungsstabilität aufweisen könnten, was wiederum jedoch unmöglich ist.

Es stellt mithin eine schwierige Gratwanderung für die westlichen Industrieländer dar, einerseits die merkantilistische Strategie der Durchsetzung von Exporterfolgen zur Sicherung des heimischen Wohlstands beizubehalten, *gleichzeitig* jedoch andererseits auf die Dritte Welt als zukünftigen Abnehmer der Produkte ihrer heimischen Wirtschaft zu setzen.

Auf jeden Fall wird der langfristige Aktieninvestor gut beraten sein, seine Strategie auf multinationale Unternehmen zu konzentrieren und nicht auf Nischenproduzenten, die sich möglicherweise ausschließlich auf diejenigen Absatzmärkte konzentrieren, in denen die demographische Komponente sich ähnlich verheerend darstellt wie hierzulande.

Nun gilt diese Kalamität jedoch nicht nur für die Aktien-, sondern prinzipiell auch für jegliche andere Vermögensanlage. Denn gerade Geldforderungen sind in extrem langen Zeiträumen dem Risiko des Ausfalls des Schuldners (=Konkurs) in extremer Weise ausgesetzt. Wer heute zum Beispiel sein Geld für zehn Jahre oder länger zu 6 Prozent Zinsen jährlich anlegt, muss berücksichtigen, dass diese Zinszahlung sowie die Rückzahlung der eingelegten Summe nur dann erfolgen wird, wenn derjenige, dem diese Mittel zur Verfügung stehen, auch die beiden folgenden Bedingungen erfüllt:

- Er muss das Kapital zur Finanzierung einer Investition eingesetzt haben, die einerseits den Vermögenswert *sichert* und ande-

rerseits dabei einen *zusätzlichen* Ertrag von mindestens 6 Prozent jährlich abwirft. Irrt der Schuldner jedoch oder wird auch er durch eine mangelnde Nachfrage aufgrund der schlechten demographischen Entwicklung überrascht, dann wird nicht der Aktionär Kursverluste zu beklagen haben, sondern das Geldvermögen sich sogar schlichtweg in Luft aufgelöst haben.
- Was jedoch ist mit demjenigen, der »im Sparstrumpf« gespart, also direkt Geld gehortet hat? Ob und wieviel in 20, 30 oder 40 Jahren mit diesem Geld gekauft werden kann, hängt auch hier im wesentlichen von der Höhe der zukünftigen Produktion ab – und damit ebenso von der demographischen Komponente wie dem Wirtschaftswachstum wie bei allen anderen Anlageformen auch. Selbst hier gibt es also kein Entrinnen aus der »Demographiefalle«.

Denn Geld hat zwar die Funktion, Mittel zur Wertaufbewahrung zu sein. Aber Geld ist andererseits stets auch immer nur ein Spiegelbild der Wirtschaftsaktivitäten. Würde morgen die Wirtschaft stoppen, so würde im selben Moment auch alles Geld verschwinden beziehungsweise wertlos werden. Geld ist also nur dann sicher, wenn auch die Wirtschaft sicher ist. Und die Wirtschaft ist nur sicher, wenn sie auch die realistische Perspektive hat, ständig weiter wachsen zu können.

Anscheinend funktionieren also nicht nur die Rentenversicherung und die Kapitalmärkte ausschließlich aufgrund eines implizit wirkenden Generationenvertrages, sondern die gesamte Wirtschaft auch. Denn für unsere Ersparnisse von heute können wir nur dann morgen etwas kaufen, wenn die zukünftigen Generationen dafür etwas produzieren und uns diese Produkte gegen die Bezahlung mit unseren Ersparnissen dann auch tatsächlich aushändigen.

Aus diesem Blickwinkel könnte also sowohl die Zukunft der Wirtschaft als auch die der Aktienmärkte durchaus schwierig werden. Wobei es natürlich schwierig ist, derartig lange Zeiträume vorauszusehen. Denn gerade Wirtschaft und Börse hängen in einem ganz extremen Maß von Innovationen ab, von Erfindungen und Neuerungen, die stets große Wachstumssprünge auslösen, jedoch niemals voraussagbar sind. Man sollte somit auch nicht den Fehler machen, an ein »Ende der Geschichte« zu denken oder sich gar die Äußerung eines Herrn namens Charles H. Duell vom US-Patentamt aus dem Jahr 1899 zu eigen zu machen, der damals die These aufgestellt hat: »Alles, was erfunden werden kann, ist bereits erfunden.«

Eine Schwierigkeit in diesem Zusammenhang wird natürlich die Staatsverschuldung sein und damit die Frage, ob es gelingen kann, den heute schon riesigen aufgehäuften Bestand an Staatsschulden, der durch Zins und Zinseszins letztlich sogar ein exponentielles Wachstums aufweist, erfolgreich durch die Zeit zu schleusen, sprich, die fälligen Anleihen stets durch neue zu ersetzen und überdies auch noch den Zinsdienst geräuschlos aus Steuermitteln oder im Zuge einer weiteren Verschuldung aufbringen zu können.

Dies ist sicherlich der heikelste Posten der nächsten Jahrzehnte, denn es ist kaum vorstellbar, dass die aus einer unermesslichen Arroganz und Ignoranz der gegenwärtigen Generationen gespeiste Staatsverschuldung von den heute jungen Leuten, die hiervon in keinster Weise profitiert haben, in Zukunft anerkannt werden könnte.

Hier wird es mit an Sicherheit grenzender Wahrscheinlichkeit in den nächsten 20 bis 30 Jahren in irgendeiner Form zum Schuldenschnitt kommen, was jedoch nicht zwingend eine Wirtschaftskrise bedeuten müsste, da hiervon primär nur die Halter von Staatstitel betroffen sein würden, deren »Verzicht« zudem auch mit einer zukünftigen begrenzten Steuerfreistellung »erkauft« werden könnte. Die Aktienmärkte würden dabei sicherlich eine Weile beben, dann jedoch recht bald konzedieren, dass ein solcher »Neustart« durchaus auch positive Effekte haben wird.

Andererseits besteht auch immer noch die Möglichkeit, eine Budgetkonsolidierung durchzuführen, wie dies derzeit in den USA bereits in Ansätzen geschieht. Doch der Erfolg einer derartigen Politik hinge wiederum in extremer Weise von den Zahlen des wirtschaftlichen Wachstums und damit erneut von der demographischen Komponente ab. Denn eine zurückgehende Bevölkerung bedeutet natürlich sinkende Steuereinnahmen bei gleichzeitig jedoch unverändertem Schuldendienst.

Man dreht sich also stets im Kreis, wenn man versucht, ein präzises Zukunftsszenario zu entwickeln. Der größte Fehler, den alle gescheiterten Propheten zu allen Zeiten gemacht haben und auch stets von Neuen machen, ist denn auch derjenige, den *Zeithorizont* ihrer Prognosen, die durchaus auf vernünftigen Grundlagen beruht haben mögen, immer deutlich *zu kurz* angesetzt zu haben. Die Wirtschaft jedoch ist eine Art Supertanker und wird folglich nicht durch einen ersten Sturm aus ihrer Fahrrinne herausgeweht.

Bis zu dem Zeitpunkt, in dem die eben erörterten Probleme virulent werden könnten, kann und wird mithin also noch sehr, sehr viel passieren: Erfindungen, Revolutionen, vielleicht sogar ein friedlicher Ausgleich der »Bevölkerungsüberhänge«. Das heißt, entweder eine komplette Veränderung der weltwirtschaftlichen Bedingungen oder eine verstärkte Migration aus den geburtenstarken in die geburtenschwachen Länder, was mithin nicht nur alle bisherigen demographischen Voraussetzungen, sondern auch sämtliche daraus gezogenen Folgerungen völlig verändern würde.

Wichtig ist es in jedem Fall, den möglichen Schwierigkeiten so offen wie möglich ins Auge zu sehen. Denn trotz aller Schattenfechtereien um kurzfristige Ziele, die gegenwärtig unsere politische Wirklichkeit bestimmen, ist der zu erwartende dramatische Rückgang unserer Bevölkerung das ernsteste wirtschaftliche Problem, mit dem wir in den nächsten Jahrzehnten zu kämpfen haben werden. In dieser Hinsicht kann man mithin nur inständig hoffen, dass wir uns in Deutschland nicht in das Problem der Ausländerfeindlichkeit »verbeißen«. Denn traditionelle Einwanderungsländer wie die USA werden mit den anstehenden Problemen mit Sicherheit besser fertig werden als wir.

Man sollte deshalb nicht zuletzt aufgrund dieser Überlegung bei seiner Anlagestrategie niemals ganz den Blick über den großen Teich vernachlässigen – und natürlich auch ein ganz besonderes Augenmerk dem dortigen Aktienmarkt schenken..

7.
Das Ende der Inflation bedroht Immobilienbesitzer und belohnt Aktionäre

Das Denken der meisten Kapitalanleger wird heute immer noch von der Vorstellung geprägt, dass der Rückgang der Inflationsrate, den wir gegenwärtig erleben, nur temporärer Natur ist und wir bald eine Rückkehr zu den inflationären Zeiten der Vergangenheit erleben werden. Denn eine Inflation von nur 1 Prozent oder noch darunter erscheint ihnen sehr niedrig, weshalb sie schon allein deshalb einen baldigen Wiederanstieg erwarten, weil eine höhere Preissteigerungsrate für sie schlichtweg zum Normalfall geworden ist.

Hierbei bietet sich durchaus ein Vergleich zur Bundestagswahl 1998 an. Denn nach 16 Jahren Regierung wirkten die Begriffe »Helmut Kohl« und »Bundeskanzler« nahezu ähnlich identisch wie heute die Begriffe »Preisentwicklung« und »Inflation«. Nun hat jedoch die Bundestagswahl relativ deutlich gezeigt, dass dieses Junktim durchaus zerstörbar ist. Und wenn nicht alles täuscht, wird es uns im Hinblick auf die Inflation demnächst ebenso ergehen.

Das Szenario, in welchem das Preisniveau nur noch steigen, jedoch nicht mehr fallen kann, erweist sich bei näherem Hinsehen jedoch *nicht* als historische Normalität, sondern entpuppt sich vielmehr als ein bisher *einmaliges* historisches Phänomen der Geschichte im Anschluss an den Zweiten Weltkrieg. Aus dieser Sicht heraus spricht also einiges dafür, dass der gegenwärtige Prozess der Disinflation eher eine Rückkehr zur historischen Normalität moderater Preisschwankungen um die Nullinie anzeigt als eine kurzzeitige Unterbrechung eines weiterhin anhaltenden Dauerinflationsprozesses.

Wie ist es nun zu dieser historisch einmaligen Konstellation der Nachkriegsgeschichte gekommen? Und warum soll sie gerade jetzt ihr Ende finden? Von Churchill ist der Satz überliefert, dass er, wenn er fünf Ökonomen um ihren Rat gefragt hat, stets sechs verschiedene Antworten bekommen hat – zwei davon von Lord Keynes. Ebenso stellt es sich auch bei den möglichen Erklärungen der Inflation dar, insbesondere hinsichtlich der Ursachen der Dauerinflation in der Nachkriegszeit. Ich werde mich daher im folgenden auf eine subjektive Auswahl der wichtigsten beschränken.

Die unmittelbare Nachkriegszeit zeichnete sich dadurch aus, dass alle Verbraucher durch einen hohen Nachholbedarf in Konsumangelegenheiten geprägt waren. Sobald also die neuen Konsumbedürfnisse wieder befriedigt werden konnten, »sprang« der eine wie andere hier sicherlich recht schnell über manche Preisgrenze hinweg. Auch wurde der Nachkriegsboom durch enorme Lohnsteigerungen begleitet, welche schließlich die berühmt-berüchtigte »Lohn-Preis-Spirale« in Gang gesetzt haben.

An ein bewusstes Abbremsen dieses inflationären Booms, wie es in den Vorkriegsjahren sicherlich der Fall gewesen wäre, war nun schon aus politischen Überlegungen heraus in dieser Zeit nur schwer zu denken. Denn schließlich wurden – zumindest in einigen neuen Schlüsselländern der Weltwirtschaft – die neue Demokratie und der neue Frieden durchaus mit dem neuen Konsumparadies gleichgesetzt. Auf der anderen Seite kommt noch hinzu, dass parallel dazu dem Staat gerade innerhalb der europäischen Länder immer mehr Aufgaben zugewiesen wurden. Der Staat ist nun jedoch in jedem Fall stets ein relativ wenig preissensibler Nachfrager in einer Volkswirtschaft, woraus folgt, dass, je stärker seine Präsenz im Wirtschaftsablauf ausfällt, umso eher Inflationseffekte die Folge davon sein werden.

Ein wichtiges Merkmal ist sicherlich auch die im Vergleich zu heute noch geringe internationale Konkurrenz dieser trotzdem bereits extrem global ausgerichteten Weltwirtschaft. Lokale Anbieter, besonders aber die gerade entstehenden multinationalen Konzerne, konnten noch, was heutzutage nicht mehr möglich ist, ihre gesamte Preissetzungsmacht in aller Fülle demonstrieren. Nicht zu vergessen sind diesbezüglich auch die vielen sich damals noch in staatlichen Händen befindlichen Wirtschaftsbereiche, wie zum Beispiel Telekommunikation und Luftverkehr. Und nicht zuletzt wirkte *auch hier* die demographische Komponente.

Als mindestens ebenso entscheidend stellten sich aber auch die beiden Erdölkrisen in den siebziger Jahren dar, die zwar erst eintraten, als der Inflationszug schon fuhr, diesen jedoch noch enorm beschleunigten. Denn der Preis des »Grundbrennstoffs« der westlichen Volkswirtschaften wurde von einem auf den anderen Tag ganz plötzlich in vorher noch unvorstellbare Höhen katapultiert, und welches Unternehmen, selbst wenn es dies nicht zwingend musste, hätte diese Last nicht auf die Verbraucher überwälzt?

Dies stürzte mithin die Notenbanken weltweit in ein enormes Dilemma. Was sollten sie tun? Hätten sie ausschließlich ihr Ziel verfolgt, mit einer rigiden Politik die Geldwertstabilität zu sichern, dann wäre diese Krise vielleicht sogar zu einer echten wirtschaftlichen Katastrophe mutiert, bei der dann vielleicht ebenso plötzlich wie in den dreißiger Jahren eine enorme Abwärtsspirale sinkender wirtschaftlicher Aktivität und dramatisch ansteigender Arbeitslosigkeit eingesetzt hätte. Die Alternative dazu, für die man sich glücklichweise entschieden hat, hieß nun jedoch, die realen wirtschaftlichen Folgen der Erdölschocks abzufedern, dafür jedoch ein gewisses Maß an Inflation zuzulassen. Was einen zwangsläufig zu der alten Fragestellung führt, inwieweit eine Inflation nun überhaupt ein monetäres Gesicht haben kann.

Diese Frage wird leider nirgendwo mehr gestellt, da sie implizit bereits von allen beantwortet ist. Denn heutzutage gibt es nahezu niemanden mehr, der in dieser Hinsicht nicht wie ein Monetarist argumentieren würde. Wir sind also alle Monetaristen geworden, allerdings ohne uns so recht darüber im Klaren zu sein. Was die Sache allerdings nur noch schlimmer macht. Was behauptet nun der Monetarismus?

In ihrem bahnbrechenden Werk *A Monetary History of the United States* haben Milton Friedman und Anna Schwartz für den gesamten Zeitraum von 1867 bis 1960 nachgewiesen, dass stets ein enger Zusammenhang zwischen der Geldmengenentwicklung und der Inflationsrate, sprich den jährlichen Preisveränderungen, bestanden hat. Vor dem Hintergrund der Annahme, dass die Zentralbank die Geldmenge stets kontrollieren und bestimmen kann, sowie durch vielerlei statistische Untersuchungen unterlegt, schlossen sie nunmehr daraus: Geldmengenausweitungen sind *die Ursache* für das Auftreten von Inflation.

Die Kritiker des mit diesem Buch geborenen »Monetarismus« haben dagegen stets eingewendet, dass die Monetaristen hier nur einer optischen Täuschung aufgesessen seien. Denn, so sagte zum Beispiel James Tobin bereits 1970 in seinem Aufsatz »Post Hoc Ergo Propter Hoc?«[1], alleine aus der Beobachtung, dass die Geldmengenveränderungen der Inflation zeitlich vorangingen, könne man nicht in legitimer Weise auf einen ursächlichen Zusammenhang schließen. Es wäre vielmehr auch möglich, dass die Haushalte und Unternehmen bereits im Vorgriff auf geplante Ausgaben und Investitionen sich mit den nötigen Zahlungsmitteln versorgen – und damit in diesem Zusammenhang vielmehr die *umgekehrte* Kausalität bestehen würde: Die Geldmengenentwicklung ist damit also *nicht* die Ursache, sondern bereits die *Wirkung* von Veränderungen der wirtschaftlichen Aktivität wie des Preisniveaus, obwohl sie diesen zeitlich vorangeht.

Ohne hier in diese komplizierte Debatte tiefer einsteigen zu wollen, sei dennoch kurz das gegenwärtige Fazit dieser Auseinandersetzung genannt. Es lautet, wie nicht viel anders zu erwarten ist, in etwa auf »unentschieden«. Das heißt: Inflationen können monetär verursacht sein, was insbesondere für die in der Geschichte bereits des öfteren aufgetretenen Hyperinflationen der Fall sein wird. Inflationen müssen jedoch nicht monetären Ursprungs sein. Am wichtigsten für das hier zu behandelnde Thema ist der Umkehrschluss dieser Überlegungen, der da lautet: *Nicht jede Geldmengenausweitung wird zu Inflation führen.*

Besonders interessant an dieser Behauptung ist, dass sich zwar die überwiegende Mehrzahl der Anleger und Finanzmarktteilnehmer *nicht* dem Lager der Monetaristen zugehörig fühlt, jedoch das Thema »Inflation« nahezu ausschließlich innerhalb der monetaristischen Denkweise thematisiert wird. Für mich stammt daher eine der treffendsten Aussagen über Inflation – weil am besten geeignet, uns die Augen zu öffnen – von dem US-Ökonomen Henry Wallich, der einmal geäußert hat, die Inflation wäre ebensowenig ein monetäres Phänomen wie das Erschießen eines Menschen ein ballistisches Phänomen sei.

Gegenwärtig befinden wir uns in einer Situation, in der seit Anfang der neunziger Jahre durch den Fall der Mauer plötzlich Hunderte von Millionen Menschen neu den Weltmarkt »betreten« haben. Und zwar zunächst (aufgrund von nicht vorhandenem Geld oder Vermögen) als Anbieter von Produkten, Produktionskapazitäten, Rohstoffen und Dienstleistungen aller Art. Die internationale Konkurrenz hat damit in einem derartig dramatischen Ausmaß zugenommen, dass gegenwärtig gerade in den einfachen Produktionsspektren an Preiserhöhungen überhaupt nicht zu denken ist.

Sollte ein Unternehmen folglich versuchen, entweder seine gestiegenen Kosten oder aber höhere Gewinnansätze auf die Preise überwälzen zu wollen, so werden sich sofort Hunderte anderer Unternehmen weltweit finden, die bereit sind, diesen Preis deutlich zu unterbieten. Möglich sind Preiserhöhungen folglich nur für wenige Markenprodukte, bei denen eine direkte Konkurrenz aus schutzrechtlichen Gründen nicht möglich ist. Aber auch hier sollten und werden die Unternehmen in Anbetracht deutlich geringerer Lohnzuwächse und daher auch geringerer Konsumsteigerungsraten als in der Vergangenheit eher vorsichtiger denn mutiger mit möglichen Preissteigerungen sein.

Ganz extrem ist die Situation in den Bereichen der Hochtechnologieprodukte, in denen die Kombination von internationaler Konkurrenz und enormen Produktivitätsfortschritten nicht nur Preiserhöhungen unmöglich, sondern sogar Preissenkungen zur Normalität macht. Und das heißt: Selbst nach außen hin stabil gehaltene Preise in diesen Segmenten bedeuten, dass der Verbraucher im Zeitablauf für den gleichen Rechnungsbetrag zunehmend bessere Produkte bekommt. Man kann also durchaus sagen, dass die paradoxe Situation besteht, in der selbst stabile Preise in Wirklichkeit sinkende Preise bedeuten.

Hinzu kommt noch, dass zumindest in Deutschland bei der Ermittlung der Preissteigerungsrate ausschließlich *Standard*produkte erfaßt werden, *Sonder*angebote jedoch *keine* Berücksichtigung finden. Und wer sich einmal umsieht in unserer gegenwärtigen Wirtschaftswirklichkeit, der wird feststellen, dass die Sonderangebote bei nahezu allen Warenangeboten eher die Regel denn die Ausnahme darstellen.

Damit ist klar, dass die offiziellen Inflationszahlen, die wir monatlich zu lesen oder zu hören bekommen, die tatsächliche Inflation deutlich *überschätzen.* Konkret: Hinter den gegenwärtig gemeldeten Inflationszahlen von 1 Prozent Preisanstieg pro Jahr verbirgt sich in Wirklichkeit bereits eine leichte Deflation, das heißt, nicht nur abnehmende Preis*zuwächse*, sondern direkt *fallende* Preise. Und dies gilt, wie gesagt, nicht nur für den Technologiebereich, sondern fast für das gesamte Spektrum unseres Warenkorbes.

Umso wichtiger ist es daher, dass sowohl die Notenbanken jenseits und diesseits des großen Teiches als auch die Marktteilnehmer speziell an den Bondmärkten dieses neue Szenario begreifen. Der Chefökonom der Hong Kong Shanghai Banking Corporation (HSBC) in London, Roger Bootle, hat in seinem 1996 erschienenen wegweisenden Buch *The Death of Inflation*[2] Bedenken geäußert, dass ein Missverstehen dieser Situation dazu führen könnte, dass trotz bereits deutlich deflationärer Entwicklungen aller Augen weiterhin ausschließlich auf eine Rückkehr der Inflation gerichtet sind. Denn nichts ist tragischer, als die Augen auf den falschen Feind zu richten. Einer sich andeutenden Deflation mit den Mitteln der Inflationsbekämpfung entgegenzutreten, wäre wie Bluthochdruck mit Alkohol zu bekämpfen oder Feuer mit Öl löschen zu wollen. Auch hier können wir also nur lernen aus den dreißiger Jahren.

Heute hingegen, zwei Jahre nach dem Erscheinen von Bootles Werk, scheint diese Gefahr denn auch zumindest auf Seiten der Notenbanken weitgehend gebannt zu sein. Dennoch treibt bei den Marktteilnehmern nach wie vor die unsägliche Lehre des Monetarismus ihr Unwesen. Und zwar hauptsächlich bei denen, die sich am geringsten davon beeinflusst sehen. Denn gerade die mutigen Notenbankpolitiken, die mit einer extrem leichten Geldpolitik im Jahre 1998 den Finanzmarktkrisen erfolgreich entgegengewirkt haben, werden gegenwärtig weltweit von vielen verkappten Monetaristen als inflationstreibend gebrandmarkt. Hohe Geldmengensteigerungen, so haben diese Herren es nämlich gelernt, würden uns stets wieder die Inflation zurückbringen. Es ist dies das falsche, aber einfach nicht auslöschbare Bild einer »zu hohen« Geldmenge auf der Suche nach »zu wenig« Gütern. Ganz so, als ob eine Auffüllung der Zuckerdose von sich aus bereits den Kaffee süßer machen würde.

Das letzte Mal, als derartige Meinungen die Märkte überschwemmten, schrieben wir das Jahr 1994. Hier führte die Inflationsangst zu einem wahren »Rentencrash« und verdarb damit auch dem Aktienmarkt gehörig die Aufwärtslaune. In der Folgezeit zeigte sich dann jedoch relativ schnell mit deutlicher Härte der Irrtum großer Teile der Marktteilnehmer. Denn nicht nur wurden die Eigenhandelsergebnisse der Banken dadurch völlig verhagelt, sondern es schloss sich auch die größte Rentenhausse der Nachkriegszeit an, für die die »Experten« zu dieser Zeit wahrlich nicht besonders gut gerüstet waren. Aber vielleicht sollten wir sogar glücklich darüber sein, denn ohne diesen »Kollektivirrtum« hätte es eine Hausse in diesem Tempo sicherlich nicht gegeben.

Dieser Prozess der Bewusstwerdung, dass ein Ende der Inflation vorliegt, verläuft also sehr zähleibig. Und er wird, das ist meine feste Überzeugung, noch viele Leute in den Konkurs treiben. Ich hoffe jedoch, dass es hierbei bei »Einzelopfern« bleibt. Denn eine plötzliche vehemente Zinssteigerung am Markt für langlaufende Anleihen, wie wir sie 1994 erlebt haben, hatte zwar *damals* nur geringe Auswirkungen auf die Realwirtschaft, könnte jedoch *heutzutage* gerade den wachstumsschwachen europäischen Volkswirtschaften enorme Probleme bereiten.

Denn während die USA aufgrund ihrer derzeitigen Budgetüberschüsse alle Optionen besitzen, auch dem stärksten Zinsanstieg mit expansiven steuerpolitischen Maßnahmen zur Stützung der Wirtschaft entgegenzuwirken, ist in Europa bereits das Ende der Fahnenstange erreicht. Konkret: Die eurosklerotischen Volkswirtschaften weisen sich derzeit trotz der niedrigsten Zinsen der Nachkriegszeit und vollständig ausgereizten Staatshaushalten nur durch extrem niedrige Wachstumsraten aus. Sollte es also zu völlig plötzlichen und unangemessenen Zinssteigerungen am Markt kommen, so sähe es in der Tat düster um unsere Wirtschaft aus.

Das Ansteigen der nominalen Zinsen in einer deflationären Entwicklung erweist sich als nahezu doppelt tragisch, da hier bereits gleichbleibende oder gar sinkende Zinsen einen Anstieg des Realzinsniveaus bedeuten können. Das Niveau der Realzinsen wiederum ist stets der entscheidende monetäre Parameter der Investitionstätigkeit. Und die Realzinsen steigen immer dann an, wenn das Preisniveau selbst bei gleichbleibenden Zinsen sinkt sowie bei fallenden Zinsen stärker als diese fallen sollte. Derartige Situationen sind für die Notenbanken folglich auch nicht leicht zu bewältigen.

Umso ärgerlicher sind deshalb die Meinungen von Marktteilnehmern, die uns jetzt nur noch eine Wahl zwischen Deflation und Hyperinflation prophezeien. Wir müssen deshalb wirklich aufpassen auf die »Inflations-Heinis«, denn sonst legen sie uns tatsächlich noch die Schlinge um den Hals. Ich weigere mich in diesem Zusammenhang deshalb strikt, diesen verkappt-monetaristischen Gedankengängen auch nur annähernd zu folgen. Denn diese sind nicht mehr als die sture Extrapolation der monetaristischen Geldmengenregel in die Zukunft – allerdings ohne zu berücksichtigen, was links und rechts von uns vorgeht. Mittlerweile haben wir fast 30 Jahre lang gegen die Inflation angekämpft. Und nun, wo diese wirklich besiegt scheint, soll uns durch eine Hyperinflation das Ende der Welt bevorstehen, beziehungsweise nur noch die Wahl zwischen Sodom und Gomorrha bleiben?

Ich glaube das ganz und gar nicht. Denn das Ende der Inflation wird aus meiner Sicht, wie ich gleich ausführlicher darlegen werde, vielmehr allen Unternehmern und Anlegern Chancen bieten, von denen wir vorher nicht einmal zu träumen gewagt haben. Allerdings müssen wir erst einmal den Übergang in diese neue Phase erfolgreich bewerkstelligen. Hier sind wichtige Schritte zwar bereits getan, aber ganz über den Berg sind wir wohl noch nicht.

Primär scheint dies alles auch ein mentales Problem zu sein. Denn nahezu allen Unternehmern, Anlegern, Wirtschaftwissenschaftlern und Politikern geht es heutzutage so, wie es den jüngeren Journalisten und Wählern bis vor kurzem noch mit dem ehemaligen Bundeskanzler Helmut Kohl gegangen ist: Sie kannten immer nur das eine Szenario, und eine Alternative dazu mutierte fast zum Tabuthema. Dass die Alternativen nun nicht in jedem Falle *alles* völlig anders machen, wissen wir bereits in der einen Hinsicht. Aber das ändert freilich an der Zwangsläufigkeit ihres Eintretens recht wenig bis gar nichts.

Immobilien glänzen nur in Inflationszeiten

Unter der Überschrift »Geldmaschine Immobilie« hat Roger Bootle einige interessante Zahlen zum Immobilienmarkt zusammengetragen:

»In allen führenden Industrienationen der Welt (die sogenannten G7) stiegen die Immobilienpreise auf dem Höhepunkt der Inflation unerbittlich. Zwischen 1970 und 1992 betrug die durchschnittliche jährliche Steigerungsrate 12,5 Prozent. Italien registrierte dieselbe Durchschnittsrate in der Zeit zwischen 1970 und 1989. Sogar in Deutschland, das eine niedrige Inflationsrate aufwies, lag sie bei 5,5 Prozent. In den USA lag der entsprechende Wert zwischen den beiden Extremen, nämlich bei 7,75 Prozent.

Preissteigerungsraten in dieser Größenordnung führen zu einem starken kumulativen Preisanstieg. In Großbritannien lagen die Immobilienpreise 1992 mehr als dreizehnmal höher als im Vergleichsjahr 1970. In den anderen Ländern lagen die Vergleichszahlen zwar niedriger, waren aber immer noch sehr beeindruckend – sechsmal höher als 1970 in Kanada, fünfmal höher in den USA und in Japan. In den zwölf Jahren zwischen 1980 und 1992 hatten sich in Frankreich die Immobilienpreise mehr als verdoppelt. Sogar im deutlich weniger von Inflation betroffenen Deutschland lagen 1992 die Immobilienpreise ungefähr um das Dreifache über denen von 1971.«[3]

Nun fragt sich jedoch, wie es um die Immobilien bestellt sein wird, wenn die Inflation, die ja erst diese starken Wertzuwächse bewirkt hat, sich einmal für längere Zeit von der Bildfläche verabschiedet. Hier kann man nun tatsächlich nicht umhin, so etwas wie ein »Schreckensszenario« auszumalen. Denn die »Immobilienclique« scheint mir noch weitaus stärker in der alten Weltsicht einer fortwährenden Inflation gebunden zu sein, als dies für die Finanzmarktteilnehmer der Fall zu sein scheint. Was im Grunde genommen auch verständlich ist. Denn niemand hat in den Zeiten der fortwährenden hohen Inflationsraten im Anlagegeschäft besser verdienen können als diejenigen, die Immobilien auf Kredit erworben und vielleicht hierbei noch das eine oder andere Steuergeschenk mitgenommen haben.

Eine schrumpfende Bevölkerung wie die der Bundesrepublik Deutschland braucht jedoch streng genommen keine Wohnungsbauförderung mehr, wie es noch bis in die siebziger oder achtziger Jahre hinein der Fall war. Der Trend zum Abbau der Immobilienförderung ist auch bereits seit einiger Zeit deutlich erkennbar und wird mit an Sicherheit grenzender Wahrscheinlichkeit dazu führen, dass in nicht allzu langer Zeit die Steuerpräferenzen für Immobilien nahezu restlos abgebaut sein werden.

Hiergegen wird natürlich lautstark von der Immobilienlobby angejault, was jedoch letztlich keinen Erfolg haben wird, da die Politik hier sowohl die Vernunft als auch die Finanzen auf ihrer Seite hat. Das jedoch heißt: Immobilien müssen, um den Status quo einer unveränderten Nettorendite halten zu können, zukünftig entweder höhere Erträge abwerfen, was jedoch im Zuge der deflationären Strömungen eher unwahrscheinlich ist, oder sie müssen schlichtweg im Preis sinken, um für Neueinsteiger durch den günstigeren Einstieg bei gleichen Erträgen nunmehr eine höhere Bruttorendite abzuwerfen. Hinzu kommt, dass die Einführung des Euro ebenfalls eine noch weitergehende Angleichung der europäischen Nettorenditen erfordert. Da jedoch in den meisten Euro-Ländern Immobilien deutlich höhere Erträge als in der Bundesrepublik abwerfen, wird es auch von dieser Seite aus einen weiteren Druck auf die heimischen Immobilienpreise geben.

Keine gute Aussichten also für Immobilien. Doch das Hauptargument kommt erst noch: Jede Inflation begünstigt die Kreditnehmer, in diesem Kontext also die Häuslebauer auf Kredit, und bestraft die Kreditgeber, sprich die Geldvermögensbesitzer. Je höher die Inflation dabei ansteigt, umso weniger bekommt der Kredit*geber* in realer Betrachtung zurück und umso weniger muss folglich – spiegelbildlich betrachtet – der Kredit*nehmer* zurückzahlen.

In einem deflationären Szenario kehrt sich dieser Mechanismus jedoch in brutalster Weise um: Hier wird der reale Wert der Schuld plötzlich *aufgewertet*, während die Sicherheit für diesen Kredit dramatisch im Wert *fallen* kann. Immobilienfinanzierungen, bei denen die Immobilie zu einem hohen Prozentsatz beliehen ist, können somit durchaus *unterbesichert* werden. Und Unterbesicherungen verpflichten die Banken, von ihren Kunden entweder weitere Sicherheiten oder aber Reduktionen des Kreditbestandes zu verlangen, weshalb auch bei Ausfall einer dieser beiden Möglichkeiten eventuell sogar eine Zwangsverwertung des Objekts vorzunehmen sein könnte.

Nun müssen natürlich bei weitem nicht alle und nicht einmal sehr viele Immobilienfinanzierungen dieses Schicksal erleiden. Aber viele Immobilieneigentümer werden bereits mit dem Szenario bedient sein, in welchem die Raten für Zins und Tilgung bei nicht mehr steigenden Löhnen auf hohem Niveau stagnieren, die zugrundeliegende Immobilie jedoch weiterhin ständig an Wert verliert.

Deshalb sollte jeder Anleger, der sich mit dem Gedanken trägt, sein zur Alterssicherung dienendes Vermögen in einer Immobilie zu binden, das Szenario vom Ende der Inflation sehr genau für sich prüfen. Denn ein Ende der Inflation in Verbindung mit einer schrumpfenden Bevölkerung bedeutet ganz gewiß auch ein *Ende* der »automatischen« Wertsteigerung von Grund und Boden. Selbst wer hier bereits schuldenfrei ist, wird, auch wenn der »Kelch« der auseinanderklaffenden Schere von gleichbleibenden Raten und fallenden Werten an ihm vorübergeht, in Zukunft hier keine überproportionalen Wertsteigerungen erwarten dürfen, wenn überhaupt welche.

Es sollte also vor jeder Immobilienanschaffung stets überlegt werden, ob eine Mietlösung in Verbindung mit dem Aktiensparen sich nicht als *finanziell* deutlich überlegenes Modell herausstellt. Andererseits ist klar, dass das Wohnen in den eigenen vier Wänden nicht nur finanzielle Aspekte hat, sondern auch andere Annehmlichkeiten (sogenannte »nichtpekuniäre« Erträge) abwirft. Sich aus diesen Gründen für den Kauf einer Immobilie zu entscheiden, weil man einfach »etwas Eigenes« will, ist deshalb auch völlig nachvollziehbar. Nur muss sich jeder, der dies jetzt tut, darüber im Klaren sein, dass dies teuer ist und mithin puren Luxus darstellt.

Beim »Immobiliensparen« kommt im Alter noch ein weiteres Problem hinzu, welches in diesem Sinne bei der Eigenvorsorge mit Aktien oder Geldvermögen nicht auftritt: Während man ein Aktienvermögen stets in kleinen Teilbeträgen veräußern kann und es bei Fondssparplänen zusätzliche »Verrentungsmodelle« gibt, besteht bei Immobilien diese Möglichkeit nicht. Es sei denn, man hat sich ausschließlich für *offene* Immobilien*fonds* entschieden. Immobilien eignen sich daher auch nur dann zur primären Vermögensanlage, wenn relativ sicher ist, dass der normale Lebensunterhalt im Alter anderweitig bestritten werden kann und *nicht* aus der Immobilie heraus zu erfolgen hat.

Inflation ist historisch nicht der Normalfall – sondern die Ausnahme

Unsere Beobachtungen der letzten Jahrzehnte, dass das Preisniveau in unseren Volkswirtschaften zwar manchmal mehr und manchmal weniger steigen kann, letztlich jedoch *immer* aufwärts gerichtet ist, stellt im historischen Kontext keine Normalität, sondern vielmehr eine erstaunliche Ausnahme dar. In der langfristigen Betrachtung zeigt sich nämlich, dass sich immer wieder Phasen steigender Preise mit Phasen fallender Preise abgelöst haben. Sehr schön demonstriert dies Abbildung 7.1, die gleichzeitig bereits die historische »Anomalität« der Zeit nach dem Zweiten Weltkrieg verdeutlicht.

Abbildung 7.1

Inflationsraten der Jahre 1700 bis 1998 am Beispiel Großbritannien

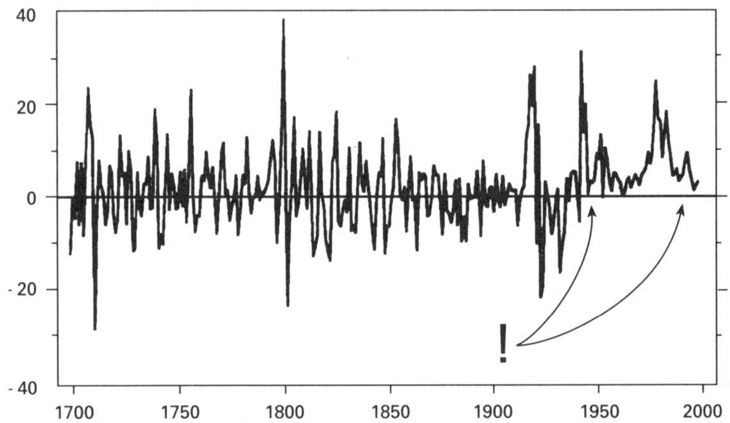

Quelle: Bootle, R., Das *Ende der Inflation,* Frankfurt/New York 1997, S. 197

Noch viel besser lässt sich die historische Dimension, welche die Inflation in der Nachkriegszeit gespielt hat, jedoch erst aus Abbildung 7.2 ersehen, die nicht mehr nur die *Veränderungsrate* der Preise, sondern deren *absolutes Niveau* aufzeigt. Jeder Immobilienbesitzer muss sich daher nach Betrachtung der in Abbildung 7.2 dargestellten Exponentialfunktion fragen lassen, wie lange seinen Erwartungen gemäß die Preissteigerungen am Immobilienmarkt als Manifestation des Inflationsprozesses eigentlich noch hätten weitergehen können. Ein Aktienanleger jedenfalls wäre, würde es sich hierbei um einen Aktienchart handeln, sicherlich bleich um die Nase geworden und sofort in einen Käuferstreik getreten.

Nun ist aufgrund der bereits im Kontext der Weltwirtschaftskrise diskutierten Punkte nahezu ausgeschlossen, dass wir in nächster Zeit eine wirkliche (sich selbst verstärkende) Deflation bekommen, also Perioden signifikant sinkender Preise für alle Waren erleben werden. Das gegenwärtige Szenario deutet eher darauf hin, dass die Preisänderungsrate sich in Zukunft wieder der Nullinie annähern wird, wie wir dies beispielsweise bereits in der Zeit von

Abbildung 7.2

Entwicklung des Preisiniveaus in Großbritannien in den Jahren 1264 bis 1998

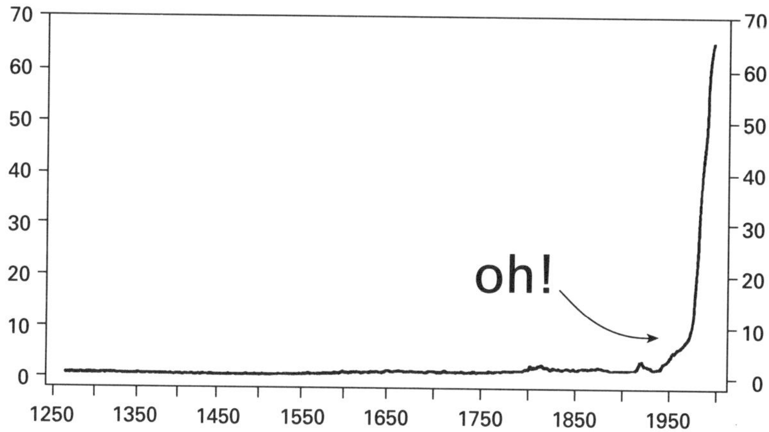

Quelle: Bootle, R., *Das Ende der Inflation,* Frankfurt/New York 1997, S. 196

1870 bis zu den Verwerfungen nach dem Ersten Weltkrieg erlebt haben.

Interessanterweise verlaufen die Darstellungen sowohl für die Zins- als auch für die Ölpreisentwicklung (Abbildungen 7.3 und 7.4) relativ parallel zu derjenigen der gesamten Preissteigerungsrate. Längerfristig sinkende Zinsen und sinkende Ölpreise sind daher stets mit einer sinkenden Inflationsrate verbunden sowie dauerhaft steigende Zinsen und steigende Ölpreise mit deren Erhöhung.

Die Ursache hierfür liegt zum einen darin, dass, wie schon angedeutet, die Ölpreisschocks von 1973 und 1979 einen großen Anteil an der Explosion der Inflationsraten gehabt haben. In Bezug auf die Zinsentwicklung gibt es zum anderen deshalb eine enge Korrelation, da Zinsen von den Gläubigern stets derart kalkuliert werden, dass sowohl die erwartete Preissteigerungsrate als auch die Unsicherheit bezüglich des Eintreffens dieser Prognose in die Zinsen »eingepreist« werden. Eine zunehmende Inflation bedeutet daher stets auch höhere Zinsen, während eine abnehmende Inflation, der

Abbildung 7.3

Entwicklung des Ölpreises von 1870 bis 1998 (in US-Dollar pro Barrel)

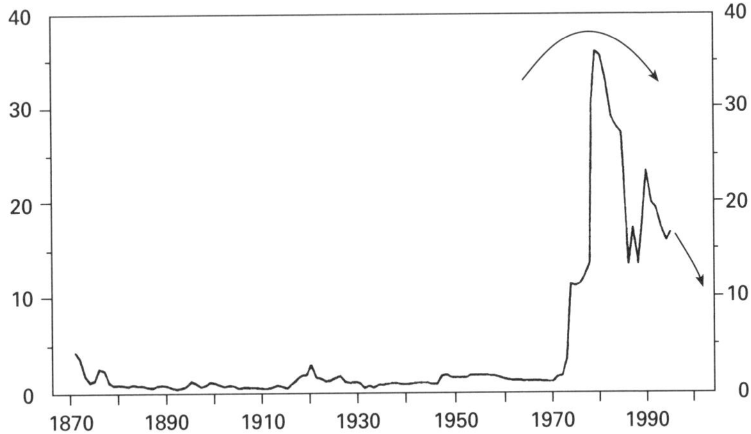

Quelle: Bootle, R., *Das Ende der Inflation*, Frankfurt/New York 1997, S. 204

sogenannte Prozess der »Disinflation« im Normalfall mit fallenden Zinsen verbunden sein wird.

Wohin hierbei die Reise bei den Zinsen geht, zeigen die Abbildungen 7.4 und 7.5, wobei sich die Entwicklung der US-Zinsen durchaus auch auf den Rest der Hartwährungsländer des Industrieblocks übertragen lässt. Hinsichtlich der langlaufenden Anleihen, die zu Anfang des Jahres 1999 noch bei gut 5 Prozent rentieren, ist mithin ohne ein Wiederaufleben der Inflation *nicht* an einen baldigen deutlichen *und* langfristigen Wiederanstieg zu denken. Ganz im Gegenteil könnte es hierbei durchaus noch zu einem Absinken auf oder unter die Vier-Prozent-Marke kommen. Und was das für den Aktienmarkt bedeuten würde, läßt sich bestenfalls erahnen.

Der »treibende Keil« der Zinsentwicklung muss und wird jedoch der unmittelbar von der Notenbank zu beeinflussende kurzfristige Zinssatz sein, der mit ebenfalls fast 5 Prozent in den USA ein historisch immer noch relativ hohes Niveau besitzt. Hier wird es also in

Abbildung 7.4

Renditen US-amerikanischer Anleihen mit 30-jähriger Laufzeit

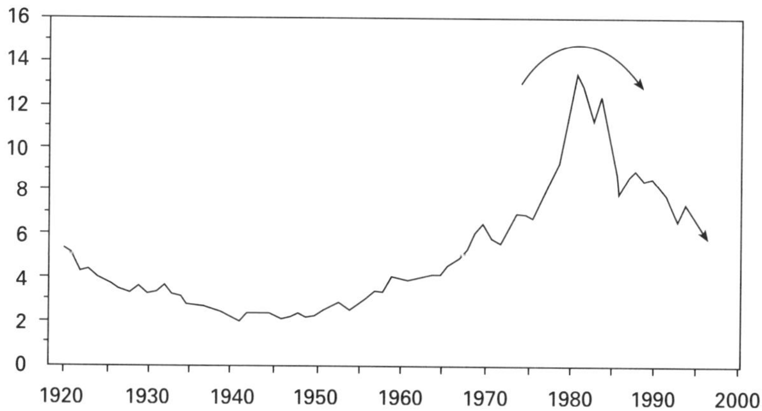

Quelle: Bootle, R., *Das Ende der Inflation,* Frankfurt/New York 1997, S. 211

jedem Fall zu weiteren Zinssenkungen kommen, wenn an eine Rückkehr der Inflation weiterhin nicht zu denken ist.

Sinken aufgrund weiter entschärfter Inflationssorgen die Langfristzinsen weiter, so *muss* die US-Notenbank sogar die Zinsen zurücknehmen, weil sie ansonsten Gefahr laufen würde, eine sogenannte »inverse« Zinsstruktur zu produzieren. Eine inverse Zinsstruktur bedeutet, dass die kurzfristigen Zinsen über den langfristigen Zinsen liegen. Dies weist im Normalfall darauf hin, dass die Notenbank eine Bremspolitik betreibt – und würde folglich von den Märkten auch so ausgelegt werden. Denn sind *kurzfristige* Ausleihungen am Markt billiger zu haben als langfristige, so wird dies keine Motivation für die Unternehmen darstellen, verstärkt *langfristige* Investitionsprojekte anzugehen. Und zu einem derartigen Szenario wird sich eine verantwortungsvolle Notenbank heutzutage nicht hinreißen lassen.

Abbildung 7.5

Renditen US-amerikanischer Dreimonats-Schatzbriefe

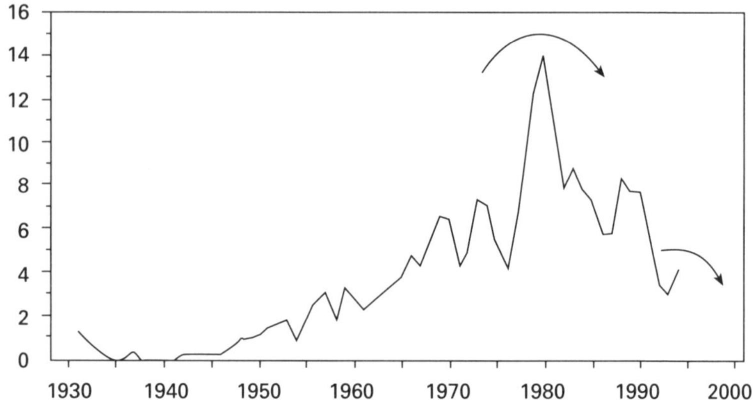

Quelle: Bootle, R., *Das Ende der Inflation,* Frankfurt/New York 1997, S. 211

Der Zusammenhang von Inflation und Demographie

Alle Steigerungen des Sozialproduktes lassen sich stets in zwei Komponenten aufteilen: in *Mengen*effekte auf der einen Seite, das heißt in Zunahmen der Mengen an *real* erstellten Gütern und Dienstleistungen, und in *Preis*effekte auf der anderen Seite. Eine Zunahme des nominellen Bruttosozialprodukts in der Bundesrepublik Deutschland von 3 Prozent in einem Jahr kann daher nahezu alles bedeuten zwischen den beiden Extrempunkten, dass letztlich entweder nicht mehr »gemacht« wurde als im Vorjahr, hierfür allerdings im Schnitt 3 Prozent höhere Preise genommen wurden, oder aber bei konstanten Preisen ein höheres Mengenvolumen von 3 Prozent erwirtschaftet worden ist (beziehungsweise entsprechend mehr bei sinkenden Preisen).

Hauptbestimmungsgröße des Sozialprodukts ist in jeder Volkswirtschaft der Wert an Gütern, die zu Konsumzwecken nachgefragt wurden. Die Konsumbedürfnisse hängen nun neben vielerlei anderen Faktoren insbesondere von der Bevölkerungszahl ab, denn mehr Menschen bedeuten schlichtweg mehr Wohnungen, mehr Kleidung und mehr Essen. Der Konsum als zentrale Einflussgröße aller Volkswirtschaften determiniert damit in vieler Hinsicht auch deren gesamte Entwicklungsperspektive.

Denn alle Unternehmen, die ihre Produkte erfolgreich absetzen wollen, werden sich mit ihren Investitionsentscheidungen ebenfalls an den grundlegenden Konsumtrend ankoppeln müssen, was dem demographischen Element nur noch stärkeren Einfluss auf die wirtschaftliche Entwicklung verleiht. Doch wie werden sich die Unternehmen verhalten, wenn sie großen Optimismus hinsichtlich der Konsumausgaben hegen? Sie werden sicherlich der Nachfragesteigerung in zweifacher Weise zu begegnen suchen: auf der einen Seite durch den Ausbau der Kapazitäten und auf der anderen Seite durch die Erhöhung der Preise.

Vom Zweiten Weltkrieg bis zur unmittelbaren Vergangenheit hat dies auch wunderbar funktioniert, die Wirtschaft wuchs und die Tatsache, dass die Märkte viel weitgehender verteilt waren als dies heute der Fall ist und in der Zukunft sein wird, erlaubte den Unternehmen in den meisten Fällen, durchaus gute Preissteigerungen durchzusetzen. Und zwar stets nach dem Motto: Wo die Nachfrage am größten, da die Preise am höchsten. Insgesamt hieß das also: Die Inflation stieg.

Ein großer Gewichtungsfaktor in der Berechnung der Inflationsrate sind stets die Ausgaben der Haushalte für Mieten. Nun zeigt sich bei näherer Betrachtung recht deutlich, dass genau zu der Zeit, in der die Inflationsrate in der Bundesrepublik besonders steil in die Höhe schoss, nämlich zum Ende der siebziger Jahre, die heimischen Baby Boomer im Schnitt gerade ihren 25. Geburtstag feierten. Setzen wir nun den 25. Geburtstag als Synonym für die (erste) eigene Wohnung, dann haben wir hier bereits das erste Versatzstück der demographischen Inflationserklärung.

Im Grunde genommen haben hierbei zwei treibende Faktoren zusammengewirkt, die letztlich für die fast schon irrealen Preissteigerungen der Wohnungsmieten und Immobilienpreise in diesem Zeitraum verantwortlich zeichnen. Auf der einen Seite ist dies die extrem erhöhte Nachfrage nach Wohnungen durch die Baby-Boomer, auf der anderen Seite das Streben nach Vermögensaufbau von deren Eltern sowie die damals sich gerade herausbildende Vermögenssicherungsfunktion von Immobilienvermögen gegen die Auswirkungen der Inflation. Die starken Preissteigerungen im Immobilienbereich lagen aber zu einem guten Teil auch daran, dass Produktionsausweitungen in der Baubranche natürlich nicht mit der gleichen Geschwindigkeit vorgenommen werden können, wie dies beispielsweise in der Möbelindustrie möglich ist, und die Preise folglich in diesem Segment noch deutlicher anzusteigen hatten als in den konsumorientierten Bereichen.

Was damals jedoch funktioniert hat, funktioniert heute *nicht* mehr. Denn die Zeit der unbekümmerten Durchsetzung von Preiserhöhungen ist erst einmal vorbei. Bei der Beobachtung dieser Tatsache ist es jedoch sehr bedeutsam, dass die Nachfrage *insgesamt* trotzdem stets weiter deutlich zugelegt hat, weil die demographische Komponente auch gegenwärtig den Konsumtrend noch signifikant nach oben drückt. Nur: Heute, im Jahr 1999, gibt es *nur noch halb so viele* 25-jährige, die eine Wohnung suchen, ein Haus kaufen wollen und eine Familie gründen wollen, wie in den Siebzigern!

Das, was hier gleichsam »eingespart« wird, geben die heutigen Baby-Boomer für hochwertige Konsum- und Freizeitgüter sowie die Altersversorgung aus. Damit hat sich also die Gesamtnachfrage in keinster Weise abgeschwächt; sie hat sich vielmehr einerseits nur *verlagert* und andererseits ist sie im Hinblick auf die Realwirtschaft von den Preis- in die Mengeneffekte »gewandert«.

Aufgrund der starken Zunahme der internationalen Konkurrenz gelingen Preiserhöhungen und Kostenüberwälzungen gegenwärtig nicht mehr wie vorher, weshalb man auch mit gutem Recht sagen kann: Die Nachfragesteigerung der Konsumenten, die früher zu großen Teilen – sehr zu deren Leidwesen – in Preissteigerungen »verpuffte«, schlägt sich heute zum ersten Mal seit Jahrzehnten tatsächlich in einer größeren Menge nieder, die mit gleichem Einkommen gekauft werden kann.

Die einzige Ausnahme bilden dabei die Aktienmärkte. Denn hier tritt die enorme Nachfragsteigerung auf ein relativ konstant bleibendes und nicht beliebig ausdehnbares Angebot und führt damit einen Effekt herbei, der vielfach auch als »asset inflation« bezeichnet wird, als Prozess der Inflation bei den Vermögenstiteln.

Ein Rückgang der Inflation und eine gleichzeitige Zunahme der Konsumausgaben aufgrund der demographischen Entwicklung *widersprechen* sich also *nicht*, sondern geben vielmehr im Gegenteil erst eine plausible *Erklärung* für diese Entwicklung ab. Denn die Baby-Boomer hinterlassen überall ihre Spur im Preisgefüge. Wer zu dieser Karawane gehört, bildet die Mehrheit und hat infolgedessen stets die Last zu tragen, für alles mehr bezahlen zu müssen (und hinterher vielleicht sogar weniger herauszubekommen), als dies bei geburtenschwächeren Generationen der Fall ist.

Nun wissen wir jedoch nicht zuletzt aus der Betrachtung des Aktienmarktes, dass die Mehrheit nur in den seltensten Fällen für das, was sie denkt und was sie tut, eine Belohnung erfährt. Die unverrückbare Tatsache, dass sich in Bezug auf die demographische Zugehörigkeit nicht antizyklisch handeln lässt, verbaut daher leider viele gute Gewinnmöglichkeiten.

8.
Die zunehmende Abkehr von Ideologien jeglicher Art lenkt den Blick aufs Hier und Heute

Jede neue Generation von Menschen bringt einer Gesellschaft Umwälzungen und Neuerungen. Hier liegt es nun im Wesen der Dinge, dass diese Entwicklungen von den älteren Generationen in den seltensten Fällen verstanden und folglich im Normalfall rundherum abgelehnt werden. Oder sagen wir es noch pointierter: Es hat sicherlich selten in der Geschichte junge Menschen gegeben, die nicht von der Generation ihrer Eltern angeklagt wurden, mit ihrem Verhalten – zumindest in Teilbereichen – den allgemeinen Untergang herbeizuführen.

Natürlich ist dies an der Börse nicht anders. Auch hier ist der Untergang bereits Tausende von Malen angekündigt worden – und hat dennoch bisher noch nicht stattgefunden. Im Gegenteil sogar: Die Aktienkurse sind im Zeitablauf ebenso stetig gestiegen, wie sich die Gesellschaft selbst stets auch weiterentwickelt hat. Ob dies nun eine Entwicklung zum Guten oder zum Schlechten war, darüber kann ich nicht entscheiden, ich kann nurmehr relativ neutral behaupten: Sie hat sich zu immer weiterer Komplexität hin entwickelt.

Was heute Realität ist, daran haben vergangene Generationen nicht einmal im Traum gedacht. Denn die Möglichkeiten des Einzelnen sind heute zwar mitnichten grenzenlos, aber doch so weitreichend, wie es dies noch niemals in der Geschichte gegeben hat. Es erscheint mir daher sehr interessant, aus der Vielfalt der Veränderungen so etwas wie eine »Strömung« herauszufiltern zu versuchen, um auf dieser Basis schließlich eventuell einen winzigen Blick in die Zukunft werfen zu können. Dies ist natürlich ein sehr spekulatives Unterfangen, was mich jedoch von meiner persönlichen Meinung nicht abbringen kann: Wir stehen derzeit direkt an der Schwelle einer wirtschaftlichen und gesellschaftlichen Umwälzung – deren erste Konturen schon zu sehen sind –, die unser Leben und unsere Wirtschaft stärker verändern wird als die Erfindung des Automobils.

Ich denke jedoch nicht nur an eine technologische Revolution, sondern auch an eine Revolution des Bewusstseins, die allerdings in viel langsamerer Gangart uns zunehmend einen Schritt von den Dogmen und Ideologien wegbringen wird, die unser Denken und Tun über Jahrhunderte, ja Jahrtausende hinweg bestimmt haben. Im Mittelpunkt dieser Entwicklung steht folglich auch der Mensch, der *einzelne* Mensch, also jeder von uns, der ganz individuell, einmal mehr und das andere Mal weniger, in der Summe jedoch ganz signifikant, in zunehmender Weise beginnt, sich auf *sich selbst* zu besinnen.

Dies soll nun keinesfalls eine These sein, die Anspruch auf soziologische Gültigkeit erhebt. Es handelt sich hier vielmehr um die Zusammensetzung eines Puzzles, welches sich meinem Auge mit einer derartigen Vehemenz aufdrängt, dass ich es nicht nur für mich behalten möchte. Und jeder Anleger sei dazu aufgerufen, die Plausibilität der folgenden Überlegungen im Hinblick auf sich selbst sowie auf seine eigene Sicht und Strategie für die Zukunft zu prüfen.

Von Jürgen Habermas stammt der Begriff der »neuen Unübersichtlichkeit«, mit dem sehr gut der Prozess der modernen Gesellschaften beschrieben werden kann, in exponentieller Weise ihre eigene Komplexität zu steigern. Hierbei ist es egal, ob wir die Beschleunigung oder die zunehmende Vielfalt an die erste Stelle setzen, denn das Ergebnis ist immer das gleiche: Fast alles wird komplizierter und verändert sich schneller.

Ein gutes Beispiel hierfür mag die Entwicklung des Fernsehens sein: Gab es früher nur ein einziges Programm, so können die meisten von uns heute mindestens mehrere Dutzend verschiedener Kanäle empfangen. Die Auswirkungen auf die Gesellschaft haben sich dabei in ganz ähnlicher Weise verändert. Denn wurden früher des Öfteren Fernsehsendungen am Tag nach ihrer Ausstrahlung zum allgemeinen Gesprächsthema, so wird es heute – außer in einigen ganz speziellen Segmenten – derartige Effekte nicht mehr geben.

Wem damals alles viel zu eng war, der kann heute ungeheure neue Möglichkeiten ausschöpfen, ist dabei allerdings auch einer Menge an Stumpfsinn ausgesetzt, den er sich früher sicherlich nicht einmal in den schlechtesten Träumen hätte ausmalen können. Das Charakteristikum der »neuen Unübersichtlichkeit« lässt sich daher auch, wie ich finde, sehr gut in dem folgenden Satz zusammenfassen, den ich hier gleichsam als Leitmotiv der Zukunftsfindung benutzen will: *Heute kann jeder alles sagen, dafür hört jedoch niemand mehr zu.*

Etwas überspitzt kann man damit auch sagen: Wer nicht mehr zuhören muss, der *glaubt* nicht mehr blindlings – und wer redet, hat einen Prozess der *eigenen* Gedankenfindung durchschritten. Der Mensch als ewiger Spielball von Religionen und autoritären Gesellschaftssystemen, diese Marionette jahrtausendelanger Gängelung, bekommt plötzlich die Chance, die Stränge selbst in die Hand zu nehmen, und greift ohne Zögern zu. Und plötzlich verlieren alle Dogmen und Ideologien ihre apodiktische Geltung, und auch die Wissenschaft kommt ins Trudeln. Denn hatte nicht gerade sie in ihrem Wahn, nur Objektives gelten zu lassen, den Menschen selbst immer wieder von Neuem aus ihrer Welt ausgesperrt, weil sie seine ihm eigene Subjektivität nicht akzeptieren und folglich zum Undenkbaren erklären musste?

Ich denke in diesem Zusammenhang ganz besonders an Fritjof Capra, der uns als einer der ersten in seinem Buch *Wendezeit,* welches erstaumlicherweise gerade im Jahr des Beginns der großen Börsenhausse 1982 erschienen ist, bereits auf einen Paradigmenwechsel beziehungsweise ein »Neues Weltbild« hingewiesen hat. Dieser »Gezeitenwechsel« manifestiert sich nach Capra in einer zunehmenden Abkehr von dem alten Denken der Welt als mechanistischem Uhrwerk. Denn die Herrschaft der »Newtonschen Weltmaschine« zeichnete sich hauptsächlich dadurch aus, die Welt als eine (von Gott geschaffene) und immergleich funktionierende große Maschine zu interpretieren. Als Wechselspiel unbelebter Materie, in der jedoch der menschliche Geist und das autonome Denken keinen Platz finden und auch nicht finden können. In der alles, was sich der Objektivität der Naturgesetze widersetzt, als reine Subjektivität verbrämt und folglich aus dem Forschungsbereich der Wissenschaft per Definition ausgeblendet wird.

Herausgekommen ist dabei das Bild einer linear analysierbaren Welt, in der jedoch alle Fälle spontaner Veränderungen überhaupt nicht thematisierbar sind. Weil der Mensch, wenn er in diesem Bild überhaupt auftaucht, all seiner Subjektivität beraubt nurmehr zum Objekt unter Objekten wird. In der also das menschliche Bewusstsein alleine deshalb ausgeblendet bleibt, weil es letztlich das Bewusstsein der Bewusstseinslosigkeit selbst *ist*. Es ist identisch mit diesem Weltbild und kann daher nicht als Teil in diesem selbst enthalten sein.

Auch wenn die Versuche, dieses Denken durch ein neues Paradigma zu überwinden, mit (nahezu) unlösbaren Schwierigkeiten konfrontiert sind,[1] so hat jedoch alleine die Beschäftigung mit diesem Thema, so meine These, enorme Kräfte freigesetzt, deren Nutzung uns nun langsam zugute kommen wird. Denn das neue Denken, wie es sich beispielsweise auch in der Systemtheorie manifestiert, eröffnet die Chance, nicht nur in der Masse, sondern gerade auch im einzelnen Menschen das entscheidende Element zur Herbeiführung grundlegender Entwicklungen zu sehen.

Man betrachte hierbei nur die Versuche der Wirtschaftswissenschaften, dynamische Entwicklungen mit Anlehnungen an die Katastrophen- und Chaostheorie in den Griff zu bekommen. Die Katastrophentheorie beschäftigt sich mit nicht-linearen dynamischen Systemen, bei denen bereits *geringfügige* Veränderungen der Eingangsvariablen eine ganz plötzliche Veränderung des Systemverhaltens (Katastrophe) herbeiführen können. Der sogenannte »Schmetterlingseffekt«, nach dem bereits der Flügelschlag eines Schmetterlings an einer Stelle zu einem Wetterumschlag an einem anderen Punkt des Systems führen kann, gehört mithin auch genau in diesen Kontext.

Ganz ähnliche Erscheinungen werden nun auch innerhalb der

Chaostheorie thematisiert, welche die Prozesse des »Umkippens« eines Systems von Ordnung in Unordnung oder aber das »Pendeln« zwischen zwei Ordnungsmustern beschreiben kann. Beispiele sind hier unter anderem die beiden Extreme einer Ölkrise mit extrem hohen Ölpreisen auf der einen und einer Ölschwemme mit extrem niedrigen Preisen auf der anderen als bipolare Gravitationssysteme eines »unruhigen« Geschehens.

Vorläufiger »Höhepunkt« dieses Denkens ist schließlich die Theorie autopoietischer (sich selbst »machender«) Systeme, in welcher versucht wird, sowohl einzelne Menschen wie auch ganze Gesellschaften oder Teilbereiche davon (Beispiel: Untersystem Wirtschaft) als Systeme zu verstehen, die ausschließlich auf ihre eigenen Signale reagieren. Diese Selbstreferenz führt nun dazu, Prozesse modellieren und verstehen zu können, in denen Systeme ausschließlich ihrer *inneren* Logik folgen und daher in dieser Hinsicht »stimmig« sind, *von außen* betrachtet jedoch völlig unverständlich oder unsinnig erscheinen könnten.

Und geht es uns allen nicht vielfach so, dass wir Entwicklungen kopfschüttelnd beobachten, weil sich ihr Sinn uns nicht offenbart? Wo wir zwar glauben zu verstehen, dann jedoch den Daumen nach unten richten, weil wir das nicht mögen, was wir beobachten. Aber haben wir überhaupt das Richtige gesehen?

Ideologische Veränderungen sind mit Sicherheit leichter nachvollziehbar als der verschlungene Pfad, auf den die Märkte uns führen. Nehmen wir beispielsweise die Achtundsechziger-Generation: Hier kämpfte man gegen die alten Dogmen und Ideologien an, gegen den »Muff von tausend Jahren« und für das Aufbrechen verkrusteter Strukturen und Meinungsmonopole, für eine gewissenhaftere Auseinandersetzung mit der Geschichte und eine Neuorientierung im Hinblick auf mehr kollektive Lösungen. Doch wurde damit nicht nur wieder, wie es vorher auch immer der Fall war, ein Dogma durch ein neues ersetzt? Ist hier nicht nur eine Ideologie oder Weltsicht, die sich verhasst gemacht hat, durch eine andere, aber nicht minder ideologische ersetzt worden? Hat man wirklich den Sprung auf eine neue Ebene geschafft oder blieb man vielmehr trotz Kehrtwende grundsätzlich im Dogmatismus gefangen?

Betrachten wir hierbei einmal weniger den politischen, sondern mehr den gesellschaftlichen Bezug der damaligen Entwicklung, dann muss das Urteil zweiwertig ausfallen: Auf der einen Seite sind die Folgen der Ereignisse von 1968 sicherlich schon als ein bedeutender Schritt in Richtung auf eine größere Autonomie des Individuums zu verstehen, allerdings nur um den »Preis« des gleichzeitigen »Überstülpens« einer neuen Losung auf der anderen Seite, die da hieß: »Make love – not war!« Das ist zwar wunderbar idealistisch, wohlmeinend und gut, lässt jedoch auf der anderen Seite den Andersdenkenden in der prinzipiell gleichen Weise keinen Raum, wie es bei allen anderen Ideologien auch der Fall ist.

Denn die Idee, die eigene Freiheit eventuell mit der Waffe verteidigen zu müssen, konnte *innerhalb* dieses neuen Paradigmas ebenso wenig ein Thema werden wie die Meinungsfreiheit in kommunistischen Systemen oder Empfängnisverhütung und Abtreibung im Dogma der katholischen Kirche. Das wirft nun generell die Frage auf: Kann es überhaupt ein »gesellschaftliches« Denken ohne Ideologie und ohne Dogma geben? Gibt es eine Ideologie, die den einzigen Zweck hat, keine Ideologie zu sein?

Jeder Gedanke an eine »Ideologie ohne Ideologie« ergibt zwar bereits aus der sprachlichen und logischen Perspektive heraus enorme Probleme, dennoch bin ich fest der Meinung, dass es so etwas nicht nur gibt, sondern dass wir sogar auf dem besten Wege sind, uns einem derartigen Zustand ganz, ganz langsam anzunähern.

Trotz Kampf der Kulturen: Die Abkehr vom Jenseits setzt neue Kräfte frei

Das Schwierigste im Leben ist es, davon bin ich überzeugt, anzuerkennen, für die eigenen Handlungen in vollem Maße selbst verantwortlich zu sein. Wird der Lebensweg einem Menschen hingegen durch eine für ihn unangreifbare Autorität zwanghaft vorgegeben, so kann es zu dieser Prüfung der eigenen Verantwortlichkeit überhaupt nicht kommen. Denn Verantwortlichkeit kann es nur dort geben, wo das Leben in dieser Hinsicht auch einen Freiheitsgrad besitzt.

Nun hat das Leben für die Mehrheit der Menschen seit Jahrtausenden nur relativ geringe und unbedeutende wirkliche Freiheitsgrade besessen. Denn ständig gab es Wahrheiten, die für weite Kreisen der Bevölkerung Gültigkeit hatten und haben mussten, weil sie bei Strafe nicht angezweifelt werden durften, weshalb ihnen auch lange Zeit mehr oder weniger bedingungslos gefolgt wurde. Hierbei ist es relativ belanglos, ob darunter der frühe Glaube verstanden wird, dass alles, was geschrieben steht, wahr sein muss, oder nur der Glaube an die Existenz eines denkenden und lenkenden Gottes. Wichtig ist allein die Tatsache, dass alle derartigen Paradigmen dahingehend völlig identisch sind, dass hier das Denken und Schaffen einer großer Gemeinschaft von Menschen stets durch vermeintliche »Wahrheiten« bestimmt wird, die *nicht* aus ihnen selbst stammen.

Woher jedoch, so fragen wir uns heute immer mehr, woher kommen denn eigentlich diese Wahrheiten? Wichtig ist die Auseinandersetzung mit dieser Thematik deshalb, weil genau die gleiche logische Struktur angetroffen wird, die zwangsläufig auch jeder Börsentheorie innewohnen muss.

Im Grunde genommen ist die dahinterliegende Grundstruktur relativ einfach, denn sie lautet: Es ist logisch unmöglich, aus einer Position *innerhalb* des Systems dieses vollständig *überblicken* und folgerichtig erklären zu können. Dies führt dazu, dass, wie der große Philosoph und Wissenschaftstheoretiker Sir Karl Popper immer wieder betont hat, *keine* Theorie sich jemals positiv beweisen lässt. Wir sind vielmehr stets nur in der Lage, bestimmte Theorien als falsch auszuscheiden sowie andere als vorläufig wahr zu bezeichnen.

Während Popper auf diesem Fundament die Unhaltbarkeit der Hegelschen Philosophie wie der Marxschen Wirtschaftsgesetze aufzeigt, hat sich ein anderer Österreicher, der Erkenntnistheoretiker und Psychologe Paul Watzlawick mit diesem Denken in die reine Logik begeben. Jede Erklärung der Welt in Form einer Ideologie, schreibt er denn auch, behauptet stets, alles erklären zu können, wobei jedoch eines in jedem Fall unerklärbar bleibt: das Erklärungssystem selbst. Diese nie zu überwindende Unvollkommenheit sei jedoch, so Watzlawick, dem Ideologen unannehmbar. Denn »[s]eine Erklärung der Welt hat absolut wahr zu sein, hat alles zu beweisen und muss daher auch ihren eigenen Beweis enthalten.«[2]

Dies ist jedoch schon von der Logik her völlig unmöglich. Weshalb sich auch alle Ideologen, so Watzlawick weiter, von den politischen bis zu den kirchlichen, stets dadurch aus der Affäre gezogen haben, dass sie den Beweis der Richtigkeit ihres Weltbildes einfach in die Zukunft verschoben haben. In diesem Punkt gibt es prinzipiell keinen Unterschied zwischen der kirchlichen Jenseitslehre und den Marxschen Geschichtsgesetzen: Denn noch niemals hat ein Mensch das ihm versprochene zukünftige Heil tatsächlich erlebt, weder der Marxsche Proletarier noch der Gottesgläubige. Zumindest hat noch kein Mensch aus Fleisch und Blut einen Erfahrungsbericht darüber abliefern können.

Die einzige Durchbrechung dieser Logik des Diesseits versus Jenseits, die mir bekannt ist, stellt denn auch der Fall »Jesus Christus« dar. Was eigentlich darauf hindeutet, dass es ihn entweder nicht gegeben hat oder wir ihn nicht hätten verstehen können beziehungsweise nicht an ihn hätten glauben *müssen.* Das ist im Übrigen auch exakt die Position von Immanuel Kant, einem der Väter der Aufklärung, der schon im Jahr 1781 durch enorme geistige Modernität bestach, als er schrieb: »Die Vernunft kann allgemein metaphysische Ideen wie *Gott*, Freiheit und Unsterblichkeit ... nicht beweisen ... Ich musste also das Wissen aufheben, um zum Glauben Platz zu bekommen.«[3]

Nicht anders stellt sich auch die Situation bei den Börsentheorien dar. Denn hier müsste der Wissenschaftler oder Analytiker gleichsam wie ein Gott seinen Gegenstandsbereich einerseits voll überblicken können und andererseits das dabei erlangte Wissen schließlich selbst in das System hinuntertransferieren. Doch genau dies ist eben nur für einen Gott möglich, weshalb jede Börsentheorie auf der logischen Ebene den gleichen Standard besitzt wie die Bibel. Und das heißt: Man kann daran *glauben* – oder eben nicht. Ob das jedoch *hilft*, entscheidet sich immer erst dann, wenn es bereits zu spät ist.

Denn die allen diesen Fällen zugrundeliegende Paradoxie erweist sich als unlösbar: Wäre Gott allmächtig, dann wäre es nicht unsere, sondern seine Entscheidung, uns zu ihm zu bekennen, weshalb wir hierfür schwerlich bestraft werden könnten, wenn wir es nicht tun. Wäre es hingegen aber doch unsere Entscheidung, dann wäre Gott nicht allmächtig, was wiederum wohl auch nicht sein darf.

Nicht anders auch beim Marxismus: Ist der einzelne Arbeiter nun ausschließlich ein *passives* Rädchen im Laufwerk einer vorherbestimmten Geschichte? Oder ist er vielmehr ein *aktiver* Antreiber von Veränderungen in einem autonomen Entwicklungsprozess? Denn *beides* zugleich kann er *nicht* sein. *Entweder* ist er die *Ursache* der Entwicklung, dann jedoch kann es keine vorhersehbare Entwicklung der Geschichte geben. *Oder* aber sein Verhalten ist die *Folge* einer vorherbestimmten Entwicklung, womit er jedoch unmöglich deren Antreiber sein kann und sich daraufhin recht eigentlich bequem zurücklehnen könnte.

Alle diese Probleme liegen auf der gleichen Ebene und verhindern die Geltung dessen, woran wir uns immer so gerne festgehalten haben. Doch heutzutage realisieren immer mehr Menschen, dass es eine durchaus sinnvolle Alternative ist, den Sinn unseres Lebens weder außerhalb des Lebens noch in vorherbestimmten Gesetzmäßigkeiten zu suchen. Sie scheinen einfach zu akzeptieren, dass *wir Menschen* es sind, die über das Schicksal unseres Lebens wie über das dieses Planeten zu entscheiden haben, dass wir es sind, deren Handlungen entweder Freude oder Leid herbeiführen. Und dass alles andere, woran wir über Jahrtausende geglaubt haben – und in weiten Teilen der Welt immer noch bedingungslos glauben –, meist nichts anderes darstellt als faule Ausreden für ein schändliches Tun im Dienste und zu Gunsten einiger weniger und vermeintlich »Auserwählter«.

Und genau deshalb, davon bin ich fest überzeugt, befinden wir uns gegenwärtig unzweifelhaft mitten in einer epochalen Umbruchphase. Denn eine immer größere Anzahl von Menschen weltweit wechselt derzeit gleichsam von dem Zustand der »Fremdbestimmung« in den Prozess der Erlangung einer gewissen »Eigenbestimmung«. Dies wird uns zwar nicht der wirtschaftlichen »Gravitation« entziehen, so dass wir auch weiterhin den ökonomischen Zwängen unterworfen bleiben werden; es wird uns jedoch zukünftig völlig neue Freiräume eröffnen – allerdings sowohl positive wie negative. Einer zunehmenden Kreativität, mehr Gemeinsinn und Wohlstand werden stets auch ebensolche Anstiege an Gewalt und Kriminalität gegenüberstehen.

Denn zunehmende Chancen bedeuten immer auch eine zunehmende Zahl von Gewinnern. Überdurchschnittliche Gewinner kann es jedoch nur dann geben, wenn es auch Verlierer gibt. Und schaut man sich hier einmal so vorurteilsfrei wie möglich um, so kann man sicherlich sowohl die Handlungen der Gewinner verstehen als auch die möglichen Amokläufe der Verlierer nachvollziehen, die von den neuen Möglichkeiten nicht profitieren und den von der Werbewirtschaft gesetzten Idealen schon gar nicht entsprechen können. In den Termini des Marktes ausgedrückt heißt dies also, dass nicht nur Heterogenität, Geschwindigkeit und Volatilität an den Märkten ständig zunehmen, sondern dass das Gleiche prinzipiell mit der Gesellschaft als Ganzem auch passieren wird.

Werden nun jedoch die kollektivistischen Gesellschaften, die diesen unaufhaltsamen Individualisierungsprozess in den westlichen Industriestaaten gegenwärtig nicht mitmachen, eine bessere Zukunft vor sich haben? Bewerten kann man dies schon alleine deswegen nicht, weil sich das Wohlempfinden von Menschen prinzipiell jeder intersubjektiven Messung entzieht. Feststellen kann man jedoch, dass eine starke Autorität, sei es in religiöser oder weltlicher Form, stets eine deutlich »stabilisierende« Wirkung auf jede Gesellschaft haben wird, deren Festhalten am Status quo daher vielleicht Fehlentwicklungen vorbeugen mag, jedoch andererseits eine Entwicklung überhaupt unmöglich macht.

Es ist daher durchaus wahrscheinlich, dass Samuel Huntingtons These vom Kampf der Kulturen richtig ist, nach der das Ende des Kalten Krieges keineswegs zum »Ende der Geschichte« in dem Sinne führt, dass nunmehr das westliche Modell weltweite Herrschaft erlangt, sondern dass wir nunmehr in eine Phase der kulturellen Auseinandersetzungen hineinrutschen. Doch gerade das wird aus meiner Sicht den Vorsprung des Westens nur noch deutlicher zementieren, da ich glaube, dass alle Gesellschaften, die der Realität des »Jetzt und Hier« relativ ungeschminkt ins Auge sehen, weitaus bessere Entwicklungschancen haben als diejenigen, die weiterhin dem Zauber des Jenseits verhaftet bleiben.

Denn auch und gerade die Toleranz gegenüber dem anderen stellt einen wirtschaftlichen Standortfaktor dar. Nur Freiheit und Toleranz ermöglichen *Wettbewerb,* und Wettbewerb führt in jedem Falle *zum Aufbrechen antiquierter Strukturen.* Wettbewerb resultiert, wie von Hayek es uns schon immer gelehrt hat, stets im *Erkennen* neuer Möglichkeiten, wie man etwas *besser* machen kann, wie Probleme mit konventionellen Methoden besser oder aber mit ganz neuen Methoden noch umfangreicher gelöst werden können.

Und das Verfahren, welchem sich der Wettbewerb bedient, lautet: *Hervorbringung* und anschließende *Bündelung* alles dezentral vorhandenen Wissens, mithin also von Möglichkeiten, die ohne den Wettbewerb schlichtweg unbeachtet und unentdeckt geblieben wären. Genau dies ist es auch, was wirtschaftliche und börsenbezogene Prognosen so schwierig macht und jeder gesellschaftlichen Lenkung von vornherein den Boden der Effizienz entzieht: Denn die *Summe aller Möglichkeiten* kann keinem Einzelverstand jemals bekannt sein, da sie immer erst im dezentralen Wettbewerbsprozess das Licht der Welt erblickt.

Mein angesprochenes Leitmotiv der Zukunftsfindung entpuppt sich somit als die genaue Beschreibung eines Wettbewerbsverfahrens – oder damit als Zustand des Marktes, den die Ökonomie immer als »vollkommene Konkurrenz« bezeichnet: *Heute kann jeder alles sagen, dafür hört jedoch niemand mehr zu. Jeder Anbieter und Nachfrager hat freien Zugang zum Markt, sein Marktanteil ist deshalb jedoch so klein, dass er den Marktpreis durch seine Handlungen nicht beeinflussen kann.*

Welch ein Segen, denke ich, wenn eine Gesellschaft sich in diese Richtung bewegt, in denen kein »Weiser« mehr über die Zulassung entscheidet oder den Preis setzt. Jetzt fehlt eigentlich nur noch, dass dies am Neuen Markt endlich auch der Fall wäre und dass hier nicht mehr Börsenspiele und Empfehlungen von Gurus, sondern souveräne Anlegerentscheidungen die Kursentwicklung bestimmen.

Die Voraussetzungen hierfür sind eigentlich ideal, denn gerade am Neuen Markt »regieren« nicht die Banken und die großen Fonds, sondern hier wird die Geschichte von den vielen Hunderttausenden von Kleinanlegern geschrieben, weshalb sie auch fast dem Ideal der »vollkommenen Konkurrenz« entspricht. Es wird wohl nur noch eine Frage der Zeit sein, bis selbst am Neuen Markt die Propheten entzaubert sind und vor allem die Masse an Publikationen *und* Unternehmen derartig zugenommen hat, dass endlich auch hier die neue Unübersichtlichkeit hergestellt ist. Kein Grund zu übersteigertem Pessimismus bis hierher also.

Die »Love-Parade« am Aktienmarkt: Das Diesseits macht rational

Jede Jugendbewegung hat ihre Massenveranstaltungen, und jede Jugendbewegung hat ihre Identifikationsobjekte, Moden und auch Drogen. Anders ist sie überhaupt nicht vorstellbar. Dennoch bin ich auch hier der Meinung, dass die Umbrüche der letzten Jahrzehnte die stärksten waren, die wir bisher überhaupt innerhalb der Jugendkultur erlebt haben. Dies hat durchaus viel mit Technik und Technologie zu tun, denn Massenveranstaltungen à la Woodstock oder die »Love-Parade« wären ohne diese vollkommen undenkbar gewesen.

Auch hier hat sich nun, wie in so vielen anderen Bereichen, gerade in den letzten Jahren wesentlich *anderes* getan als in den Jahrzehnten davor. Pointiert lässt sich das folgendermaßen ausdrücken: Sollte Woodstock noch das Modell für ein alternatives Leben und Denken sein, so ist die Love-Parade nur noch – Karneval. Die heutige Jugend opponiert nicht mehr gegen unser Wirtschaftssystem, sondern hat sich darin ihre Nischen gesucht. Soll heißen: Der Jugendliche der Gegenwart spielt das Spiel weitgehend mit – außer dann, wenn er Pillen nimmt.

Natürlich haben sich auch die wirtschaftlichen Rahmenbedingungen im Vergleich zu den sechziger Jahren extrem gewandelt. Denn schien es damals in der Wirtschaft nur einen Weg zu geben –

steil aufwärts mit enormen Wachstumsraten –, so wissen wir heute auch über Phasen ernüchternder Abschwünge zu berichten. Und hatten wir in der Bundesrepublik damals einen derartigen Arbeitskräftemangel, dass wir dringend auf Gastarbeiter aus dem Ausland angewiesen waren, so hat sich das Bild auch hier vollständig umgekehrt.

Welcher Achtundsechziger hätte sich auch während seiner Schulzeit, seiner Ausbildung oder seines Studiums große Gedanken über seine zukünftige berufliche Laufbahn gemacht? Sicherlich nicht allzu viele. Heute hingegen, im Zuge der deutlich zunehmenden Konkurrenz auf dem Arbeitsmarkt und der damit verbundenen hohen Arbeitslosigkeit in Europa, sieht das völlig anders aus. Ein Sich-treiben-Lassen werden sich die wenigsten leisten können, was erklärt, dass und warum hier gegenwärtig eine vollkommen andere Generation heranwächst als in den vorangegangenen zwanzig Jahren. Hinzu kommt, dass jede Jugend schon aus Prinzip gegen die Werte ihrer Eltern rebellieren muss. Was jedoch soll die arme Generation der Kinder aufmüpfiger Eltern machen? Ihnen bleibt im Grunde genommen nur ein Ausweg, nämlich das *abzulehnen*, wo*für* ihre Eltern gekämpft haben und das *anzunehmen*, wo*gegen* sich diese gewandt haben. Und was liegt in diesem Zusammenhang näher, als sich mit Werten wie »Wirtschaft«, »Karriere« und vielleicht auch »Börse« zu identifizieren.

Doch zurück zum wichtigsten jeder Jugendkultur, der Musik. Waren Sie schon einmal auf der Love-Parade in Berlin? Oder haben Sie sich das dortige Treiben einmal im Fernsehen näher angeschaut? Waren Sie schon einmal in einem Club, in dem Techno-Musik gespielt wird? Und haben Sie sich diese Musik schon einmal etwas näher betrachtet?

Über Geschmack kann man bekannterweise nicht streiten, über Beobachtungen und Tatsachen hingegen schon. Hier fällt zunächst auf, dass die Love-Parade auf den ersten Blick wie eine religiöse Prozession wirkt, ja eine rituelle Massenveranstaltung darstellen könnte, die als Ziel eigentlich nur etwas haben kann, was *außerhalb* von ihr liegt. Doch das ist mit Sicherheit falsch – und das genaue Gegenteil davon richtig. Denn hier denkt niemand an das Jenseits und die meisten auch nicht einmal an Autoritäten. Hier geht es nur um das *Innere*, die Verwirklichung *eigener* Wünsche und Bedürfnisse.

Und dies ist in nahezu perfekter Weise mit dem Charakter dieser neuen Musik verbunden, die ich im Folgenden der Einfachheit halber bar jeder darin enthaltenen unterschiedlichen Strömungen pauschal als »Techno-Musik« bezeichnen werde. »Techno-Musik« unterscheidet sich in einer Hinsicht ganz radikal von allen vorhergehenden Musikrichtungen, mit denen sich junge Leute bisher beschäftigt und identifiziert haben. Denn diese neue Musik kommt *nicht* von oben, kennt kaum » Stars« und kann letztlich von jedermann selbst fabriziert werden.

Das heißt: »Techno-Musik« ist nicht mehr elitär, wie das bei der Pop-Musik noch immer der Fall war und sicherlich auch immer bleiben wird. Sie wird in der Regel nicht von der Bühne oder vom Podest herab zelebriert, sondern spielt sich *auf der gleichen Ebene* ab, wird auf der gleichen Ebene hergestellt und dargeboten, auf der sich auch das Publikum befindet. Sie kennt folglich die Über- und Unterordnung der Künstler und ihres Publikums nur noch in sehr rudimentärer Form. Denn die heutigen »Musiker« spielen in weitaus geringerem Umfang die Rolle der »Idole« für die Zuhörer, da letztlich das, was sie anzubieten haben, sich mit etwas Musikverstand und guter Technik als durchaus nachahmbar erweist.

Auch hier können wir also eine *identische Entwicklung* weg von der passiven Rolle des einzelnen hin zum Mittun und zum Selbsttun beobachten. Und da jede Aktivität, die damit neu möglich wird, nicht nur für die Musik, sondern auch für die Gesamtheit deutliche Effekte auf Kreativität und Wirtschaft zeitigt, fügt sich dieser Bereich in die vorderste Front des Schumpeterschen Unternehmertums ein, der angetreten ist, im Rahmen schöpferischer Zerstörungen Neues hervorzubringen.

Antiquierte Vertriebswege wie Schallplatten- oder CD-Läden können einem derartigen Schwung natürlich ebensowenig standhalten wie ein Status quo der Technik des Musikmachens insgesamt. So wird also nicht nur die Technik weiter vorwärtsgetrieben, sondern es ergibt sich zudem die Notwendigkeit völlig neuer Vertriebswege, über die nun im nächsten Abschnitt ausführlicher zu berichten sein wird. Denn wer könnte es sich morgen noch leisten, auch nur einen Bruchteil der neuen Musikvielfalt ständig am Lager zu halten?

Heute kann also jeder alles singen, doch die Masse bekommt er nur noch in den seltensten Fällen auf seine Seite. Im Gegenstück dazu betätigt er sich jedoch als dynamischer Unternehmer und zerstört Teile der alten Wirtschaftsstruktur; allerdings nur, um anschließend sofort beim Aufbau der neuen dabeizusein. Kein Grund zu übersteigertem Pessimismus auch hier.

Das Thema »Internet« und die These von der »New Economy«

»Die meisten Menschen meinen«, hat George Bell, der President von Excite, einem der größten Internet-Unternehmen, im Jahr 1998 einmal gesagt, »sie hätten vom Internet schon alles gesehen und verstanden. Dabei befinden wir uns erst zwei Minuten nach dem Urknall. Wir stehen also erst am Anfang ...«

Wer regelmäßig mit dem Internet zu tun hat, wird diese Meinung sicherlich teilen. Schließlich sind die Möglichkeiten, die das Internet einmal bieten könnte, auch von der blühendsten Phantasie heute nicht einmal in Umrissen abschätzbar. Im Gegensatz dazu erweist sich jedoch die gegenwärtige Wirklichkeit als umso trister, denn jeder Zugriff im Internet zu einer Tageszeit, in der viele im Netz »unterwegs« sind«, dauert ewig und ist – zumindest hierzulande – ungewöhnlich teuer. Eine Zeitung aus Amerika über das Internet lesen? Um Gottes Willen, die bekommt man doch viel schneller und billiger am Kiosk um die Ecke. Spötter sagen daher auch zu Recht, dass der Terminus »www« in Wirklichkeit nicht das das weltweite Netz (word-wide-web) bezeichnet, sondern vielmehr das weltweite Warten.

Vergleichen kann man den gegenwärtigen Stand der Internet-Entwicklung und –nutzung daher sicherlich sehr gut mit den Anfangsstadien des Automobils. Denn wie war das damals? Auch hier waren die befestigten Straßen Mangelware. Und wenn es sie doch gab, dann hatten sie meistens Kopfsteinpflaster, welches ein schnelles Vorwärtskommen allein schon unmöglich machte. Zudem waren die ersten Autos völlig ungefedert, der Fahrer saß im Freien und die Bedienung der Autos erwies sich als unendlich kompliziert: Der Motor musste mit einer Kurbel gestartet werden, das Schaltgestänge befand sich seitlich außerhalb, die Lenkung war schwergängig, die Sitze unbequem, und Zwischengas musste man sicherlich beim Kuppeln und Schalten auch geben. Wer hätte also damals dem Auto eine derartige Zukunft prophezeit? Sicherlich nur die wenigsten. Denn was sollte man mit diesem unbequemen Monstrum vor dem Hintergrund der dafür gänzlich fehlenden Infrastruktur anfangen? Gut, es mag schick gewesen sein. Aber Pferdefuhrwerke erwiesen sich doch als ungemein funktionaler.

Genau diese Situation finden wir heute im Internet-Bereich vor. Wer einmal versucht hat, seinen Internet-Zugang selbständig aufzubauen, kann sicherlich ein Lied davon singen. Die vielen unbekannten Funktionen des Computers, die für den Internet-Zugang notwendigen Einstellungen, die Unzulänglichkeiten sämtlicher Provider, die hohen Kosten und nicht zuletzt die dauernden Wartezeiten. Da können wir also erfolgreich zum Mond fliegen, wird der eine oder andere schon überlegt haben, aber wenn ein paar tausend Leute gleichzeitig auf einen Server zugreifen, dann bricht plötzlich alles zusammen.

Wie leicht lässt sich dagegen ein Fernseher bedienen. Und im Videotext steht doch auch fast alles drin. Das ist genauso bequem, wie es damals im Vergleich zum Autofahren war, ein Pferd zu reiten oder eine Kutsche zu steuern. Doch während es damals darum ging, *entweder* auf Pferd und Wagen *oder* das Automobil zu setzen, wird es im Kontext von Internet und Fernsehen in Zukunft eine *Verknüpfung* geben.

Der zentrale Punkt des Themas »Internet« besteht darin, dass es jegliche räumliche Entfernung auf null bringt. Das heißt: Jeder Internet-Nutzer kann von jeder Stelle der Welt in prinzipiell gleicher Geschwindigkeit auf alle vorhandenen Daten zugreifen. Die wichtigsten Tätigkeiten der Unternehmen, die derzeit in diesem Bereich tätig sind, kann man ganz grob in folgende Kategorien untergliedern:

- Unternehmen, die einen Zugang zum Internet gewähren,
- Dienstleister bei Präsentationen im Internet,
- Gesellschaften, die Orientierung im Netz bieten (Suchmaschinen),
- Anbieter von Dienstleistungen über das Netz (Beispiel: Online-Banking),
- Online-Verkäufer (»E-Commerce« oder »Etailer«),
- Soft- und Hardwareanbieter jeglicher Art (inclusive der zukunftsträchtigsten Bereiche Sicherheit und Internet-Zahlungen (»Cybercash«),
- Firmen, die interne Netzwerke und Netzwerkanschlüsse konfigurieren,
- Anbieter von Leitungen und Kabelnetzen.

Auf einzelne Unternehmen einzugehen verbietet sich hier bereits aufgrund der hohen Innovationsgeschwindigkeit. Denn in keinem Wirtschaftsbereich verändern sich gegenwärtig die Aktivitäten schneller. Ständig kommen neue Anbieter mit neuen Ideen der Internet-Nutzung auf den Markt, ebenso schnell jedoch müssen andere, bereits etablierte Gesellschaften sich diesen neuen Realitäten schließlich anpassen.

Gemeinsames Merkmal aller Gesellschaften, die im Internet-Bereich tätig sind, ist jedoch, dass die Bewertung ihrer Aktien bereits ein Niveau erreicht hat, welches jedes traditionelle Bewertungsschema sprengt. Kein Wunder, beweist sich hier doch meine These, dass die Aktienbewertung sich eher an der Überlegung der Investoren misst, die Aktien aufgrund eines hohen Interesses derer, die »diesen Zug verpasst haben«, in der Zukunft einmal wesentlich teurer verkaufen zu können, als an mathematischen Diskontierungsverfahren.

Es speist sich mithin auch aus einem doppelten Irrtum, wenn derzeit so oft von der »Internet-Blase« geredet wird, die an den Märkten herrscht und die demnächst zu platzen drohe. Diese Sicht basiert einerseits auf einem Unverständnis der Tatsache, dass völlig neue Entwicklungen in der Regel auch neue Bewertungsmethoden erfordern, und andererseits auf einer gewaltigen Unterschätzung der Bedeutung des Internets für die Zukunft. Alle Vergleiche mit der Tulpenspekulation im 17. Jahrhundert entbehren daher auch jeglicher Grundlage. Denn das Internet stellt das Medium unserer Zukunft dar – was man von der Tulpe wohl nicht behaupten kann.

Und vor allem: Was stellen sich diejenigen, die die gegenwärtigen Bewertungen der Internet-Unternehmen nicht verstehen, denn eigentlich vor, was *nach* dem vermeintlichen »Zusammenbruch« der Kurse der Internet-Unternehmen passieren wird? Glaubt man hier etwa daran, dass das Internet plötzlich in Vergessenheit gerät, wie die Ostindische Gesellschaft (Compagnie des Indes), nachdem im Jahr 1720 ihr Finanzierungssystem im »Mississippi-Bubble« zusammengebrochen war, oder die Tulpen, die nach dem Crash von 1637 recht schnell wieder außer Mode kamen?

Nein, mir scheint es hier genauso zu sein wie bei jeder anderen Aktienanlage auch. Die Hauptsache ist, überhaupt dabei zu sein. Und je später man dies realisiert, umso teurer wird dieser Entschluss, respektive je niedriger die Rendite der entsprechenden Anlage. Schließlich ist die Nutzung des Internets keine Schatzsuche, bei der man entweder Gold finden kann oder Bankrott machen muss. Das Internet ist vielmehr *die* wirtschaftliche Zukunft, weshalb es vollkommen *unvorstellbar* ist, dass die Marktführer des Internet-Bereiches, die damit an einer *Schlüsselposition* sitzen, in den nächsten Jahrzehnten nicht zu den bedeutendsten Unternehmen der Welt aufsteigen werden.

Nach einer neuen Studie des Beratungsunternehmens Price Waterhouse verdoppelt sich gegenwärtig das Verkehrsaufkommen im Internet alle 100 Tage. Auch die finanziellen Transaktionen über das Internet nehmen mit gewaltigen Wachstumsraten zu, leiden jedoch noch daran, dass eine direkte Bezahlung von Warenkäufen über das Internet derzeit noch nicht möglich ist. Sollte es jedoch demnächst gelingen, sowohl einen Standard zu generieren als auch das Sicherheitsproblem zu lösen und damit direkte Zahlungen über das Internet zu ermöglichen, so wird mit Sicherheit sofort der nächste nicht nur quantitative, sondern qualitative Schub zu erwarten sein.

Die richtige Revolutionierung unseres Lebens durch das Internet wird jedoch erst später einsetzen und alles Vorherige, wie zum Beispiel das Shopping über das Internet, als antiquierte Tätigkeit von gestern entlarven. Denn wirklich verändern wird das Internet unser Leben erst dann, wenn seine Nutzung sich als ebenso leicht und gewinnbringend herausstellt, wie es derzeit beim Automobil – in Abwesenheit von Staus – der Fall ist. Wobei allerdings noch anzumerken ist: Ein Stau im Internet wird sich als wesentlich leichter behebbar herausstellen als ein Stau auf der Autobahn.

Es geht im Zusammenhang mit dem Internet auch immer um Zeit: Wenn wir beispielsweise alle elektronischen Geräte per Sprache bedienen und *aktiv* für uns arbeiten lassen können, wenn wir die Anweisung geben, zuerst die Weltpresse durchzusuchen, welche unterschiedlichen Reaktionen es auf die Verhandlungsergebnisse zwischen Regierung und Opposition gegeben hat, dann einen Flug für morgen nach Londen zu buchen, zu schauen, ob noch einige Flaschen Chateau Margaux aus dem Jahr 1993 für unter 100 US-Dollar irgendwo erhältlich sind, die eingescannte Einkaufsliste abzuarbeiten und zu bestellen, bei Lieferung am Abend um 19:30 Uhr, und schließlich für den Abend einen bestimmten Kinofilm zu überspielen und zu einer festgelegten Zeit vorzuführen.

Nicht zu vergessen natürlich die neuesten Musikstücke, deren Pressung auf CD und Vertrieb über den Handel jetzt natürlich nicht mehr lohnt und die mithin nur noch als Raritäten in den Begegnungsstätten der Zukunft vertrieben werden, wie heutzutage tatsächlich in manchen Läden auch noch die eine oder andere Vinyl-Schallplatte gekauft werden kann.

Ob uns das alles glücklicher machen wird oder nicht, vermag ich nicht zu beurteilen. Es wird uns jedoch den Rücken freihalten für andere und kreativere Tätigkeiten, selbst dann, wenn diese nur aus Faulenzen oder dem Eintauchen in virtuelle Welten bestehen sollten. Hierfür werden viele Leute sicherlich bereit sein, viel Geld auszugeben. Obwohl dies sich nicht einmal als nötig erweisen wird, da das zu erwartende Massengeschäft selbst bei sehr geringen Margen riesige Gewinne verspricht.

Nicht vergessen sollten wir auch den kommunikativen Aspekt des Internets. Denn wenn wir uns erst einmal an den elektronischen Weg der Kommunikation miteinander gewöhnt haben, dann bestehen natürlich verbesserte Chancen, die heute immer stärker zu beobachtende Vereinzelung des Individuums zunehmend überwinden zu können. Was, das glauben Sie nicht? Ich hätte mir auch die Verdrängung des persönlichen Kontakts durch das Telefon nicht vorstellen können. Aber der Schritt vom Telefon zum Internet ist wirklich nur ein winziger, wenn überhaupt noch einer. Zudem wird die zu prognostizierende Vernetzung verschiedener Übertragungstechniken, wie Bild, Ton und Schrift, bereits in der nahen Zukunft sicherlich im Internet eher zum Vollkörperkontakt denn zum reinen Briefeschreiben führen.

Das Internet bietet damit die ideale Plattform für die Realisierung völlig neuer Dienstleistungsangebote. Denn hier kann eine kreative Idee nahezu ohne jegliche Einstiegshürde umgesetzt werden. Was hätte man im »Produktionszeitalter« nicht alles zur wirtschaftlichen Selbständigkeit benötigt, schwere Maschinen, Arbeiter, Qualm und Rauch. Und heute? Ein Computer und ein Netzanschluß, das ist vielfach schon alles.

Auch hier gilt also: *Heute kann jeder alles schreiben, doch um es zu lesen, muss man schon zufälligerweise gerade auf der selben Homepage anwesend sein.* Dies dezentralisiert den Wettbewerb der Meinungen und Ideen weiter und kommt dadurch nicht nur dem Einzelnen zugute, der sich nirgendwo so wie hier verwirklichen kann, sondern in besonderem Maße auch der gesamten Gesellschaft und Wirtschaft, die nunmehr ganz direkt auf eine viel größere Gesamtheit von Wissen zugreifen kann als jemals vorher.

Nun gibt es eine These, dass gerade diese Entwicklungen auch einen deutlichen Effekt auf den gesamten Konjunkturzyklus haben werden. Es ist dies die These von der »New Economy«. Für Steven Weber von der University of California wird die technologische Revolution, in der wir uns augenblicklich befinden, sogar dazu führen, dass wir generell Abschied vom Konjunkturzyklus zu nehmen haben, was natürlich auf die Aktienmärkte enorme Auswirkungen haben würde.

Denn eine nahezu inflationsfrei wachsende Wirtschaft, das heißt eine stetige und moderate Aufwärtsbewegung, würde die Notenbank zukünftig davon befreien, einen inflatorischen Boom mit einer restriktiven Antiinflationspolitik bekämpfen zu müssen. Ein abgeschwächter Aufschwung würde deshalb auch zu einem abgeschwächten Abschwung führen et vice versa, denn gerade beim »Durchstarten« nach einer Konjunkturkrise ist in der Vergangenheit schon in vielen Fällen bereits der Boden für ein Wiederaufleben der Inflation bereitet worden.

Sollte also die zukünftige wirtschaftliche Entwicklung stetiger und moderater als in der Vergangenheit ablaufen, so wären vor dem *wirtschaftlichen* Hintergrund durchaus Hoffnungen angebracht, auch eine stetigere Entwicklung der Aktienkurse zu bekommen. Dass *andererseits* die zunehmende Vereinfachung des Aktienhandels nun auch dem Privatanleger in zunehmendem Maße das Kaufen und Verkaufen von Aktien binnen Minuten ermöglicht (Intraday-trading), wird sicherlich dieser Glättungstendenz des Aktienmarktes eher entgegenstehen. Aber immerhin: Besser lauter verrückt gewordene Anleger tummeln sich in einer stabilen wirtschaftlichen Aufwärtsbewegung, als die verrückte Meute noch einmal extremen Konjunkturschwankungen auszusetzen, wie wir sie beispielsweise in den siebziger Jahren erlebt haben. Denn was hier passieren würde, darüber möchte ich mir lieber keine Gedanken machen.

Weber sieht jedoch nicht nur die Technologisierung als Ursache für die Abschwächung der Konjunkturzyklen, sondern führt in diesem Zusammenhang insgesamt sechs Punkte an:

- die Globalisierung des Produktionsprozesses,
- weltweite Kapitalmärkte,
- Verschiebung der Beschäftigung von der Produktion zu den Dienstleistungen,
- Ende der zyklischen Staatsausgaben,
- explosives Wachstums in Emerging Markets,
- Revolution in der Informationstechnologie.

Alle diese Entwicklungen werden nach Webers Sicht bewirken, dass die *Wirtschaft* nicht mehr wie in vergangenen Zeiten abrupt und sprunghaft auf Veränderungen reagiert, sondern es zu einer deutlich abgefederten Reaktion kommen wird. Denn die Globalisierung von Produktion und Finanzierung ermöglicht es den Unternehmen in immer stärkerem Maße, Engpässe und Preissteigerungen in einem Teil der Welt durch Zukäufe oder Kreditaufnahmen aus einem anderen Teil zu kompensieren.

Zudem erweisen sich Dienstleistungstätigkeiten im Vergleich zum klassischen Produktionsverfahren als deutlich weniger anfällig gegenüber zyklischen Schwankungen der Geschäftstätigkeit. Darüber hinaus wird eine Dämpfung des Konjunkturverlaufs auch die Staatsausgaben verstetigen, das Wachstum der Emerging Markets zu (antizyklischer) Nachfrage nach Produkten der Industrieländer führen und überdies werden die Entwicklungen in der Informationstechnologie verbesserte Lagerhaltungen sowie Produktionssteuerungen zur Folge haben, was ebenfalls einen deutlich dämpfenden Effekt auf die Konjunkturentwicklung ausüben sollte.

Das Wichtigste an der These der deutlichen Abschwächung des Konjunkturzyklus ist, dass ebenso wie beim Thema »Internet« es gegenwärtig ausschließlich die *jungen* Leute sind, die daran glauben. Ältere und erfahrenere Börsianer wie Wirtschaftsteilnehmer sind hingegen in der Regel dem alten konjunkturellen Muster noch derart verhaftet, dass sie sich eine »neue Wirtschaft« in keinster Weise vorstellen können.

Es wird also spannend werden, was sich hieraus entwickeln wird. Die Tatsache, dass gerade in diesen Tagen der »Entdecker« der langen Wellen der Konjunktur, N. Kondratieff, gestorben ist, mag hierbei vielleicht sogar mehr als nur eine Anekdote der Geschichte sein. Denn die Frage, ob sich der Konjunkturzyklus nun tatsächlich abschwächen wird, erweist sich als ganz eng verknüpft mit der Frage der zukünftigen Zinsentwicklung. Und an der zukünftigen Zinsentwicklung hängt nicht nur die zukünftige Entwicklung der Wirtschaft, sondern in ganz besonderem Maße auch die Zukunft der Börse.

Man kann folglich auch hier sagen: *Heute kann jeder alles ma-*

chen, er bewegt dabei jedoch im Hinblick auf das Ganze relativ wenig. Umso besser natürlich für die Stabilität, denn hierdurch wird ein größtmöglicher Ausgleich der unterschiedlichen Auffassungen geschaffen. Damit haben wir also die Chance, dass das Boot, in dem wir alle sitzen, in Zukunft nicht mehr so stark schaukeln wird, wie das noch in der Vergangenheit der Fall war. Kein Grund für allzu großen Pessimismus also auch hier.

Die neue Aktienkultur in der Bundesrepublik: Wie dauerhaft wird sie sein?

Es gibt zwei »Meilensteine« auf dem Weg zu einer deutlich spürbaren Veränderung des allgemeinen Bewußtseins von der Aktie und der Börse in der Bundesrepublik Deutschland. Dies sind auf der einen Seite der Börsengang der Deutschen Telekom im Herbst 1996 und auf der anderen Seite die Einführung des Neuen Marktes im Frühjahr 1997.

Als Folge wurde dadurch neues Interesse für die Aktie geweckt: Viele Sparer sind in diesem Prozess veranlasst worden, nunmehr den Sparbüchern und Festgeldern endgültig den Rücken zu kehren und sich finanziell an der Börse zu engagieren. In der großen Mehrheit werden diese Neueinsteiger der jungen Generation zuzurechnen sein, was sich nicht zuletzt daran zeigt, wie enorm mittlerweile der Umfang der Ordererteilung über das Internet ist.

Nun wurden diese »Neubörsianer« im Vorfeld von vielen Seiten zwar als »unerfahren«, »zittrig« und »naiv« abgeurteilt, haben jedoch gerade im Crash von 1998 gezeigt, dass sie viel langfristiger denken und überlegter handeln als dies bei vielen Profis der Fall ist. Dies ist jedoch nur die eine Seite der Medaille, denn auf der anderen zeigte sich, dass in den bevorzugten Marktsegmenten dieser Generation von Börsianern, also dem der jungen Technologieunternehmen, von eben der gleichen Klientel keinesfalls derartig konservative Werte vertreten werden.

Sichtbar wird dies an der atemberaubenden Kursentwicklung des Neuen Marktes, der seit seiner Einführung die Kursentwicklung der

»etablierten« Aktien völlig in den Schatten gestellt hat. Die jungen Investoren am Neuen Markt finden dies ganz natürlich, da die dort notierten Aktiengesellschaften auch ein Wachstum und eine Entwicklungsperspektive aufzuweisen haben, wie dies für andere Unternehmen nicht der Fall ist. Die älteren und erfahreneren Börsianer hingegen setzen dieser Sichtweise ihre Erfahrung entgegen, dass bisher noch jede vermeintlich neue Zeit in einer gewaltigen Krise geendet habe, wie sie beispielsweise in diesem Buch mit der »Gründerkrise« bereits geschildert wurde. Festzustellen ist daher:

1. Wir befinden uns gegenwärtig hinsichtlich der Bewertung von Zukunftsaktien mitten in einem Generationenkonflikt, der hierzulande bevorzugt am Neuen Markt ausgetragen wird.
2. Sollte die neu gewachsene Aktienkultur in der Bundesrepublik folglich einen Rückschlag oder sogar ein schnelles Ende finden, dann wird darüber am Neuen Markt entschieden.
3. Die »Rückseite« dieser Gratwanderung ist jedoch die wirtschaftliche Frage: Ist der Wechsel, der hier auf die Zukunft gezogen wurde, zu hoch ausgestellt worden, so dass er platzen wird?

Die Frage nach der angemessenen Bewertung von jungen Technologieaktien stellt sich damit erst in zweiter Hinsicht als ein reines Börsenphänomen dar. Denn die Grundfragen betreffen die Wirtschaft und lauten:

- Werden die Unternehmen die von ihnen genannten Ziele erreichen können?
- Wird die Wirtschaft als Gesamtheit den Strukturwandel von der Produktions- in die Dienstleistungsgesellschaft ohne große Friktionen bewerkstelligen?

Mein Vertrauen darauf, diese beiden Fragen mit einem Ja zu beantworten, ist groß. Denn ich glaube, dass sowohl die Vertreter der jungen Generationen in den Unternehmen als auch diejenigen auf seiten der Anleger in der Lage sind, beurteilen zu können, was sie tun. Auf jeden Fall glaube ich daran viel eher als an die Wiederkehr des Immergleichen, die uns der Gegenpart in diesem Generationenkonflikt nicht müde wird, immer wieder vorzutragen.

Zudem spricht natürlich auch die bereits ausführlich angesprochene reine »Mechanik« des sich jetzt noch in den Kinderschuhen befindlichen Alterssicherungsprozesses der jungen Generation dafür, dass der Wechsel nicht platzen wird. Dennoch sehe ich andererseits natürlich auch Schwachpunkte.

Für sehr problematisch erachte ich die schon angesprochene Abhängigkeit gerade des Neuen Marktes von der Meinungsmache durch »Gurus«, insbesondere auch die monopolistische Stellung des Fernsehsenders *n-tv.* Obwohl ich den Pionieren des Börsenfernsehens diesen Erfolg natürlich gönne, würde ein bisschen mehr Konkurrenz in dieser Hinsicht der Börse sicherlich sehr gut tun.

Für fatal halte ich das permanente gegenseitige Ausspielen von »Arbeitnehmerinteressen« und »Shareholder value«. Denn erstens sind viele Arbeitnehmer heute bereits Aktionäre sowie viele Aktionäre Arbeitnehmer und zweitens kann man natürlich immer nur dann auch von den Vorteilen der weltweiten Arbeitsteilung profitieren, wenn man sich deren Spielregeln stellt. Das heißt: Nationale Sonderwege sind nur dann möglich, wenn sie auf einer Extraleistung beruhen. Denn Preise und Löhne werden vom Weltmarkt diktiert, man kann sie also nur akzeptieren und weitermachen oder nicht akzeptieren und ausscheiden.

Die Risiken dieser Entwicklung sind natürlich nicht von der Hand zu weisen. Denn auch die stärkste Lobby des Unternehmerlagers führt nicht an der Einsicht vorbei, dass alle Waren und Dienstleistungen, die diese produzieren, nur dann auch verkauft werden können, wenn die Käuferseite über genügend Einkommen oder Vermögen verfügt. Zuwächse der Nachfrage wird es also nur dann geben, wenn entweder das Vermögen angegriffen wird oder aber die Vermögen respektive die Einkommen im Zeitablauf entsprechend wachsen.

In den Vereinigten Staaten können wir in diesem Zusammenhang bereits beobachten, dass die Reallohnentwicklung schon fast seit Jahrzehnten nicht mehr aufwärtsgerichtet ist. Das ist für die *Kostenseite* der Unternehmen eine fantastische Einwicklung, ist jedoch in anderer Hinsicht alles andere als unproblematisch, da derart *alle* realen Zuwächse des Konsums ausschließlich durch das Ziehen weiterer Wechsel geschehen: entweder durch eine zunehmende Verschuldung der Haushalte oder aber durch eine Teilrealisierung von Aktiengewinnen.

Dies jedoch könnte den Aktienmarkt überfordern, wenn man ihm nicht nur die Problematik der Alterssicherung auflädt, sondern überdies auch noch die »Finanzierung« der laufenden Konsumsteigerung. Die USA entwickeln sich daher auch zunehmend zu einer »stock economy«, in der das Spiel um die Vermögensbestände (Stocks) erst die Einkommen (Flows) generiert, mit denen die laufende Produktion schließlich gekauft werden kann.

Es drehen sich also die »normalen« Kausalitäten insofern um, als hier nicht mehr wie bei uns die *Einkommens*entwicklung dazu führt, dass Vermögen aufgebaut werden, sondern vielmehr *umgekehrt* die Höherbewertung der Vermögen am Markt erst den Einkommensbildungsprozess in Gang setzt. Diese Entwicklung macht nun zwar eine Volkswirtschaft relativ »unverletztlich« von der Lohnentwicklung, jedoch um so abhängiger von der ungestörten Funktionsweise des »Schneeballeffektes« am Aktienmarkt.

Hier zeigen sich deutliche Unterschiede zur Wirtschaftsstruktur in der Bundesrepublik, in der das Schicksal sowohl der Wirtschaft als auch der Börse viel stärker am Arbeitsmarkt hängt. Als umso tragischer erweist es sich daher auch, dass exakt hier das größte strukturelle Problem unserer Volkswirtschaft zu finden ist. Denn die Tariffindung hierzulande erweist sich als schlichtweg nicht mehr kompatibel mit der Funktionsweise einer modernen Volkswirtschaft. Dies gilt nicht nur für die Arbeitnehmer, die sich durch Kernarbeitszeiten und Flächentarifverträge selbst den Arbeitsplätzen der Zukunft berauben, sondern gerade auch für das Kartell im Unternehmerlager. Denn kein vernünftiger Unternehmer kann daran interessiert sein, die Lohnzuwächse für *alle* Unternehmen niedrig zu halten.

Der rationale Unternehmer sollte sich ganz umgekehrt eher wie ein St. Florian verhalten und sich wünschen, dass die Einkommen der Nachfrager möglichst hoch steigen, denn schließlich sind dies ja *seine Kunden*, seine *eigenen* Lohnkosten hingegen müssen diese Entwicklung nicht mitmachen. Warum also die Unternehmen sich hier zu Kartellen zusammenschließen, die zum Ziel haben, der eigenen Kundschaft die Mittel zu beschneiden, und nicht eher auf den Konkurrenzprozess setzen, bleibt unverständlich und ist dringend reformbedürftig.

Von diesen Problembereichen werden jedoch die Technologieunternehmen am wenigsten betroffen sein, was letztlich also optimistisch stimmt. Ebenso optimistisch stimmt zudem auch, dass die Bewertungsproblematik, mit der wir uns hierzulande gegenwärtig so heftig herumschlagen, letztlich kein rein deutsches Problem darstellt, sondern auch am größten Aktienmarkt der Welt mit dem aktienerfahrensten Publikum der Welt ebenso kontrovers diskutiert wird wie bei uns.

Damit haben wir es also geschafft, nach einer fast sechzigjährigen Isolierung vom internationalen Kapitalmarkt, die in den dreißiger Jahren begann und zwischenzeitlich nur durch Goldgräber wie Bernie Cornfeld mit seinem IOS-Fonds temporär unterbrochen wurde, mittlerweile wieder voll auf der Höhe der Zeit zu sein – allerdings mit allen Risiken, dafür jedoch auch mit allen Chancen.

Hier jedoch versagt nun plötzlich mein Leitmotiv der Zukunftsfindung, denn von dem, was an den US-Finanzmärkten erzählt wird, bleibt hierzulande kaum ein Börsianer unbeeindruckt. Schließlich finden hier alle richtigen und falschen Theorien, alle alten und neuen Bewertungsregeln ihren Ursprung. Und genau hier gilt folglich der zweite Halbsatz meines Leitmotivs, dass immer mehr erzählt, letztlich jedoch nicht zugehört wird, mithin absolut *nicht*. Diese Tatsache jedoch, denke ich, hat nun mindestens im gleichen Maße, wie sie eine schlechte Seite hat, auch eine gute.

Anmerkungen

Kapitel 1

1 Niquet, B., *Der Crash der Theorien. Eine neue Sichtweise von Wirtschaft und Börse*, Kulmbach 1997.

Kapitel 2

1 Quelle: Stehle, R., »Langfristig spricht alles für die Aktie, Die Performance deutscher Aktien seit der Währungsreform«, Vortragsmanuskript anlässlich eines Presseworkshops der Union-Investment-Gesellschaft, 12.7.97, Tabellenteil.
2 Vgl. Niquet (1997), S. 183.
3 Niquet, B., *Die Generation X am Neuen Markt. Eine einzigartige Börsengeschichte*, Kulmbach 1998, S. 171 ff.
4 Keynes, J. M., Allgemeine Theorie der Beschäftigung, des Zinses und des Geldes, Berlin 1936, S. 131-132.
5 Vgl. hierzu Kiehling, H., »Aus der Krise lernen? Der Gründerkrach im Vergleich zur Gegenwart«; in: Jünemann, B., Schellenberger, D. (Hrsg.), *Psychologie für Börsenprofis. Die Macht der Gefühle bei der Geldanlage*, Stuttgart 1997, S. 41-55.
6 Vgl. zu den Zahlen Gielen, G., *Können Aktienkurse noch steigen? Langfristige Trendanalyse des deutschen Aktienmarktes*, Wiesbaden 1994.
7 Kiehling (1997), S. 47.
8 Kiehling (1997), S. 53.
9 Vgl. Gielen (1994), S. 23.
10 Gielen (1994), S. 48.
11 Vgl. dazu die Tabellen bei Stehle (1997).

12 Siegel, J.J., *Stocks for the Long Run: a Guide for Selecting Markets for Long-term Growth*, Chicago u.a. 1994.
13 Eine ausführliche Schilderung hierzu findet sich bei; Aschinger, G., *Börsenkrach und Spekulation. Eine ökonomische Analyse*, München 1995, S. 247 ff.

Kapitel 3

1 Diese Sichtweise entspricht dem Konzept des »Debitismus« von Paul C. Martin, welches dieser u.a. in folgendem Buch entwickelt hat: Martin, P.C., *Der Kapitalismus: ein System, das funktioniert*, Frankfurt/M. u.a. 1990.
2 Viele Leute behaupten zwar, dass sie dafür Ersparnisse bräuchten. Das verkompliziert jedoch auf der einen Seite die Betrachtung enorm – und ist auf der anderen Seite schlichtweg falsch. Denn im Endeffekt müssen Ersparnisse und Investitionen zwar immer übereinstimmen. Dies jedoch geschieht weitgehend dadurch, dass Investitionen, für die Geld benötigt werden, letztlich die Höhe der Ersparnisse determinieren. Zur weiteren Argumentation vgl. hierzu Niquet (1997), S. 24 ff.
3 Steigenden Kurse *entsprechen* stets sinkende Zinsen et vice versa. Dies ist immer so, egal wie die Märkte reagieren. Das heißt: Die Bondpreise steigen nicht in Reaktion auf die fallenden Zinsen, sondern beides ist zwangsläufig miteinander verbunden wie zwei Seiten einer Medaille. Denn durch Kurssteigerungen der Bonds (z.B. Offenmarktkäufe der Zentralbank) gehen wie bei einer Mechanik die Renditen zurück.
Hierzu ein *Beispiel*: Eine Anleihe (Bond) mit einem Nominalwert von D-Mark 100, einer Restlaufzeit von 1 Jahr und 6 % Nominalverzinsung hat bei einem Kurs von D-Mark 98 eine Rendite (=Effektivverzinsung) von 8 % p.a. Diese errechnet sich aus 6 % Zinszahlung plus 2 % Kursgewinn. Steigt nun der Kurs der Anleihe auf D-Mark 99, so verringert sich die Rendite (= Markt-Zins) auf (6 % + 1 % =) 7 % p.a.
4 Vgl. hierzu u.a. von Bethmann, J.P., Niquet, B., *Der Euro – Chance für ein besseres Geld*, Berlin 1997.
5 Keynes (1936), S. 128-129.
6 Vgl. hierzu Niquet (1997).
7 Werden die Gesetzmäßigkeiten hingegen »dynamisiert«, so muss sich nun die Veränderung der Wirkung gesetzmäßig verhalten, was allerdings keinen Qualitätssprung bedeutet, da nun die Veränderung im Verhältnis von Ursache und Wirkung im Zeitablauf gesetzmäßig verlaufen und somit letztlich im vornherein (ebenfalls) bereits bekannt sein muss.
8 Vgl. hierzu Soros, G., *Die Krise des globalen Kapitalismus*, Berlin 1998.
9 Soros (1998), S. 219.

10 Wichtig ist in diesem Fall auch, dass bei internationalen Devisentransaktionen, die unter Einbindung der nationalen Zentralbanken erfolgen, im Unterschied zu Aktienmarkttransaktionen natürlich mit vollem Recht von Kapital*flüssen* gesprochen werden kann. Denn alle US-Dollar, die zum Beispiel von der thailändischen Zentralbank angekauft werden, stellen auch einen Kapitalfluss nach Thailand dar, der dort die Wirtschaft und die Börse durch eine Erhöhung der Nachfrage beflügeln wird. Ganz im Unterschied zu thailändischen Baht, die von ausländischen Investoren gegen US-Dollar ohne Einschaltung der Zentralbank auf dem freien Markt gekauft werden.

Kapitel 4

1 Niquet (1997).
2 Zitiert nach: de Botton, A., *Wie Proust Ihr Leben verändern kann*, Frankfurt/M. 1998, S. 83.
3 Vgl. de Botton (1998), S. 84.
4 Smith, A., *Das große Spiel ums Geld*, Düsseldorf 1969, S. 37.
5 Vgl. hierzu Watzlawick, P., *Die erfundene Wirklichkeit*, München 1985.
6 Und im Gesamtjahr 1998 insgesamt 137 Prozent, sowie per Anfang März 1999 seit Jahresbeginn dieses Jahres 30 Prozent. Derartige Entwicklungen können daher zwar, müssen aber nicht Eintagsfliegen bleiben.

Kapitel 5

1 Dies gilt natürlich nur für den Normalfall, in welchem diese Kreditvergabe keine Restriktionen der Bank berühren. Sollte es hierzu allerdings kommen, dass also die Banken über zu geringe Reserven verfügen, um ausreichend Kredite zu vergeben, dann würde in der Tat hierbei das Geld (und damit das Verhalten der Notenbank) und nicht das Vermögen die Begrenzung bilden.
2 Interessanterweise entspricht dies auch genau den Befunden der neuesten wissenschaftlichen Ergebnisse der Berliner Schule des monetären Keynesianismus, dass, wie von mir bereits im *Crash der Theorien* zitiert, in der Tat nur Bargeld seriöserweise als Geld zu bezeichnen ist. Vgl. hierzu auch: Riese, H., »Geld – das letzte Rätsel der Nationalökonomie«, in: Schelkle, W., Nitsch, M., *Rätsel Geld*, Marburg 1995, S. 45-62.
3 Vgl. hierzu unter anderem: Martin, P.C., *Die Krisenschaukel*, München 1997.

Kapitel 6

1 Dent, H.S., *Die goldenen 2000er Jahre*, Kulmbach 1998.
2 Vgl. Reichel, R., »Private Altersvorsorge ohne Aktien ist kaum zu bezahlen«, in: *Handelsblatt*, 27.11.98.

Kapitel 7

1 *The Quarterly Journal of Economics*, 84, 1970, S. 301-317.
2 Im Jahr 1997 auch in Deutsch erschienen: Bootle, R., *Das Ende der Inflation*, Frankfurt/New York 1997.
3 Bootle (1997), Seite 86.

Kapitel 8

1 Vgl. hierzu meine – (fast) unleserliche, aber sehr umfassende – Auseinandersetzung mit dieser Thematik in meiner Dissertation: Niquet, B., *Ökonomische Theorie und die Entstehung von Neuem in ihrem Gegenstandsbereich. Ein erkenntnistheoretischer Rekurs auf Kant und die Aufklärung*, Frankfurt/M. u.a. 1991.
2 Watzlawick (1985), S. 200-201.
3 Kant, I., *Kritik der reinen Vernunft*, stw Werkausgabe in zwölf Bänden, Band III, Wiesbaden 1974, S. 33.

Register

Campus Invest

1998. 264 Seiten
ISBN 3-593-36073-X

Anleger, die ihr Feeling für die künftige Entwicklung an der Börse verbessern und ihr Wissen in gewinnbringende Dispositionen ihres Portefeuilles mit Aktien und Anleihen umsetzen wollen, sind mit dem *Training für die Börse* bestens bedient. Und ganz nebenbei können sie damit in die wichtigsten Stationen der Börsen- und Wirtschaftsgeschichte der letzten 20 Jahre eintauchen.

Campus Verlag · Frankfurt/New York